*H. v. Schirach*
Der Preis der Herrlichkeit

Henriette von Schirach

# Der Preis der Herrlichkeit

Erfahrene Zeitgeschichte

HERBIG

*Für Colin Ross*

Zum Titelbild:
Am Vorabend der Szene, in der Henriette von Schirach
Hitler wegen der Judendeportationen in Holland zur Rede stellte.
»Ich war eben aus Amsterdam nach Wien gekommen
und rief Hitler an, ob ihm unser Besuch angenehm war.
Am Nachmittag gingen wir spazieren,
dann hielten wir uns auf der Terrasse auf –
im Hintergrund der Untersberg.«
Von links nach rechts:
Baldur von Schirach, Henriette von Schirach, Heinrich Hoffmann, Adolf Hitler,
Major Gerhard Engel (Hitlers Heeresadjutant).

4. Auflage

Schutzumschlag: Christel Aumann, München
Gesamtherstellung: Mohndruck Graphische Betriebe GmbH, Gütersloh
Printed in Germany 1985
ISBN 3-7766-0758-0

*Vorwort zur 2. Auflage*

Dieses Buch wurde 1956 geschrieben. Es enthält Impressionen und Erlebnisse einer Frau, die das Dritte Reich im innersten Kreis erlebte.
Ich habe keinen Anlaß gesehen, in der 2. Auflage Änderungen vorzunehmen. Meine Erinnerungen sollen nicht als rührselige Rückschau auf eine glorreiche Vergangenheit verstanden werden, sondern als ein Anreiz zur Bewußtwerdung der Frau.
Ich lernte Hitler kennen, als ich acht Jahre alt war, und blieb mit ihm befreundet, bis zu der trennenden Auseinandersetzung in der Berghofhalle.
Ich hatte ihm sein Unrecht, er mir meine Herausforderung vorgeworfen.
Ich hatte mich für jüdische Frauen in Holland eingesetzt. Männer machen Geschichte, Frauen bezahlen dafür.
Sie vertrauen auf die Klugheit der Männer, auf ihren Schutz, sie unterdrücken ihr selbständiges Denken.
Geht aber das Spiel verloren, büßen die Frauen härter. Sie haben Kinder, sie lieben das Leben mehr.
In Lazaretten, Gefängnissen, in Lagern, und hinter den Kulissen des Nürnberger Prozesses habe ich das Heldentum der Frauen kennengelernt.
Wenn wir eine glückliche Zukunft haben sollen, wird sie die Frau – nicht unter, sondern neben dem Mann – mitgestalten müssen.

München, im Oktober 1981 Henriette von Schirach

Karfreitag 1943. Frühmorgens. Baldur und ich hatten uns eben aus dem Berghof fortgestohlen und fuhren den Serpentinenweg nach Berchtesgaden hinunter. In der bedrückenden Stille, die uns umfing, verfolgte mich die Szene vom Vorabend. Ich sah Hitler, den Freund meiner Kindheit, vor mir, wie ich ihn verlassen zu haben glaubte: schreiend, tobend, in rasender Wut über das, was ich ihm zu sagen gewagt hatte.

32 Jahre später. Ein Novembertag. Ohne recht zu wissen, weshalb, schalte ich das Österreichische Fernsehen ein – und gerate mitten in ein Interview mit Albert Speer. Er schildert das Leben im Berghof, erklärt, es sei unmöglich gewesen, Hitlers Judentheorien zu widersprechen. Aber sein österreichischer Gesprächspartner will es genau wissen, er sagt: »Henriette von Schirach schreibt in ihren Memoiren . . .« Während ich noch überrascht meine Gedanken sammle, höre ich Speer schon antworten: ». . . ich war an diesem Tag am Obersalzberg. Ich war dabei, eh, bei dieser Szene nicht dabei. Es war danach eine düstere Stimmung. Man wußte, daß sich etwas ereignet hatte . . .« Erst jetzt erfuhr ich, daß ich Hitler in Düsternis zurückließ. Wenn er nichts sagte, wenn er sein Gesicht in den Händen vergrub, hatte man ihn getroffen – und ich wollte ihn damals treffen:

Es hatte damit begonnen, daß ich im April des Jahres 1943 Freunde im besetzten Holland besuchte. Da ich auf eigene Faust da war und zuerst auch nicht an den allnächtlichen Fliegeralarm glauben wollte, quartierte ich mich im Amstelhotel am Fluß ein. Dann ging ich durch die Straßen bummeln, sah Rembrandts Haus, kaufte, weil es in der wie toten Stadt nichts anderes zu geben schien, große Ausschneidebogen und lange, bemalte Tonpfeifen, besuchte eine kleine Insel, wo Männlein und Weiblein das Haar in der gleichen komischen Art in die Stirn frisiert trugen und wo die Kinder in breiten Schubladen schliefen, die man tagsüber in die Schränke zurückschob. Ich ahnte nicht, daß hinter einer Tapetentür in Amsterdam eine kleine Anne Frank saß, die stumme Anklagen ins Tagebuch schrieb.

In der Nacht erwachte ich durch lautes Schreien und Rufen. Ich stürzte ans Fenster und versuchte im Finstern zu erkennen, was los war. Unter mir, auf der Straße, standen, offenbar hastig zusammengetrieben, ein paar hundert Frauen mit Bündeln, bewacht von Männern in Uniform, man hörte Weinen und dann eine helle Kommandostimme: »Arier zurückbleiben!« Daraufhin setzte sich der Zug langsam in Bewegung und verschwand über die Brücke hinweg in der Dunkelheit.

Am nächsten Morgen wollte mir niemand über den geheimnisvollen Aufmarsch Auskunft geben, nicht der Portier, nicht der Nachtkellner. Aber mein Freund Miedl, der mich abholen kam, wußte Bescheid: »Das ist ein Abtransport von Jüdinnen. Die Frauen kommen in ein Frauenlager, die Männer in ein Männerlager.«

»Und die Kinder?«

Er zuckte mit den Schultern.

»Tun das die Deutschen?«

»Wer sonst!?«

»Weiß Hitler das?«

»Du kannst es ihm ja erzählen, wenn er es nicht weiß!« . . .

Als ich Miedl von meinen wenig erfolgreichen Einkäufen berichtete, lachte er nur: »Man muß die Quellen kennen! Komm!«

Wir fuhren zu einer Schule. Die Turnhalle war von unten bis oben mit den seltsamsten Dingen vollgepackt, Gemälde, antike Möbel, orientalische Teppiche, Gobelins, kostbar eingebundene Bibeln, alte Münzen, Schmuck. Alles war mit Preisschildern versehen, alles war spottbillig.

»Das ist das Eigentum von . . . das gehörte denen, die gestern nacht weggetrieben wurden?« fragte ich Miedl verstört.

»Sicher . . .«
Am selben Abend folgte ich Miedls Rat und übersiedelte in sein Wasserschloß. In diesem Haus traf sich alles, was in Deutschland Schwierigkeiten zu befürchten hatte. Ingenieure der Messerschmidtwerke, die ihrer jüdischen Frauen wegen von Göring hierher versetzt wurden, Schauspieler, die sich in Holland von einer Wehrmachtstournee abgesetzt hatten, Journalisten, Hochstapler, Männer und Frauen mit falschen Pässen und falschen Namen.
Miedl gab uns zu Ehren im langen Saal eine Riestafel. Ich glaubte mich in eine fremde Welt versetzt. Weiß beturbante Inder servierten zum Reis köstliche Zutaten auf erlesenem chinesischem Porzellan. Dazu gab es Kaviar, Hummer, Genever, Champagner . . . Bei unseren Empfängen in der Hofburg zu Wien trugen die Diener zwar Livreen aus der Zeit des Kaisers Franz Joseph, aber auf den Silberplatten, die sie hereinbrachten, lagen flache Brotscheiben mit Sardellenpaste und einer Kapernblüte als Garnitur. Dies hier war Luxus, wie wir ihn längst vergessen hatten. Doch Will Dohm gab sich damit noch nicht zufrieden. Er setzte durch, daß die Wandschränke um uns aufgesperrt und die dort verwahrten edlen blauen Glaskelche hervorgeholt wurden: »Vielleicht sind wir morgen schon tot. Deshalb wollen wir heute aus den schönsten Gläsern der Welt trinken!« . . . Wir redeten jetzt ganz offen über unsere Lage, und ich erzählte von dem Entschluß, den ich an jenem Morgen nach Miedls Eröffnung gefaßt hatte: Ich würde zu Hitler fahren und mit ihm sprechen, ich würde ihm schildern, was ich gesehen hatte. »Er kann dies nicht wollen!«
Gleich nach meiner Rückkehr nach Wien rief ich im Berghof an. Baldur und ich konnten immer fragen, ob unser Besuch Hitler angenehm wäre. Man sprach entweder mit einem seiner Adjutanten, oder er kam selbst an den Apparat, und immer sagte er: »Ja, selbstverständlich, kommt, sobald ihr könnt.«
So war es auch diesmal. Ich hatte Baldur gesagt, was ich vorhatte, aber ich hatte kein Konzept. Meine Gedanken waren durcheinander. Ich war Mitwisserin von Verbrechen geworden, doch ich war

eine Frau ohne jedes Amt, meine einzige Legitimation war meine Freundschaft zu Hitler.

Als ich Hitler kennenlernte, war er zweiunddreißig und ich acht. Ihm verdankte ich mein erstes Paar Ski, meinen ersten Homer. Er spielte mir auf unserem Klavier aus dem Ring des Nibelungen. Als meine Mutter begraben wurde, hielt er meine Hand, und ich mußte ihm versprechen, nicht zu weinen. Er war mein Trauzeuge, und später trug er meine Kinder als winzige Babies auf dem Arm . . . Ich konnte immer offen mit ihm reden: ich war für ihn eine Freundin aus den Jahren, die er die »seligen Zeiten« nannte. Wenn ich mich für die moderne Kunst einsetzte oder ihn warnte, österreichische Klöster zu schließen, schimpfte er mich scherzhaft »Kassandra«. Ich gab zurück: »Aber Kassandra hatte recht, Troja ging unter«, worauf er erwiderte: »Troja ging unter, aber darauf wurde die griechische Welt errichtet . . .«

Und doch, ich wußte, diesmal war es nicht gleich. Alles, was mit Juden zusammenhing, war bei Hitler als Gesprächsthema verboten. Aber wie konnte ich darauf Rücksicht nehmen. Mein Entschluß war gefaßt, und so fuhren Baldur und ich nach Berchtesgaden.

Als wir im Berghof eintrafen, kamen wir gerade zu einem kleinen Spaziergang zurecht, den Hitler mit seiner Begleitung unternahm; es war ein milder, föhniger Vorfrühlingsabend. Später wurde auf der Terrasse eine Aufnahme gemacht, und dann zog sich Hitler mit seinen Offizieren zu einer Lagebesprechung zurück.

Gegen Mitternacht ließ er, wie üblich, das Abendessen auftragen. Hitler aß damals fast nichts, nur etwas rohes Gemüse mit Haferflocken. Nach dem Essen wechselten wir gemeinsam vom schmalen, holzgetäfelten Speisezimmer in die große Halle hinüber, wo wir grobe Scheite und Wurzelstöcke ins offene Kaminfeuer warfen. Hitler wachte eifersüchtig darüber, daß keiner ihn vorzeitig verließ. Er konnte nachts nicht mehr schlafen und wollte nicht allein sein. Ordonnanzen brachten einen langen Bogen aus dem Fernschreiber, Frontberichte, die in besonders großen Lettern getippt waren, damit Hitler sie ohne Brille lesen konnte. Aus der Art, wie er jedesmal sein Taschentuch gegen die Augen preßte, wußten wir, daß die

Nachrichten besonders schrecklich waren: Meldungen der gefallenen Offiziere und Mannschaften, über bombardierte Städte und versenkte Schiffe.
Hitler saß zwischen Eva und mir; solange sie anwesend war, konnte ich nicht sprechen. Doch nach einiger Zeit erhob sie sich, nickte uns allen zu, ließ sich von Hitler die Hand küssen und verließ den Raum. Nun kam Blondi, Hitlers Schäferhündin, zu uns her. Hitler kraulte ihren Kopf und wandte sich dann freundlich zu mir: »Sie kommen aus Holland?«
»Ja, deshalb bin ich hier, ich wollte Sie sprechen, ich habe schreckliche Dinge gesehen, ich kann nicht glauben, daß Sie es wollen . . .!«
Er sah mich erstaunt an: »Es ist Krieg«, sagte er.
»Aber es waren Frauen, ich sah, wie ein Trupp von Frauen, ich sah, wie arme, hilflose Frauen weggeführt wurden, abtransportiert in ein Lager. Ich glaube nicht, daß sie zurückkommen werden, man hat ihnen ihr Eigentum weggenommen, ihre Familien gibt es nicht mehr . . .«
»Sie sind sentimental, Frau von Schirach!« Hitler stand auf und stellte sich mir zur Seite. »Was gehen Sie die Jüdinnen in Holland an!« Da ich aufgesprungen war, ergriff er meine Handgelenke und umspannte sie mit beiden Händen – wie früher, wenn er wollte, daß ich mich auf ihn konzentrierte. Dann ließ er mich los und bildete mit seinen Händen zwei Schalen, die er, während er laut und eindringlich auf mich einsprach, wie eine Waage auf und ab bewegte: »Verstehen Sie, jeden Tag fallen zehntausend meiner kostbarsten Männer, Männer, die es nie wieder gibt, die Besten. Die Balance stimmt dann nicht mehr, das Gleichgewicht in Europa stimmt nicht mehr. Denn die andern fallen nicht. Sie leben, die in den Lagern, die Minderwertigen leben, und wie schaut es dann in Europa in hundert Jahren aus? In tausend? Ich bin nur meinem Volk verpflichtet, niemandem sonst. Sollen sie mich vor der Welt zum Bluthund machen, wenn der Bolschewismus siegt. Was schert mich das, ich lege keinen Wert auf Nachruhm! Sie müssen hassen lernen. Ich mußte es auch . . .«
Hitler hatte mir schon früher einmal gesagt, ich solle hassen lernen,

und ich hatte ihm erwidert, Hassen sei so anstrengend – und unproduktiv. Aber jetzt war alles ernst. Mir fielen Iphigeniens Worte ein und ich sagte: »Nicht mitzuhassen, mitzulieben bin ich da!« Dabei sah ich ihm fest in die Augen, er hatte mir einmal gesagt, wenn man einen Menschen bezwingen will, muß man ihm in die Pupille schauen.

Es waren siebzehn Männer, die um den Kamin saßen und die wie ich nichts von den Schandtaten wußten, die in Hitlers Namen geschahen? Wenn sie jetzt alle aufspringen, wenn alle sagen würden: Wir sind Soldaten, wir sind bereit, im Kampf zu töten, aber mit solch gemeinem Geschäft wollen wir nichts zu tun haben! Hitler war eingekreist, was hätte er tun können? Nach Bormann rufen? Aber die Männer sahen krampfhaft ins Feuer oder zu Boden. Unter den starren Blicken Hitlers nahm ich mein Schildpattkästchen an mich. Er kannte dieses Kästchen, es war ein Geschenk Mussolinis und er hatte bei unseren Gesprächen oft mit ihm gespielt, indem er mechanisch den Verschluß auf und zu machte. »Ich gehöre nicht mehr an Ihren Tisch!« sagte ich leise, daß nur er mich verstehen konnte. Dann drehte ich mich um und ging zum Ausgang der Halle. Als ich die drei Stufen zum Vorraum erreicht hatte, begann ich zu rennen.

Einer von Hitlers Begleitern war mir nachgeeilt. »Warum haben Sie das getan? Der Führer ist zornig. Fahren Sie sofort ab, heute noch, gleich, er darf Sie nicht mehr sehen!«

Ich bat ihn, Baldur aus der Kantine zu holen, wo er mit den Fahrern saß. Wir packten hastig unsere Sachen zusammen, holten den Wagen aus der Garage und fuhren so leise wie möglich los. Während wir in der Morgendämmerung den Serpentinenweg herunterrollten, war mir, als ob sich das ganze Berchtesgadener Tal in ein altmodisches Bühnenbild zu Parsifal verwandelte. Der junge Hitler war auch ein Parsifal gewesen. Unwissend war er von zu Hause weggelaufen, auch seine Mutter war, wie Parsifals Mutter, vor Herzeleid gestorben, als er sie verließ. Aber Wagners Parsifal war schließlich »durch Mitleid wissend« geworden. Hitler versagte sich diese Gnade . . .

Am Straßenrand standen alle zweihundert Meter Wachen, große SS-Männer mit Helmen und schwarzen Capes, die Hände auf das Gewehr gestützt. Sie standen ernst und still, und das verstärkte den Eindruck des Unabänderlichen, des Schrecklichen.
Über Salzburg zog der Morgen herauf, und nun erschütterten schwere Detonationen die Landschaft. Auch wir im Wagen spürten, wie der Boden unter uns bebte. Wir hielten bei einer Wache an und fragten, was die Sprengungen bedeuteten. Einer der Männer beugte sich zum Wagenfenster und sagte: »Es werden Schächte in den Berg getrieben.«
Wir wußten alle, was dies bedeutete.

Der österreichische Interviewer Professor Kurt Grotter hat Albert Speer auf meine Memoiren angesprochen. Es ist die Geschichte einer Frau, die stellvertretend für viele andere dieser Generation dastehen mag. Wir waren, getreu der idealen Erziehung von damals, naiv und »Unverbildet« aufgewachsen. Wir hatten unser Glück, wie es von uns erwartet wurde, in die Hände der Männer gelegt, in die Hände unserer Männer, die die Welt beherrschten.
Mit Ausnahme des Bruches mit Hitler, der hier vorgezogen wurde, gibt der nachfolgende Text den Wortlaut des Originalmanuskripts von 1956 wieder.

München 1976 Henriette von Schirach

I

## TOD IM APRIL

Es ist ein Septembertag, so wie ihn Lovis Corinth gemalt hat: Türkis der See, und der Himmel von einer zarten Bläue. Corinths Haus steht nachbarlich zu uns. Nun bewohnt es die Familie des Atomphysikers Heisenberg mit ihren vielen Kindern. Aber auch sie sind fort.

Kein Vogellied, kein Klappern von Rudern, wenn der Junge die Boote an Land zieht.

Ein Schwarm von Zitronenfaltern ließ sich heute morgen hier nieder. Bei mir sind sie sicher, Richards Schmetterlingsnetz ist weggepackt, mit Hubschrauber und Taucherschnorchel. Die Jungen sind in ihre Schule zurückgefahren.

Ich nehme Abschied von allem hier. Es war unser letzter Sommer in diesem Haus. Ich werde den großen Busch wilder Rosen nicht mehr blühen sehen, und meine Freundin, die Hirschkuh, wird ohne Erfolg mit ihren Hufen gegen die Tür schlagen, wenn die Januarkälte sie ins Tal treibt, ich werde ihr die Orangenschalen nicht mehr geben können.

Eine ganze Zeit, süß und bitter, wird hinter mir versinken, wenn ich die Türe zum letztenmal schließe. Und wenn ich die Straße entlangfahre, irgendwann, wird mein Herz einen Augenblick schneller schlagen. Weiter nichts. Andere Menschen werden auf der Lärchenholzbank sitzen und in Sommernächten darauf warten, daß der Mond in seiner Pracht den Jochberg heraufkomme.

Vielleicht werden auch sie in der Silvesternacht ein Feuerwerk in die Winterstille jagen. Mit roten Raketen und Feuerrädern, wie wir, und sie werden auf der Terrasse stehen und mit vollen Gläsern das neue Jahr begrüßen, das übers Karwendel heraufdämmert. Sie werden sich küssen, lachend und glücklich, wie wir. Dann werden sie aus der Kälte in den festlichen Raum zurückkehren und um den Ahorntisch sitzen, wie wir in jener Neujahrsnacht, die noch einmal alle vereinte, die der Krieg auf so abenteuerliche Art auseinanderreißen sollte. Es war Phantasie am Werk, um dies zustande zu bringen.

Hier saßen Harry Liedtke und seine Frau Christa Tordy, die gleichzeitig Schauspielerin und Ärztin war. Beide wurden von den Russen in Saarow mit Sektflaschen erschlagen. Willi Scholz, in den ersten Tagen des Rußlandkrieges gefallen, Hans Steinhoff, der Filmregisseur, abgestürzt zwischen Prag und Berlin, als er unterwegs war, mit Hans Albers »Shiva und die Galgenblume« zu drehen. Mamsie saß hier, Baldurs amerikanische Mutter, Emma Middleton Lynah-Tillou, geboren in New York, verbrannt im Juli 1944, als ein Flugzeug auf ihr Wiesbadener Haus stürzte und sie noch einmal die Treppen hinaufgerannt war, um Ching, ihren Pekinesen, zu retten. Daneben Pieps, der lustige dicke Professor der Münchner Universität, nach Lagerhaft gestorben, und General Haushofer, der Geologe, der sich an einem Busch erhängte, und Colin Ross und seine Frau, die sich an dem gleichen Tisch erschossen, an dem ich dies jetzt schreibe, und deren Blut noch immer blaß wie ein gewundener Flußlauf auf dem hellen fichtenen Boden zu sehen ist.

Überlebende nur wir, die Gastgeber. Baldur von Schirach, Reichsjugendführer, Erster Bürgermeister von Wien, Reichsverteidigungskommissar von Wien bis 1945, Gefangener der Alliierten, zu zwanzig Jahren Gefängnis verurteilt, mit sechs Gefangenen in einem riesigen roten Ziegelbau lebend, im »Allied Prison« Spandau, wie der Poststempel sagt. [1956; B.v.S. starb 1974]

Und ich. Übriggeblieben, um mir in diesen Wochen meine Geschichte von der Seele zu schreiben.

Denn dort in unserem Hause entstand einiges von dem, was zu dem tödlichen Ende führte. Dort wurden Uniformen entworfen und Pläne für Aufmärsche gemacht. Dort wurden Bücher und Gedichte geschrieben, Lieder komponiert und Reden ausgearbeitet. Abzei-

chen und Fahnen wurden ausgedacht. Hier begann der Triumph der Eitelkeit, und hier wurde dafür bezahlt.
Japanische Prinzen und amerikanische Boy-Scout-Führer saßen auf der gleichen Bank, auf der im April 1945 Colin lächelnd und ausgeblutet lag.
Ich habe ein kleines Bild aus der frühen Zeit. Alle Wände sind mit Plänen für Jugendherbergen besteckt, Modelle für HJ-Heime und Führerschulen, reizend anzusehen, mit kleinen Fähnchen und winzigen grünen Sportplätzen standen auf Tischen und Fensterbrettern, und inmitten der zukünftigen Herrlichkeit steht Baldur, um mit einem Blei noch eine kleine Verbesserung in den Plan zu zeichnen, neben ihm steht Dustmann, der Architekt, und beide wissen, daß in wenigen Monaten aus den Modellen fertige Häuser gebaut sein werden. An Baldurs Geburtstagen blieb das Haus umlagert von BDM-Mädchen, die mit Wimpeln und Blockflötenmusik ihre Geschenke brachten: Möweneier und lebende Gänse, einen lebensgroßen Nußknacker aus Sonneberg und handgestrickte Handschuhe aus Sachsen, auf einem war das Wort »Heil«, auf dem anderen das Wort »Hitler« eingestickt.
So war es. Von allem zuviel. Ohne Maß.
Auf der Bank, die um den weißgrünen Tiroler Ofen führt, saß Italiens faschistischer Jugendführer Renato Ricci und warnte in seinem holprigen, mit Englisch gemischten Deutsch: »Die alten Männer«, und damit meinte er Hitler und Mussolini, »wollen Krieg, und wir werden dafür bezahlen, wir, die Jugend.«
Wachgehalten durch Espresso, versuchte er es zu erklären, aber niemand zog die Lehren daraus.
Hier lachte uns Helen, Baldurs hübsche Kusine aus Philadelphia, aus: »Ich glaube, ihr seid völlig übergeschnappt, ihr grüßt mit dem Namen eines Mannes, der eine Fledermaus im Kopf hat und alle Großen aus dem Land jagt, weil sie einer anderen Rasse angehören! Ihr zwingt die Menschen, in hohen Stiefeln in Nürnberg bei euren Parteitagen aufzumarschieren, und ladet die Welt ein, damit sie Angst bekommen soll.« Wir hörten nicht darauf, wir waren töricht und fanden genau das richtig, was wir taten. Hier in diesem Zimmer

hörte ich mir einen Mann an, der bat, man möge seinen halbjüdischen Sohn studieren lassen. Ich gab die Bitte weiter, sie wurde auch erfüllt, aber ich habe mir nicht den Kopf darüber zerbrochen, daß Tausende von Vätern nicht zu uns kommen konnten. Das ist die Schuld. Als ich es mit Schrecken begriff, war es zu spät, Entscheidendes dagegen zu tun.

Hier schilderte mir Dr. Colin Ross seine letzte Unterhaltung mit Ribbentrop. Er, Colin, sollte Roosevelts »Wiederwahl verhindern«; außerdem sollte er einen außenpolitischen Lagebericht geben. Colin war unbestechlich und scharfsichtig. Seit er 1907 zum ersten Male mit Eugen Diesel in den Staaten war, ist er dreiunddreißigmal in diesem Kontinent gewesen. Kein Weltmeer, in dem er nicht geschwommen, keine große Stadt der Welt, die er nicht kannte oder in der seine Kinder nicht zur Schule geschickt wurden. Er kannte Tschiangkaischek ebenso wie Thomas Alva Edison, in dessen Haus in Orange er wohnte, wenn er drüben war. Nun sagte er Ribbentrop genau, was er dachte: »Wenn wir den Krieg verlieren – und wir werden ihn verlieren –, wird man uns wie wilde Tiere in Käfigen ausstellen.«

Der deutsche Außenminister war damals ohnmächtig auf das Klessheimer Parkett gestürzt – blitzartig sah er sein unabwendbares Schicksal vor sich –, und das Mittagessen mußte um eine Stunde verschoben werden, aber sonst verschob sich nichts. Colin kam als Geschlagener zurück.

»Kennst du die Geschichte Kassandras?« fragte er mich. »Dieses komische Mädchen, das alles voraussah und dem niemand glaubte? Ich bin so eine moderne Kassandra. Sie halten mich für einen Verrückten oder einen Verräter, weil ich weiß, was kommt, weil unsere Regierung selbst nicht mehr den Mut hat, BBC zu hören.«

Ja, wir waren schlecht informiert. Wenn ich mit der Reichsstatthalterei in Wien telefonierte, wurde das Gespräch oft genug mit dem bekannten Klick unterbrochen.

So torkelten wir hinein in unser Schicksal, blind, arglos, weil unwissend. Das hielt viele von uns am Leben. Die Rossens starben, weil sie zuviel wußten.

Sie hatten im März 1945 beschlossen, zu sterben. Gern wäre ich mitgestorben, aber ich konnte doch nicht alle, die ich liebte, zurücklassen. Meine Kinder waren noch klein, Angelika zwölf, Klaus zehn, Robert sieben und Richard erst drei Jahre alt. Baldur hatte ich seit Monaten nicht gesehen (und ich sah ihn erst wieder als einen anderen Menschen, in amerikanischer Gefangenschaft). Rossens bewohnten damals unser kleines Haus am Walchensee und ich das große, eine Stunde Wegs entfernt, unten im Dorf.
Sie luden mich zu ihrem Abschiedsessen ein.
Ich kam den Hang herunter und sah Frau Ross auf der Terrasse stehen. Sie wußte nicht, daß ich sie beobachtete. Kein anderer Mensch war zu sehen, ein Frühlingsabend des Jahres 1945 ließ keine Zeit zur Naturbewunderung. Da stand sie und sah die Berge an. Sie wartete auf den Mond, der langsam heraufkam. Sie hatte ihm ihr lustiges glänzendes Indianergesicht zugewendet. Ihr massiger Körper steckte in einem prächtigen Kimono, der über und über mit goldenen Drachen bestickt war. (»Wenn wir den Krieg verlieren, werde ich nie wieder ein Korsett tragen.«) An den Füßen hatte sie die indischen Pantoffel, mit denen sie später begraben wurde. Sie verneigte sich vor dem Mond. Das war ihre eigene Art von Religiosität. Sie wünschte sich dabei etwas.
Und ich wußte, was sie sich wünschte. Ein Wunder solle geschehen, irgend etwas, so daß sie nicht sterben müßte, denn sie hatte gar keine Lust dazu. Doch sie liebte Colin mit einer eifersüchtigen Liebe und wollte ihn nicht allein lassen. Auch nicht im Himmel, auch nicht in der Hölle, auch nicht in dem schmalen feuchten Grab, das sie sich beide am Nachmittag gegraben hatten.
Die Stelle war schon lange ausgesucht. Colin hatte geradezu Spaß daran, hier zu liegen. »Nur keinen Grabstein oder ähnliches Zeug, nichts als Hirschgetrappel über mir.«
Einmal hatte Colin schon weiter unten gegraben, näher am Haus, aber das war ihm nicht sicher genug. Schließlich fanden wir einen hübschen Platz und saßen oft dort. Wenn Föhn ist, kann man von dort weit nach Österreich hinein sehen.
Colin schnitt den Blechdeckel der englischen Tabaksdose auf. Nun

war die Zeit für den Navy-cut gekommen. Er ließ mich an dem honigsüßen Virginiatabak schnuppern.
»Armes Tier«, sagte er, »ich fürchte, sie werden einiges mit den ›top ranking Nazi women‹ anstellen.«
Er sagte es mit dem Bedauern, das Abreisende für die Zurückbleibenden fühlen; bald würde er mit uns armen Kreaturen nichts mehr gemein haben.
Und nun war es soweit.
Der Mond, oder wer immer damit gemeint war, kümmerte sich nicht um irdische Wünsche.
Wir saßen zum letztenmal in der Stube. Es war kalt, denn das Holz war knapp. Eigentlich fehlte es nicht an Holz, sondern an Männern, es zu sägen.
Wir wickelten uns in die wollenen Burnusse, sie waren weich und weiß, Colin hatte sie aus Algier mitgebracht; er war der letzte gewesen, der mit Laval gesprochen hatte. Mit einem verzweifelten, enttäuschten, weinenden Pierre Laval. Auch der Rotwein und die Ölsardinen waren aus Algier, nun standen sie hier auf dem Tisch.
Rossens große Bauernstube glich einem Antiquitätenladen. Alle Arten von Elefanten waren aufgestellt. Meterhohe aus Majolika, buntbemalte und schwarze aus Ebenholz. Regenmäntel, wie sie der Häuptling eines Negerstammes trug, und Quannons auf Lotosblüten stehend. Eine Sammlung hoher spitzer Hüte hing an der Wand, Teppiche aus der ganzen Welt lagen übereinander, und jeder Stuhl war mit Tigerfellen oder Pantherpfoten behangen. Die Tischglocke hing an einem Elefantenschwanz, und inmitten stand ein mannshoher Korb, indianisch, bunt geflochten, von oben bis unten vollgestopft mit Manuskripten.
»Eigentlich bin ich zu neugierig zum Sterben«, sagte Colin, »ich wüßte zu gern, was in zehn Jahren passiert, gern wüßte ich, wie sich China entwickelt, was aus Indien wird und wie Amerika mit seinem Sieg fertig wird.
Vielleicht steckt ein Sinn hinter allem, den ich nicht mehr erkennen kann. Wir sterben, weil wir Fehler gemacht haben, viele Fehler; ei-

ner davon ist, daß wir dachten, es gebe nur eine Wahrheit, unsere nationalsozialistische ›Wahrheit‹! Unsinn!
Es gibt so viele Wahrheiten wie es Menschen gibt auf der Welt! Jeder Mensch ist eine Wahrheit!«
Ralphs Bild stand zwischen den vielen Fotos auf dem Schreibtisch. Colin hatte sich ehrgeizig bemüht, den siebzehnjährigen Sohn einrücken zu lassen. Nach einem Gefecht in Rußland hatte der Junge im Don gebadet, ein Blitz aus heiterm Himmel erschlug ihn. Erst im nächsten Frühjahr fand man ihn, in einen Eisblock eingefroren, und konnte ihn identifizieren. Colin drehte am Radio. Es kam die Meldung, daß die Amerikaner in München erwartet würden. »Dann werden sie uns also von zwei Seiten erreichen«, sagte er, »gleichzeitig von Tölz über die Jachenau und von Kochel über den Kesselberg. Bisher konnten wir raten: Wer kommt zuerst? Die Russen aus Österreich, die Franzosen vom Rhein, die Amerikaner von der Donau?«
»Weisungsgemäß« waren Panzersperren in unserem Dorf errichtet worden. Ein junger Leutnant schlug vor, das Walchenseewerk zu sprengen, um die imaginäre »Alpenfestung« zu retten. Es hatte unserer ganzen Überredungskunst bedurft, ihn davon abzubringen. Der Kreisleiter von Tölz hatte seine ganze Familie und das eben geborene Kind getötet und sich selbst erhängt, wie Bormann das in seinem letzten Rundschreiben gefordert hatte.
Verwirrung überall ...
So schieden wir, Tod und Verhängnis vor Augen. Er brachte mich zu der Kurve, an der vor hundertfünfzig Jahren die Kutsche des Herrn von Goethe gehalten hatte, als er sich auf die italienische Reise begab. Nun sah ich zum letztenmal in Colins kluges Gesicht, das immer ein bißchen chinesisch und arrogant aussah. Er versuchte zu lächeln: »Du verstehst doch, daß wir sterben wollen«, sagte er, »Internierungslager ist kein guter Schluß für ein Reiseleben. Für uns ist der Tod ein neues Abenteuer.« Wie hätte ich ihn zurückhalten können!
Ich lief auf dem krummen alten Fahrweg hinunter zu dem Hause, das noch für wenige Tage mein Haus war. Wenn München brannte,

sahen wir den roten Feuerschein. Der nördliche Himmel war beleuchtet und erhellte gespenstisch unsere Gesicher, sooft wir dem furchtbaren Schauspiel zusahen. Aber diese Nacht war dunkel. Nirgends ein Licht.

Wenig später nahmen Rossens das Gift, und da Colin ein so vorsichtiger und gründlicher Mann war, hatte er auch die Pistole bereit und erschoß seine Frau und sich selbst. Kleine Geschenke und Briefe für jeden, dem er Dank schuldete, lagen auf dem Tisch. Zwischen den blühenden Kakteen standen noch die Papiermodelle, mit denen Heisenberg Colin die vierte Dimension erklärt hatte, »wobei mich« – so beschrieb es Colin – »immer ein geheimnisvoller Schauer ergriff«. Auch das Reisezelt, in das man sie wickeln sollte, lag bereit. Einige Soldaten der nahe stationierten Genesendenkompanie begruben sie im Wald, ein Verwundeter sprach ein Gebet. Niemand meldete ihren Tod, denn es gab in diesen Tagen keine Zeitungen, und Tod war keine Sensation. Viel später versuchte ich Blumen auf dem Grab anzusiedeln, aber es mißlang; ein Bronzebussard, den ich daraufstellte und in dessen Flügel ich die Namen meiner Freunde ritzte, etwas mühsam, mit einer Stricknadel, wurde gestohlen, grade als ob Colin es so wollte – nichts als ein schöner Fleck im Wald, um zu schlafen.

Und nun ist es eben das Grab, das mir beim Weggehen Kopfzerbrechen macht. Weiß ich denn, ob der nächste die beiden hier liegenlassen wird, so nah am Haus?

## II

## »DER OFEN IST AUS«

Im April 1945 verlassen wir unser Haus, den »Aspenstein«, das wie die gelandete Arche Noah oben auf dem Hügel steht, und fahren von Bayern nach Tirol. Alle in einem winzigen Lieferwagen, drei Frauen, fünf Kinder und ein kommendes, das Anna Maria, die Frau meines Bruders, in irgendeinem friedlichen Dorf zur Welt bringen will und für das dicke Pakete mit Windeln mitgeführt werden. Anna Maria stammt aus Graz, sie war Lehrerin, Führerin von »Glaube und Schönheit«, der Eliteorganisation, Titelbildschönheit, und hatte ein Filmangebot abgelehnt, um meinen Bruder zu heiraten. Die Dritte im Bunde war Ma, die eigentlich auch Maria hieß, Baldurs Sekretärin und Frau eines Adjutanten, klein und graziös, so daß Bobby sie auf einen Stuhl stellen mußte, wenn er sie küssen wollte, aber aggressiv wie eine Tigerkatze, wenn man beispielsweise an das Safe mit den Akten wollte.

Es war nicht so sehr die phantastische Vorstellung der »Alpenfestung«, die uns nach Tirol lockte, sondern das allgemeine Erdbeben war so deutlich zu spüren, daß wir irgendwo zusammen sein wollten, sei es auch nur, um gemeinsam umzukommen.

Für diesen Fall hatten wir eine rote, runde lederne Reiseapotheke mit. Seit Wochen besaß ich, in hellblauer Watte verpackt, einige Ampullen eines sicher wirkenden Giftes. Doch in Wahrheit dachte niemand an den Tod.

Im Gegenteil, ein frühes, fast vergessenes Glück schien wiederzukehren, denn wir wohnten jetzt im gleichen Berggasthof, in den gleichen einfachen hellen Zimmern, in denen wir zwölf Jahre zuvor gelebt hatten, als K. A. Schenzinger den Roman »Der Hitlerjunge

Quex« schrieb, und als Hans Steinhoff Baldur das Drehbuch vorlas. Hier schrieb Baldur das Lied »Unsere Fahne flattert uns voran«, auf dem komischen schwarzen Klavier spielte er die Melodie, die nun zu einem Todesmarsch geworden war.

Hier las ich zum erstenmal Stefan Zweig und vergaß ihn nie mehr. Ein Sommergast hatte die Bücher – zu unserer Zeit unerreichbar – liegengelassen. Sogar die Bilder über den Betten waren noch da, die üppige Schönheit mit den dicken kleinen Engeln, die ihr frech das Schleiergewand zu entwinden suchen – der modrige Apfelgeruch in den verschlossenen Zimmern – das abendliche Zirpkonzert, veranstaltet von den Tausenden von Urenkeln jener Grillen, die vor zwölf Jahren uns schon erfreut hatten, damals, als wir – selbstsichere junge Narren – vor dem Haus im Mondlicht gesessen hatten, nicht vom Wein berauscht, sondern von unseren Plänen, unseren Zielen, vom Rauschgift nationaler Eitelkeit.

Nun wußte ich, womit wir den Zorn der Welt heraufgerufen hatten, das Schicksal führte mich mit erstaunlicher Genauigkeit an die Quellen des Unheils – aber es ist boshaft, es zeigt dir deine Fehler und Torheiten, und dann läßt es dich einfach stehen.

Ich stand in der großen Küche, und aus einer Ecke kam Marei, die gleiche Marei, der ich, wenn ich zum Skilaufen ging, ein Bündel gegeben hatte, ein Wollbündel, in dem meine kleine Tochter steckte. Es kam Much, der Bergführer, der noch ein bißchen dürrer und zäher geworden war, »eine Seele von einem Menschen«, wie man in Tirol sagt, und der im nächsten Winter bei einer Rettung aus Bergnot erfrieren sollte, und sie taten, als wären wir lang erwartete Freunde, obwohl wir doch alle wußten, daß unser Aufenthalt hier einem Fluch gleichkam.

Von Baldur hatte ich nichts mehr gehört, Panek hatte mir ein Briefchen gebracht, es begann: »Während ich schreibe, donnern die Kanonen vor Wien«, und es endete mit dem lateinischen Satz: »Fortuna fortes adjuvat.«

Ich klammerte mich daran wie an einen Zauberspruch. Franzl kommt auf Schleichwegen, wir treffen ihn im Wald, und er berichtet vom letzten Telefongespräch, das Baldur mit dem Führerhauptquartier führte. Baldur schilderte die hoffnungslose Situation der Stadt Wien, bat, Hitler möge Wien, der 90 000 Verwundeten wegen, zur »offenen Stadt« erklären lassen. Doch die Antwort, die aus dem Feldtelefon kommt, ist nicht zu fassen: »Da die Lage der Stadt hoffnungslos erscheint, soll Hitlers Sammlung antiker Waffen, die dort lagerte, sofort auf LKW verladen und zum Obersalzberg gebracht werden.«

Das war Hitlers letzte Botschaft an Wien. Baldur warf das Telefon gegen die Wand.

Oberst Handrick (Fünfkampfsieger der Olympiade von 1936 und Jagdfliegerkommandant Wiens) hört das Gespräch mit an, und die beiden Männer brauchen sich nicht zu bestätigen, daß der Oberste Kriegsherr sie ganz einfach im Stich gelassen hat, daß ihm germanische Schwerter wichtiger sind als seine lahm- und blindgeschossenen Soldaten.

Im Frühjahr 1945 war Heldentum zu einem ungefragten Artikel geworden.

Am 1. Mai verkündet der Sender Hamburg Hitlers Tod. Wir sitzen um den kleinen Radioapparat, und niemand sagt ein Wort. Nur Marei weint. Auch Evas Name kommt zum erstenmal über den Sender, als die gespenstische Hochzeit bekannt wird.

Nun muß ich zurückdenken in das Jahr 1931, als Eva, eine niedliche kleine Lehrerstochter aus München, im Fotoladen meines Vaters Rollfilme verkaufte, mit ihrem Dekolleté die Kunden verwirrte und immer ein ausgezeichnetes Pin-up-Girl abgab, wenn sie für Reklamezwecke fotografiert wurde.

Damals besuchten wir unsern ersten Kostümball, wenn man das »Fest der Juryfreien« so nennen kann. Eva ging als »Veilchenbukett«, ihr Kostüm war mit Sträußen bedeckt, und auf ihrem matten blonden Haar saß ein Bündel von hellen und dunklen Veilchen. Sie tanzte gern. Ich war ein Matrose in weißen Seidenhosen und einer ausgeliehenen Mütze mit der Aufschrift »Hindenburg«.

So standen wir beide vor dem hohen goldgerahmten Spiegel, in dem sich in den vielen Jahren die Kunden vor der Aufnahme noch begutachteten. Eva, eben dabei, sich zwei Taschentücher in ihr Dekolleté

zu stopfen, um ihre Figur zu verbessern, mit einem Seitenblick auf mich: »Du als Matrose hast das ja nicht nötig.«
Und hier war es, wo sie Herrn Hitler kennenlernte. Herr Hitler, über den die Zeitungen so interessante Dinge berichteten und der oft und gern Karten für Opernvorstellungen verschenkte, der einen schwarzen Mercedes, einen Schäferhund und einen Chauffeur hatte und, wenn er wollte, so reizende Komplimente machen konnte: »Darf ich Sie in die Oper einladen, Fräulein Eva? Sehen Sie, ich bin immer von Männern umgeben, da weiß ich das Glück zu schätzen, mit einer Frau zusammen zu sein.« Na, wer wird da schon widerstehen? Aber natürlich kann es sich nur um ein bißchen Vogelgezwitscher zwischen Beifallslärm handeln, aber Eva hat Geduld; eine richtige und echte Wahrsagerin hat ihr gesagt, daß sie »einmal weltberühmt« werden wird, lohnt sich's da nicht, zu warten? Zunächst spielt sich ihr Leben hinter den Kulissen ab, und niemand kann die hübschen Kleider sehen, die sie besitzt, als Hitler an der Macht ist und Eva eine Wohnung auf dem Berghof hat und ein kleines Haus in der Wasserburger Str. 12 in München-Bogenhausen bewohnt. Wird sie zufällig einmal mit Hitler fotografiert, kommt gleich ein Stempel aufs Bild, »Veröffentlichung verboten«, und erscheinen Militärs, Diplomaten oder ausländische Besucher auf dem Obersalzberg, findet das Essen ohne Eva statt.
Nur so ist es zu verstehen, daß die Öffentlichkeit über das Vorhandensein einer späteren Eva Hitler so erstaunt war. Auf keinem Fest der Partei ist sie zu entdecken; als man Emmy Göring in Gefangenschaft nach Eva fragt, sagt sie: »Ich kenne sie nicht« – man hält es für eine Lüge, aber es ist die Wahrheit. Hitler und Göring hatten nichts unternommen, die beiden Frauen miteinander bekanntzumachen.
Zuletzt hatte ich Eva 1943 gesehen, es war längst nicht mehr die Eva, mit der ich an vielen Nachmittagen zum Schwimmen geradelt war. Sie ließ sich Kognak bringen, ihr schwarzer Scotchterrier fuhr dem uniformierten Diener an die hohen Stiefel.
Sie schüttete den Kognak geübt in sich hinein, das nimmt die Angst, sagte sie, man denkt dann nicht so sehr über alles nach. Auch wenn

man sich tötet, sollte man vorher etwas trinken, alles erscheint dann in einem lustigen Nebel.
Sie hatte vor Jahren schon eine Generalprobe zu ihrem Selbstmord unternommen, eine Narbe zwischen Hals und Schulter erinnerte Hitler daran, daß sie sehr konsequent sein konnte, wenn es darum ging, ihren Willen durchzusetzen. Sie hatte damals den Revolver auf sich gerichtet, als er sie verlassen wollte.
Als der Krieg zu Ende geht, beweist die kleine Person mehr Haltung, als man von einem General erwarten würde. Sie fährt nach Berlin und weiß, daß sie es nicht mehr verlassen wird, sie weiß, daß nun das Stichwort für ihren Auftritt auf der Bühne der Welt gefallen ist. Im letzten Akt einer langen Tragödie läßt der göttliche Stückeschreiber eine Frau auftreten, um das schauerliche Dunkel mit einem kleinen Licht zu erhellen.
Nun also ist Hitler tot, auch Goebbels ist tot, auch Magda und die Schar der kleinen hübschen Mädchen, die, in ihren langen weißen Nachthemden, in Goebbels' Haus Schwanenwerder immer noch einmal lachend und rufend die Treppe heruntergerannt kamen, wenn sie Gäste hörten – auch sie sind tot.
Und wir leben, doch wissen wir nicht, ob wir darüber froh sein sollen.
Unsere Welt ist untergegangen, »der Ofen ist aus« war das salopp-schaurige Stichwort. Doch wir leben, und es ist der 4. Mai 1945.
Das Städtchen Kufstein wird von amerikanischen Truppen eingenommen.
Wir stehen auf einem Bergvorsprung mehrere hundert Meter über der Stadt, wir sehen die Panzer mit den wippenden Antennen und dem weißen Stern von Kiefersfelden her einrücken. Es sieht ganz ungefährlich aus, sie durchbrechen Gartenzäune und walzen Hekken platt, es wird auch gefeuert, aber es klingt wie aus Spielzeugkanonen abgeschossen, und es ist auch nicht weit her damit, denn auf dem Marktplatz stehen schon Leute mit Blumensträußen, die Sieger zu begrüßen, aber die Amis haben wenig Interesse an Blumensträußen.
Und nun muß ich mich auch von meiner Pistole trennen, dem Colt

mit dem Zeichen des kleinen springenden Pferdchens auf dem blanken Holz. Ich trage ihn immer bei mir, nun wird er an einer langen Schnur in die Odelgrube hinabgelassen; es ist das so üblich, geht alles gut, kann man ihn doch noch eines Tages herausfischen. Es ging aber gar nicht gut, denn zwei flüchtige Landser, die sich später bei einer Haussuchung in eben dieselbe Grube hinabließen und so hängend warteten, bis wir sie wieder herauszogen, rissen die Schnüre durch, und so versanken noch sieben andere Pistolen, die gleichermaßen abgesichert waren, in metertiefem Schlamm, und da liegen sie heute noch.

An jenem 4. Mai wurden große gelbe Plakate angeschlagen, sie begannen mit: »Ich, Dwight D. Eisenhower«, und enthielten so viele Anordnungen, daß sie sich kein Mensch merken konnte.

Am 9. Mai, morgens 0.01 Uhr, ist Waffenruhe. Wie schön das klingt: Es schweigen die Waffen. Die ersten Amerikaner, die in den Berggasthof kommen, tragen ihre Gewehre locker, wie Vogelflinten. Sie haben junge freundliche Gesichter, sie fragen etwas in englisch, bekommen Rotwein vorgesetzt, trinken, rauchen, schenken den Kindern Kaugummi und legen sich in die Sonne. Die Amerikaner heißen nun einfach Amis – was wohl von Army kommt, und die Deutschen sind mit wenigen Ausnahmen nun Nazis, was von Nationalsozialisten kommt, das für die Amis zu kompliziert auszusprechen ist.

Doch am 11. Mai wird der freundliche Eindruck der Besatzung zunichte gemacht, ein Jeep rast vor die Tür – (»Lady Betty in the Field« – ist mit weißen Buchstaben auf seine Seiten gemalt) –, heraus springen sechs Mann mit bereitgehaltenen Pistolen, treiben uns sofort in die Ecke. Die Frauen in ein Zimmer, die Männer in ein anderes, alle Kinder werden bewacht.

Der Anführer hat ein wüstes Gesicht, eine Narbe läuft quer über seine Nase, und ich präge mir seine Züge ein, ja ich bilde mir ein, daß ich sie nie mehr werde vergessen können. Dann beginnt das Plündern. Was nur irgend von Wert ist, wird mitgenommen, Handtaschen, Ringe, Uhren. Wir sind alle so eingeschüchtert, daß keiner etwas unternimmt; die Wirtin will mit dem feinsten Marillengeist die Herren versöhnen, lächerlich, an Schnaps liegt ihnen nichts. Als sie alles haben, was sie wollen, brausen sie ab; wir rennen ins Dorf, in die Kommandantur, aber dort stehen schon Hunderte Schlange. Und als wir unsere Räubergeschichte erzählen, weiß man schon von den Räubern, der Kommandant Captain Thompson macht die Bewegung des Aufknüpfens mit den Händen, »so was kommt vor«, sagt der Dolmetscher, es ist eine wilde Horde, die die Einödhöfe ausraubt. Major Gilmer notiert den Überfall.

Nun sind wir so ziemlich alles los, sogar die blankgewetzten Eheringe aller Großeltern und die amerikanische Uhr mit dem weißen Kaninchen, aber auch die Kameras und die Rubine aus Persien.

Und vor allem die Papiere sind weg.

Allerdings brauchen wir sie so schnell nicht mehr, denn als wir Österreich flüchtend verlassen, haben wir andere Namen, wir heißen dann Sandham, es sind die Papiere der Familie Roger Sandham, die ich auf seltsame Weise bekomme.

Aber noch fehlen einige heiße Wochen bis zu diesem Tag. Und wenn ich daran zurückdenke, spüre ich Feuer auf der Haut. Jeder Tag bringt Todesnachrichten, Gerüchte, Verhöre, Angst. Alle Männer im Haus sind verhaftet und auf die Festung gebracht worden. »Schirach auf der Floridsdorfer Brücke gehängt!« Nein, es ist Major Biedermann, den sie so gestraft haben, der als Ia beim Festungskommandanten saß und Verbindung zu den Sowjets gesucht hatte; der SD hatte die Verschwörung aufgedeckt und Biedermann und seine Männer gehängt.

»Schirach in der Schweiz«, berichtete ein Sender.

»Schirach und Rendulic zu den Sowjets übergelaufen.«

Aber nichts von allem ist wahr.

Haussuchung: »Ist er hier versteckt? We will kill him when we find him.«

Aber wir wußten nichts.

Bis eines Abends – als eben mein Sohn Robs mit einem großartigen Sprung in sein Bett hüpfte – die Radiomeldung kam: »Schirach in alliierter Hand.«

Das war sachlich, und es hatte keinen Sinn, daran zu zweifeln. So, als ob jemand ein Siegel unter eine endgültige Botschaft gesetzt hätte.
In dieser Nacht fand Klaus »Titania«. Die Wiesen waren frisch gemäht, so konnte er das kleine Reh am Waldrand sehen, es klagte, und er nahm es mit, und da wir den »Sommernachtstraum« dabeihatten, hieß es »Titania«. Niemand konnte schlafen: Baldur in alliierter Hand! Titania trippelte mit ihren klappernden Hufen von einem zum andern, und draußen stand die Rehmutter. Schließlich wurde Klaus im Pyjama mit Titania unterm Arm wieder zum Wald geschickt. Das Tier sollte seinen Frieden haben.
Kaum waren die Amerikaner da, als es auch schon einen »Rainbow Club« gab; über eines der kleinen Weinbeisel war ein prächtiger Regenbogen gemalt, und wir hörten zum allerersten mal »You are my sunshine, my only sunshine« aus den offenen Fenstern. Die Soldaten warfen Zigarettenpackungen aus den Fenstern und hatten einen Riesenspaß, wenn sich die Mädchen danach bückten. Ein anderes Zeichen der neuen Zeit war die Ausgangssperre. Auch am Abend des 14. Mai war Ausgangssperre. Aber nun wollte das Baby zur Welt kommen. Das Baby, das in unserer Vorstellung Georg hieß. Einen Erlaubnisschein zum Ausgang? Den geben sie uns doch nicht.

Wir rennen mit Anna Maria den Weg zur Klinik hinunter in die Stadt. Am Morgen ist das Baby da.
Aber es ist kein Georg, es ist ein wunderhübsches appetitliches kleines Mädchen, das sich in diese unmögliche Familie gedrängt hat. Die kleine Heidi hat ein Schwesterchen bekommen.
In dem baumbestandenen kleinen Hof, der die Klinik umschließt, liegen Männer, zerlumpte Männer, sie stöhnen und scheinen schwer krank, Frauen knien neben ihnen, Frauen mit Kopftüchern und elenden Fetzen als Kleidung.
Aber das ist keine Seltenheit zu dieser Zeit. Am Abend liegen die Männer immer noch im Gras, doch nun stöhnen sie laut, kriechen auf allen vieren, klagen und erheben die Hände, und die Frauen be-

ten laut. Will man zur Klinik, muß man den Weg über die Stöhnenden nehmen, man muß über sie hinwegsteigen, und nun begreifen wir die fürchterliche Tragödie, die sich hier abspielt: Man hatte die befreiten russischen Fremdarbeiter gesammelt, nach Jahren der Gefangenschaft sollten sie in ihre Heimat zurückgebracht werden. Am Bahnhof hatten sie, während sie auf ihren Zug warteten, Glasballons mit Methylalkohol entdeckt. Im Triumph der Freiheit hatten sie die Wachen erschlagen, die ihnen den Genuß der tödlichen Flüssigkeit, die so täuschend nach Schnaps schmeckte, verweigerten. Dann hatten sie den so lang entbehrten Alkohol getrunken. Zweihundert Russen. Langsam begann das Gift zu wirken, sie wurden blind und gelähmt, sie schrien, man schleppte sie zum Krankenhaus. Aber auch dort gab es keine Hilfe.
Wir standen am Korb des Babys und bewunderten es, es streckte sich wie ein junges Kätzchen.
Das Stöhnen drang zum offenen Fenster herein.
Wir schlossen es, wir wollten uns in Ruhe einen Namen für das Baby überlegen, das nun nicht Georg heißen konnte. »Sieht sie nicht aus wie Susie?« Susie, Su, Susannchen, Susanne, der Name kommt aus dem Hebräischen und heißt »Die Lilienreine« – das einzige Wesen, das in jenen Tagen lächelte.

Es dauerte noch Tage, ehe der letzte Vergiftete tot war. Die Amerikaner ließen eine tiefe Grube ausheben. Dann legte man die Toten hinein und übergoß sie mit Kalk. Die Russinnen warfen Blumen auf den Kalk, der die Umrisse der Männer zeigte, bis die Erde daraufpolterte. Dann ging der Trupp der Frauen zum Bahnhof. Sie fuhren nach Hause. Der erste Zug ging am 22. Mai.

In der Kufsteiner Festung befindet sich die »Helden-Orgel«, eine der größten der Welt, kilometerweit den Inn entlang ist sie zu hören, ihre Choräle und Hymnen, den Pfeifen entlockt, dringen um die Mittagszeit in die fernsten Bergtäler.
Im Mai 1945 saß ein amerikanischer Soldat davor. Doch hielt er sich nicht an die klassischen Noten. Er spielte irgend etwas, das sich hei-

ter wie Jazz in den Himmel hob. Er spielte wohl ohne Noten, so wie es ihm gerade einfiel, die Ouvertüre zu einer neuen Zeit.
Es klang ein bißchen fremd und so, als ob ein steinernes ernstes Götterbild anfinge zu lächeln.
Ich hörte diese Musik, als ich gerade neugierig einen Abfallhaufen der amerikanischen Küche betrachtete. Alles Verwertbare war schon herausgesucht. Es war verboten, der deutschen Bevölkerung Eßwaren oder Brot zu schenken, aber alte Frauen und Kinder waren trotzdem erschienen, betrachteten die hübschen Bilder auf den Spargeldosen und waren froh, wenn sie eine leere blitzende Büchse, die die kleinen viereckigen Stückchen mit Trockenkartoffeln enthalten hatte, erbeuteten. Doch die meisten warteten auf Kaffeesatz. Die weltbeherrschende Herrenrasse war angetreten, den Kaffeesatz der verdammten Amerikaner dankend in Empfang zu nehmen.
Am 24. Mai zieht die geschlagene 1. Armee durch Kufstein. Singend marschiert sie in ein ungewisses Schicksal. Wir lernen Hauptmann Zierenberg kennen und erfahren, daß Sepp Dietrich gefangengenommen wurde. Und ich erinnere mich an ihn, wie er mit zornigem Gesicht sagte, als ich ihn zuletzt in Wien sah: »Hitler nennt uns feig, zwei Drittel meiner Männer liegen unter der Erde, und er nennt uns feig!«
Lastwagen, vollgepackt mit SS, biegen um die Kurve gegenüber dem Kaffee Hasenknopf, sie rollen die steile Straße hinunter, zur Innbrücke.
Sie ahnen nicht, wo sie landen werden, in Camps ohne Dach überm Kopf, ohne Zelt, ohne Decken, sie winken und lachen von ihren Wagen herunter und wissen noch nicht, daß sie schon in wenigen Tagen ihren Ehering gegen ein Stück Brot bei farbigen Lagerwachen eintauschen werden, denn ihre tägliche Essensration wird eine Scheibe für sieben Mann sein.
Sie ahnen nicht, daß Hunger, Ruhr und jahrelange Gefangenschaft sie erwarten.
Die Supermen der SS sind die lebende Beute der Sieger. Auf ihr schwarzes Tuch mit dem Totenkopfzeichen haben sie jahrelang gewartet.

Wenn die Millionen Kriegsgefangener durch das große Sieb geschüttelt werden, kommen sie als allerletzte dran.
Aber das wissen die SS-Männer noch nicht, sie meinen, sie wären Soldaten wie alle andern, nur ein bißchen besser, sie wissen auch nicht, daß »Reichsführer SS« Heinrich Himmler, dem sie Schande und Not verdanken, tot ist.
Auch ich erkenne ihn kaum, als ich sein Bild in einem amerikanischen Nachrichtenblatt sehe: ohne Brille und Bart, in Zivilkleidung liegt er auf dem Boden einer Polizeistation. Die Zeitungsnotiz sagt, daß er die Giftkapsel zerbiß, als er erkannt und verhaftet wurde. Ernst Jünger hat in seinen »Marmorklippen« das alles im voraus geschildert. Man konnte die Figuren erkennen, den jovialen Oberförster, der Hitler ähnelte, den Fürsten, dessen edles Haupt man auf eine Stange spießt und den ich mit dem Grafen Stauffenberg verglich, doch auch die Traumesstarre, die uns bei Feuersbrunst und Untergang ergreift, kannte Jünger. Beim Bild des toten Himmler fiel mir das Ende Chiffon Rouges ein . . . »vom Todeskampf geschüttelt, die Zunge sich zerbeißend, wälzte der Bluthund sich im Lilienflor«, und wirklich blühten die Lilien, und auch der Kuckuck rief, wie er auf den Marmorklippen gerufen hatte: zur selben Zeit. Ich brauchte nur weiterzulesen – ». . . nichts als das Unglück war zurückgeblieben, und die Kämpfer hatten Fahnen und Abzeichen abgelegt. Und dennoch lebte eine neue Zuversicht in uns. So bringt der Morgen Rat, und schon die Wiederkehr des Lichts war wunderbar . . .«

## III

## SCHLÖSSL IN BAYERN

Der Regen prasselt und rauscht, die Wiesen duften, und alles glänzt in neuen Farben.

Wir sitzen in einem Auto und sind auf dem Weg nach Hause. Die Scheibenwischer gehen klick klack und schreiben klare Bogen. Da ist das Dorf.

Auf dem Hügel steht unser Haus. Schmal und gelb. Es gehört uns. Wir sind in einem dicken Grundbuch in Tölz mit spitzer Feder als rechtmäßige Eigentümer eingetragen.

Unser Wappen, in Stein gehauen, ist tief eingelassen, über der Haustür: Vogel, Baum und Stern. Es gehört uns also ein Stückchen von der Welt. Ein sehr schönes Stückchen, mit Bäumen, einer Quelle, die plötzlich in einem Eschenwäldchen aus der Erde springt und sogar von Herrn Dr. von Pettenkofer aus München vor hundert Jahren als heilkräftig anerkannt wurde. Darüber existiert eine Urkunde.

Eine Menge Wiesen und Büsche gehören zu unserer Welt, die von einer Hecke umschlossen wird. Eine Hecke, aus Hainbuchen und Fichten gemischt, in der Zaunkönige nisten und an der mit Sicherheit nach Regen Pfifferlinge zu erwarten sind. Wenn ich den Hügel hinauffahre, muß ich schon unten am Kruzifix schalten.

Als 1945 die ersten Jeeps den Hügel hinauffuhren, rannten sie das Kruzifix um. Ein Flüchtling, im Kloster als Zimmermann beschäftigt, sollte ein neues Kreuz machen. Es wurde aus den Resten unserer Eiche geschnitten, die der Artilleriebeschuß zertrümmerte, als sie von Schlehdorf aus über den See herüberschossen. Das war im April. Auch Ingrid fiel dem Beschuß zum Opfer. Ingrid, die Schöne,

Wie Klingsors Zauberschloß stand Hitlers Berghof in der gewaltigen Gebirgskulisse.

»Haus Wachenfeld« auf dem Obersalzberg hatte Hitler 1925 erworben. Daraus wurde der gigantische Berghof.

Als der Berghof noch ein bayrisches Landhaus mit Schindeldach war. Hitler mit Henriette von Schirach (Mitte) und Baldur von Schirach.

kaum fünfzehn Jahre alt; sie wollte eben den eisernen Rolladen der Drogerie schließen, als es sie traf. Ich habe sie in Erinnerung, wie sie, im Badeanzug im Boot stehend, eine kleine Ziehharmonika über den Kopf hielt und spielte.

Sie blieb das einzige Zivilopfer unseres Dorfes. Wenige Stunden später war der Krieg zu Ende.

Ich schalte also. Es kracht ein bißchen, aber es ist ein zuversichtliches Krachen, und dann brummt der Wagen hinauf. Der Kies springt zu beiden Seiten weg. Natürlich wird so eine steile Kiesstraße von jedem Regen ausgewaschen, aber wir können uns nicht entschließen, sie zu teeren, es wäre den Pferden dann unmöglich, heraufzukommen, und zur Heuernte brauchen wir Pferde.

Im Vorbeiflitzen sehe ich schnell in den Gemüsegarten. Die Tomaten sind hochgebunden, und die schottischen Heckenrosen blühen immer noch, es ist eine ganz besondere Sorte, hellrosa, winterhart, und die Blätter duften nach Äpfeln, wenn man sie zwischen den Fingern zerreibt.

Im Gurkenbeet hat eines der Kinder einen Teddybären liegenlassen. Genau in diesem Beet vergrub ich dann im August 1945 den Smaragdring, den Baldur aus Teheran mitgebracht hatte, als er den Vater des jetzigen Schahs besuchte.

Flag kommt angerannt.

Flag, der Spaniel, der Schwarzschimmel aus Max Schmelings Zucht mit dem vorwurfsvollen Trauerblick, als wüßte er schon, daß wir ihn verlieren würden, in den Kriegswirren irgendwo zwischen Wien und München. Aber noch bellt und springt er und drückt seine nassen Pfoten auf meinen Regenmantel.

Durch den Lärm wird Franzl angelockt.

Franzl mit seinem kurzgeschorenen blonden Haar, der Zillertaler Bauernsohn, der bis zum bittern Ende blieb, als sein Herr nicht mehr Reichsleiter, sondern ein gesuchter Kriegsverbrecher war, dem der Tod drohte. Dessen Name durch alle Sender kam mit einer genauen Beschreibung seiner Person und der dringenden Forderung, seinen Aufenthalt sofort der CIC bekanntzugeben. Franzl fand für ihn ein Versteck in einem Tiroler Bauernhaus, wohl wis-

send, daß der Dolmetscher mit Bart und Brille, der sich ohne Scheu zu den Amerikanern begab, der Gesuchte war.
Franzl, der so geschickt mit todernstem Gesicht servieren konnte, der so geduldig blieb, wenn das Angelzeug durcheinandergeraten war. Der immer und überall Köderfische und Regenwürmer auftrieb und die großen Forellen mit einem Schlag töten konnte, ohne sie zu quälen.
Franzl, der an jeder Stelle kleine dauerhafte Feuer anfachen konnte, um die Fische an langen Stecken langsam und duftend zu braten.
Alles das war Franzl.
Auch Rosa kommt. Rosa ist meine Köchin. Sie will wissen, ob ich Brathühner mitgebracht und auch den Curry nicht vergessen habe.
Rosa ist schön. Alle meine Mädchen sind es. Ich suche sie geradezu nach Schönheit aus. Irgend etwas an ihnen muß mir gefallen, und das ist nicht schwer in Bayern; unsere Bauernmädchen sehen oft wie Griechinnen aus mit ihren großen Kuhaugen und den kleinen geraden Nasen über dem vollen Mund.
Rosa hält ihre Schürze über den Kopf, denn immer noch schüttet es vom Himmel, und hinter ihr hopst Robert mit aufgesperrtem Mund, er trinkt den Regen.
In unserer Küche ist es immer ein wenig dunkel, denn direkt vor dem Fenster stehen Malven, sie sind ein dichter grüner Vorhang, grün mit schwarzen Blüten.
Getrocknet sind schwarze Malvenblüten ein ausgezeichnetes Mittel gegen Husten. Aber noch ist Sommer, und niemand denkt an Husten.
Ja, es sind unendliche Sommer.
Die Wände der Küche sind mit weißblauen Kacheln bedeckt. Die großen und kleinen Schränke hat Bickel bemalt. Josef Bickel, der große Freskenmaler, der die schönsten Häuser in Loisachtal und Isarwinkel mit Heiligen, Madonnen, Fischern und Königen schmückt, hat seine Kunst daran verschwendet.
An der gekalkten Wand hängen große kupferne Formen. Ein Herz, Krebs, Fisch und ein riesiges Schneckenhaus. Sonntags backen wir in dem Schneckenhaus einen großen Appleturnover. Das ist ein Ku-

chen aus Hefeteig mit Rosinen und Gewürzen, ähnlich dem Panettone, den Motta in Mailand backt. Eh man den Teig in die Form gibt, legt man Apfelscheiben und Zucker hinein. Das ist dann besonders süß und knusprig.

Nie wieder habe ich Appleturnover gegessen.
Bei der Beschlagnahme des Hauses kamen mit allen anderen Dingen auch die Kupferformen in den Central Collecting Point. Da lagen sie jahrelang, wurden braun und verloren ihre kupferne Schönheit, man versah sie mit Nummern und registrierte sie; nach Jahren erhielt ich das Schneckenhaus zurück, ich konnte nachweisen, daß es schon meine Mutter besessen hatte.
Innen in dem Schneckenhaus klebte ein Stückchen Kuchen, ein lächerliches altes Stückchen Kuchen, seltsam verkrustet wie ein Meteor von einem Stern, auf dem wir damals lebten.
Doch zurück zu dem Sommertag.
Der Tee ist fertig, und der frisch geröstete Toast ist in eine Serviette eingeschlagen. Quittengelee von unseren Quitten. Wir trinken »oben« Tee.
»Oben«, das ist die Bibliothek. Ein großer Raum, beinah ein kleiner Saal mit sieben Fenstern, durch die Pfirsich- und Aprikosenspaliere ihre Hände hereinstrecken.
Oft zischen Schwalben durchs Zimmer, schnell, in eleganten Bogen. Sie wohnen leider nicht bei uns, sondern unten im Kloster im Stall. Schwalben lieben Ställe.
Manchmal kommt im Herbst eine Haselmaus herein, sie klettert an der Thuja hoch und ist mit einem Sprung auf dem Schreibtisch, und da gefällt es ihr, sie klettert über Aktenberge, die Fritz oder Bobby aus Wien mitgeschleppt haben, und sie läßt sich von Klaus fangen und mit Nüssen füttern, sie trinkt mit winziger rosa Zunge Milch und ist viel eleganter als eine gewöhnliche Maus und viel zahmer.
Drei Wände sind mit Büchern bedeckt. Von oben bis unten. Alles kann man hier finden, vom ersten Till Eulenspiegel bis zu Hemingway.

Eine Wand ist ohne Bücher. Da steht der riesige grüne Ofen. Eine Pracht von einem Ofen. Auf vier schmiedeeisernen Füßen.
Nach der Enteignung des Hauses hat man ihn entfernt, er nahm zuviel Platz weg. Ja, das tat er. Er ragte ins Zimmer wie ein mächtiger grüner Baum. Auch die lustigen Wandnischen hat man wieder aufgefüllt, denn wozu braucht man Wandnischen? Ich hatte sie eines Tages entdeckt, als wir schon im Haus wohnten. Das Sonnenlicht fiel gerade auf die ovalen Umrisse, und ich war entzückt, etwas zu entdecken. Wir hatten Erfolg: Irgendein liebenswürdiger Mensch hatte vor zweihundert Jahren kleine Münzen in die hellblau ausgemalten Nischen gelegt, ehe sie zugemauert wurden. Kleine, immer noch blitzende Münzen mit dem Bildnis Ludwigs XIV.
Die silbernen Teekannen sind weg. Schon bei der ersten Plünderung warf sie ein Soldat auf den Jeep, als wäre es Blech. Wie sollte er wissen, daß sie vor fünfzig Jahren blankgeputzt, in Ledertücher gewikkelt, mit Mamsies Aussteuer aus South Carolina über den Ozean gekommen waren?

Die Plünderung überstanden wir lachend. Wir dachten, das gehört zum Krieg. Ja. Maria wollte, daß wir ein Schild am Haus anbrächten: »Schon geplündert.« Auch die Tassen sind verschwunden. Sorgsam von Miß MacDonald mit Holzwolle in Kisten verpackt. Mit einem Pinsel malte sie ihre Adresse darauf und schickte sie nach Hause. Sie hatte einen ausgesprochen guten Geschmack für Porzellan.
Aber noch sind es ja unsere Tassen, und wir führen sie zum Mund. Noch sind es unsere Rosen, unser Lavendel, der auf der Ostseite blüht.
Der Garten ist ein Sommerzimmer, dem nur die Decke fehlt. In Frascati hatte ich eine Pergola gesehen, fotografiert und hier aus Tuff nachbauen lassen. Sie paßte genau zwischen die Akazien. Der große Hollerbusch ist nicht abgesägt worden, die niedere Mauer wurde um ihn herumgebaut. Man soll Hollerbüsche nicht schneiden.
Mitten zwischen allen Blüten steht ein Bacchus, ein dicker kleiner

Kerl aus Bronze, mit einem Weinkrug in der einen und einer Traube in der andern Hand.
Südwärts sieht man den See, und darüber, ein Göttersitz, den Herzogstand. Rechts, nördlich, liegt München, weit draußen in der verblassenden Ebene. Seit die nächtlichen Brände während des Krieges die Lage bezeichneten, wissen wir es genau.

Tagsüber kann man die heiteren Türme von Benediktbeuern sehen, das Kloster, in dem Carl Orff seine »Carmina burana« fand, das Fischerhäusl, wo sie ausgezeichnet Renken braten, und lange kann man den anmutigen Lauf der Loisach verfolgen. Unten liegt das Dorf.
Vielleicht ist es kein außergewöhnliches Dorf, ein paar zu hohe Häuser aus der Jahrhundertwende sind mißglückt, aber die Bauernhöfe sind stolz und königlich. Ich kenne den Besitzer eines jeden, ich weiß, wohin man die Zwetschgen zum Dörrofen schickt und wo man zu Ostern Kitzfleisch kauft. Unser Bäcker ist eigentlich ein Bildhauer und backt neben Brezeln und Hörnchen seine keramischen Meisterwerke in der Ofenhitze. Wenn er mich vor dem Laden stehen sieht, winkt er mich herein, um mir seine neuesten Schöpfungen zu zeigen. Schau, sagt er dann – eine Medusa! Tatsächlich, ein wildes Weib mit einer Schlangenfrisur, oder es ist ein Krokodil, auf dem ein nacktes Wesen reitet, oder eine Melusina mit Fischleib und prächtigem grünem Busen, denn meistens geht die Phantasie mit dem Meister durch. Seine ganze Wohnung ist angefüllt mit den seltsamen Kindern seiner Phantasie. Ich darf mir was aussuchen. Eine kleine Römerin gefällt mir, zierlich wie eine Tanagrafigur.
Die Kirche ist alt, der Friedhof liegt drum herum. Er ist ziemlich besetzt, besonders jetzt, nachdem der Flüchtlingsstrom so viele alte Leute hergespült hat.
Ein Grab besuche ich. Hier liegt Franz Marc, der Maler, der 1916 vor Verdun fiel und auf seinen Wunsch hierhergebracht wurde. Es ist der gleiche Franz Marc, den Hitler an die ehrenvolle Seite der modernen Kunst verwies.
Mein Leben begann mit Franz Marc.

Mein Vater war Fotograf und meine Mutter ein Engel. Aber vielleicht war sie nur in meiner Vorstellung ein Engel, in Wirklichkeit war sie Schauspielerin. Ich fürchte auch, daß sie in Kabaretts auftrat und Chansons sang, und das war in den Jahren um 1913 gar nichts Engelhaftes. Es war ihr wohl daheim zu eng, sie hatte fünf Schwestern.

Unter fremdem Namen trat sie in Zürich auf. Viele Jahre später suchte ich ihre Spur, man verwies mich ans »Pfauentheater«, das klang nach Jugendstil und Frou Frou, aber niemand mehr wußte eine Spur, die zu Nelly geführt hätte.

Was tut man, wenn man eine junge Schauspielerin ist und Publicity braucht? Man läßt sich fotografieren!

Sie ging zu einem Fotografen, der Caruso, Erich Mühsam, Jerome K. Jerome, Wilhelm II., russische Großfürsten und bayerische Könige fotografiert hatte – ich besitze noch eines der Bilder, Nelly trägt einen riesigen Blumenhut, sie sitzt in einem italienischen Scherenstuhl und blickt zu Boden.

Der Fotograf hieß Heinrich Hoffmann. Er lud Nelly zu Kathi Kobus in den Simplizissimus ein, ich erinnere mich, wie mich Vater als Schulkind dort vorstellte und Kathi Kobus mir sagte, wie hübsch Nelly gewesen sei.

Das alles war das München der »Jugend«, des »Simpls«, der »Elf Scharfrichter«, Ringelnatz' und all des Zaubers, der uns heute noch wie der Hauch einer verzaubert glücklichen Zeit erscheint.

Im gleichen Jahr, als sich englische Suffragetten in London von Pferdehufen zertrampeln ließen, um die Gleichberechtigung der Frau zu erzwingen, als Geiger seinen »Zähler für Radioaktivität« anmeldete, Kokoschka sein Selbstporträt malte, Knut Hamsun an den Marmortischchen des Kaffees Stefanie schrieb und Charlie Chaplin seinen ersten Film drehte, wurde ich geboren. In einem Haus, das neben dem liegt, in dem Paul Klee und Wassily Kandinsky zeichneten und malten; ich bekam eine Papiermütze aufs Ohr, und Vater fotografierte mich, es war Faschingsdienstag. Vater hatte das Maleratelier Franz Marc abgemietet. Jahrelang hing noch Franz Marcs Briefkasten an der Tür, in hohen Jugendstilbuchstaben stand da sein Name. Seine Lithographiesteine, die er dagelassen hatte, waren mein Spielzeug, die springenden Gazellen darauf sehe ich noch, weiß in sandigem Braungelb.

Das winzige Haus war von großem Reiz. Im unteren Raum ein Kamin; eine Wand war von einem Gobelin bedeckt, er diente als Hintergrund, Delfter Krüge standen da, und Mullgardinen gaben weiches Licht. Vaters Porträts waren keine Fotos, sondern braunschimmernde Gravüren, die nicht den Dargestellten in der Hast des Augenblicks, sondern sozusagen sein geistiges Gesicht zeigten. Meist fotografierte Vater die Hände mit, ohne Hände erschien ihm ein Bild unvollständig. Eine Treppe führte hinauf zum »Labor« mit den großen flachen Schalen voll Entwickler und Fixierbad im roten Licht.

Das kleine Haus lehnte sich an die Brandmauer eines hohen Mietshauses, die von oben bis unten mit wildem Wein bewachsen war.

In einer Frühlingsregennacht stürzte die Pflanzenwand mit allen Vogelnestern herab.

Als ich am Morgen kam – Vater marschierte jeden Morgen mit mir von Schwabing in die Schellingstraße –, fand ich im dichten Gewirr der Weinreben Hunderte von Nestern, aus denen winzige gelbschnäbelige piepsende Vögelchen klagten. Die Vogeleltern zischten aufgeregt in schrecklicher Sorge um mich herum, und zum erstenmal begriff ich mit Grauen, daß es in der Welt nicht richtig zugeht.

Zwanzig Jahre später zeigte ich Baldur das Atelier. Ich bin im Zeichen des Wassermanns geboren und neige zu romantischen Übertreibungen, so sagte ich: »Ich werde dir etwas sehr Hübsches zeigen, ein originelles Haus und einen Garten mit Rosenbüschen, einer Jasminhecke und einer Geißblattlaube.« Er ließ sich überreden und kam mit. Da, wo ich das Gärtchen versprochen hatte, war ein schmutziger Hof, ein Korbflicker hatte sich hier niedergelassen und war enttäuscht, daß wir keine Aufträge brachten; das »Atelier« selbst, jetzt wagte ich schon nicht mehr, es so zu nennen, war von einer Kunstgewerblerin bewohnt, ihr Krimskrams füllte alles an, und die geflochtenen Körbe und Elefanten aus Bast quollen zur Türe heraus, ich wollte gar nicht fragen, wo die Jasminhecke geblieben war. Auch die eiserne Altane, die in meiner Erinnerung so schauerlich-schön und wacklig war, daß mich nur der Gesang der Heilsarmee – der vom Hof der Druckerei Müller und Sohn so düster gemischt mit dem Lärm der Druckmaschinen herüberdrang – zum Ersteigen des Treppchens verlockte, erwies sich als gußeiserne Scheußlichkeit.

Nur meine Liebe zu Franz Marc war geblieben. Als Hitler ihn verbot und seine »Angst der Tiere« verspottete, brachte ich ihm Marc-Zeichnungen, die »nicht entartet«, sondern präzise gezeichnet waren, das reizte ihn noch mehr. »Er konnte also richtig zeichnen«, sagte er, »warum tat er es nicht?« Er verstand ja auch die Franzosen nicht. (Man stelle sich vor, daß man in eine Sammlung von Bildern, wie sie zu Hitlers Zeiten im Haus der Kunst zu sehen waren, französische Bilder eingeschoben hätte: Renoir, Cezanne, Signac, Gauguin, wie Vater das einmal versuchte. Wie ungleich stärker hätten die Franzosen gewirkt, die deutschen Bilder wären sofort leer und äußerlich erschienen. Vielleicht ahnte Hitler das.)

Später traf ich Maria Marc, die einstmals so schöne Rotblonde, die er mit dem Hündchen, wie eine Madonna mit dem Kind, gemalt hatte. Damals standen der »Weiße Stier«, die »Rehe« und »schwimmenden Gazellen« noch in dem Erkerhaus in Ried. Sein Malzeug lag auf dem Tisch, seit Jahrzehnten, so als wäre er nur eben aus dem Haus gegangen, auf die Wiese, denn hier auf dieser Wiese zwischen Ried und Kochel hat er den »Turm der blauen Pferde« gemalt. In der Hölle von Verdun wird am 4. März 1916 der Blaue Reiter durch einen Granatsplitter getötet. Im selben Monat sterben daheim in Ried das Reh, der Hund und die Katzen.

Hitler schickte mir zu Weihnachten Orchideen. Nicht nur mir allein, sondern allen Frauen der später sogenannten »top ranking Nazis«. Rothe in Berlin führte die Aufträge aus. In einem Kistchen kamen lila Cattleyen. Ich habe den ganzen Strauß auf Marcs Grab gelegt – ein geschmiedetes Grabkreuz, darauf sein Name, zwischen

Bauerngräbern. Einige Tage später waren die Blüten braun, vom Frost verbrannt, und leuchteten in der Wintersonne wie ein kleines Feuer.

An der Nordseite des Kochler Hauses haben wir eine getäfelte Terrasse um eine mächtige Linde herum gebaut, eine runde Steinbank läuft um den Baum, aber schon nach wenigen Minuten erhebt man sich; sie ist zu kalt, um darauf zu sitzen.

Als ein Blitz die Linde in der Mitte auseinanderriß, füllten wir sie mit Beton, und ich versenkte einen Topf in dem flüssigen Brei. Darin verschloß ich für einen späten Finder: Zeitungen, Briefmarken, Fotos und Grüße. Meine Tochter Angelika packte noch ihren kleinen Löwen aus Stoff und eine Rolle Pfefferminz dazu.

Drei Tuffstufen führen zur Haustür. In ihrer Mitte ein Messingring zum Klopfen. Trifft die Sonne im Untergehen die Westseite, blitzt er wie ein Zauberring.

Ein altmodischer Klingelzug. Oleanderbüsche links und rechts, wie man sie von altbayrischen Wirtshäusern kennt.

In dem komischen Dings in meinem Kopf, das man Gehirn nennt, ist alles wie in einem Archiv in Mikroaufnahmen sorgfältig registriert.

Es sind kleine Bilder in Leicaformat; ich kann sie gegen das Licht halten und betrachten, und während ich sie betrachte, gewinnen sie Leben, werden dreidimensional, die Figuren bewegen sich, lachen und sprechen.

Es sind keine großartigen Szenen, die lassen sich leicht vergessen; was bleibt, sind die Spuren von nassen Kinderfüßen, die beim Regen schnell ins Haus gelaufen sind.

Da ist das große geschnitzte Barockbett, auf dessen rotweiß karierten Federkissen Molly dekorativ in ihrer Tigerkatzenschönheit saß, daneben Mamsie, wenn sie mit einer ganz bestimmten Bewegung einen Tropfen Parfüm auf ihr Ohrläppchen gab und die kleinen weißen Löckchen auf ihrer Stirn ordnete. Wenn sie sagte: Wenn dieser dumme Krieg vorbei ist, fahren wir nach New York und hinaus zu den Catskill Mountains, wo ich geboren bin, dann wirst du

sie sehen, blau und purpurn im Abendlicht. Ching, der Pekinese, wenn er durch die Beete ging und an Blumen roch ...
Da ist Baldur in seinen alten Flanellhosen mit dem grauen Cashmere-Rollkragenpullover – nicht mit dem zerquälten Gesicht des lange Gefangenen, sondern braungebrannt mit einem Fächer von kleinen Falten an den Augen, die sich beim Lachen zusammenschieben –, wenn er sagte: »Vielleicht habe ich Glück und falle in Ungnade, dann laß ich mich hierher verbannen.«
Da ist eine Februarnacht im Winter 1945.
Wir besaßen damals ein achtzigfach vergrößerndes Zeißfernrohr, ein schweres Ding, das wir bei sternklaren Nächten auf den vom Schnee freigeschaufelten Platz vor dem Haus stellten.

Unser Dorf war zu jener Zeit voll von Flüchtlingen; unter denen, die noch nicht in letzter Hast –, sondern mit Matratzen als Fliegerschutz auf die Autodächer gebunden – aus dem Osten kamen, gab es einige ganz außergewöhnliche Evakuierte. Sie kamen aus dem geheimnisumwitterten Peenemünde auf der Ostseeinsel Usedom, der Waffenschmiede der V 2, die damals Tag und Nacht auf London abgefeuert wurde. Als die Russen näher rückten und die englischen und amerikanischen Bomberverbände Peenemünde zum Ziel nahmen, setzte sich der Konstrukteur der V 2, Wernher von Braun, mit seinen Leuten nach Süddeutschland ab. Auf SS-Formularen hatte er Befehle zur Evakuierung Peenemündes gefälscht, er wollte seine Geheimnisse nicht den Russen überlassen. So gelangten Forschungsanlagen, Geräte und Modelle, in Güterwagen verpackt, nach Kochel, und mit ihnen kamen die Konstrukteure, Wissenschaftler und Ingenieure mit ihren Familien.
Am Fuß des Jochbergs entstanden riesige Hallen und Windkanäle, die Arbeit ging weiter – bis, ja bis eben die Amerikaner einrückten und die ganze Pracht abmontierten, einpackten und zum Kocheler Bahnhof transportieren ließen.
Am meisten aber interessierten sie sich für die Intelligenz der Konstrukteure – sie nahmen die Männer gleich im Flugzeug mit und gaben ihnen das Versprechen, ihre Familien nachkommen zu lassen.

Die evakuierten Peenemünder hatten nicht nur den Ehrgeiz, in die Ferne zu schießen, sondern auch in die Ferne zu sehen, unter ihnen befanden sich einige Astronomen. Als sie nun mein Fernrohr entdeckten, beschlossen wir, uns regelmäßig zu treffen, sowie nur der Nachthimmel klar war. Da standen wir im Dunkeln auf unserm verschneiten Hügel, eingemummt in alle Arten von Mänteln und Schals, und bekamen Unterricht in Sternkunde. Bald war für uns der Himmel nicht mehr ein schreckliches, mit Flugzeugen und Bomben erfülltes Nichts, sondern die Heimat von Kassiopeia, Orion und dem Kleinen Bären.
Oft jagte uns die Sirene in den Keller, aber schließlich gewöhnten wir uns daran, und da wir unser eigener Luftschutzwart waren, blieben wir oben und ließen die Maschinen über unsere Köpfe donnern, während wir ganz still im Schnee standen und das Beben, das sich durch die Luft mitteilte, bis in die Fingerspitzen spürten.
Jedesmal beschloß ein heißer Tee unsere »Sternstunde«.
Rauchiger Chinatee aus Colins silberner Elefantendose.
Colin revanchierte sich für den astronomischen Kurs, indem er den Kindern der Ingenieure oben, im Urfelder Haus, Unterricht in Geographie gab. Frau Ross gab ihnen englische Stunden, und das war das beste, was man den Kindern geben konnte, denn die Amerikaner erfüllten ihr Versprechen bald und holten die Familien nach Amerika.
Heute sind jene Männer in der amerikanischen Forschungszentrale für Fernlenkwaffen im Redstone Arsenal bei Huntsville beschäftigt, und die meisten von ihnen haben die amerikanische Staatsbürgerschaft erworben.
Damals aber, im Februar 1945, ahnten sie nichts davon, und wenn sie es ahnten, konnten sie ausgezeichnet schweigen; und selbst wir, die wir täglich mit ihnen zusammenkamen – sie wohnten im sogenannten Gästehaus, einem ursprünglich als Jugendherberge gedachten Bauernhaus, das von Fahrern und Sekretärinnen bewohnt wurde, wenn Baldur in Kochel war –, selbst wir wußten nichts von der Arbeit der V-2-Leute.

Und auch Colin, der doch Ingenieur war und seine Neugierde nicht bezähmen konnte, bekam als Antwort auf sein Fragen nur ein kleines Lächeln aus fest aufeinandergepreßten Lippen – erst Jahre später lüftete Oppenheimer das Geheimnis.

Da ist der rote Teppich auf der hellblauen Treppe, darauf Richard, süß und dick nach seinem Nachmittagsschlaf, mit der einen Hand reibt er sich die Locken aus der Stirn, mit der andern hält er sein Stoffreh fest. Das kleine Steiff-Reh, in das wir später unsern winzigen verbliebenen Besitz einnähten und die Kinder damit wegschickten, wenn Haussuchung kam. Das von zahllosen Liebkosungen blankgewetzte Reh wies viele Bauchnähte auf, kreuz und quer . . .

Da ist ein Herbstmorgen, wenn der See ganz still ist, weil die vielen Boote, die sonst von Sommergästen auf die kleine Insel hinausgerudert werden, in den Bootshäusern liegen, und die Böckin kommt und die frisch gefangenen Renken bringt, ausgestopft mit Brennesseln, in ein feuchtes Tuch eingeschlagen.

Nun sitzt die Böckin in der Küche. Das tut sie gern. Sie ist schon lang unterwegs. Sie muß früh mit den Fischen zum Zug gehen, ein paar Stationen fahren und dann zu uns heraufkeuchen. Zurück nimmt sie ihren Kahn, der unten am Fluß angepflockt liegt. Mit ihm rudert sie zurück in ihr Fischerhaus in Brunnenbach. Ein völlig rechteckiges Haus, so wie es Kinder zeichnen, mitten im Moos.

Die Böckin ist alt und doch anmutig. Lederhaut und Bourbonennase. Sie kann reden und stricken gleichzeitig, so bringt sie immer ihr Strickzeug mit. Ist sie an einem besonders interessanten Punkt ihrer Erzählung angelangt – sie erzählt ausführlich und schildert alle ihre Gefühle und Gedanken –, dann klopft sie mit einer dicken Nadel auf den Tisch oder erläutert eine besonders komplizierte Situation mit unsichtbaren Strichen auf der Ahornplatte. Oder sie kratzt sich einfach mit den Nadeln den Kopf. Sie weiß, daß sie bei uns einen ausgezeichneten Kaffee bekommt, auch neue Aufträge nimmt sie entgegen, denn sie ist ein Strickgenie. Ihre Spezialität sind

Adler- und Hirschmuster, geschmackvoll setzt sie die Farben zusammen.
Heute hat sie etwas auf dem Herzen. Sie will mir »Sankt Petrus' Fischzug« verkaufen. Das ist ein großes Hinterglasbild aus der Barockzeit. Wunderschön, auf Goldgrund gemalt. Sankt Petrus lacht und sieht wie ein oberbayrischer Fischer aus mit lockigem Bart. Der unbekannte Maler hat alle Arten von Fischen verewigt, auch fliegende, Walfische und Haie, obwohl doch die Landschaft bayrisch ist.
Und auch die Fische lachen. Das Bild ist prächtig. Es hängt über dem Bett der Böckin, über dem Ehebett muß ich sagen, denn die alten Böcks schlafen in einem Bett, weil sie auf diese Weise nicht frieren; das Fischerhaus ist nur für den Sommer gedacht und im Winter eine eisige Angelegenheit. Ich kenne das Bild genau, denn immer bewundere ich es, wenn ich in Brunnenbach bin, ich bekomme dann auch einen Ehrenplatz, das heißt, daß ich auf der Bettkante sitzen darf, denn mit den Stühlen ist es nicht weit her.
Nun braucht die Böckin Geld für einen Prozeß, es geht um die Fischrechte, sie will Petrus' Fischzug verkaufen, denn »die Jungen haben doch keinen Verstand dafür« – die Jungen sind die Kinder. Und ich also hätte einen Verstand dafür, sie hat schon gemerkt, daß ich hinter dem Bild her bin, denn dumm ist die Böckin nicht. Der Kauf wird mit Handschlag besiegelt, ich zahle, eine geschriebene Quittung würde als Beleidigung aufgefaßt werden.
Sie faltet das Geld und verwahrt es umständlich in einem Geldtäschchen auf der Brust, wie ein Soldat. Sankt Petrus' Fischzug nahm ein schnelles und unrühmliches Ende. Captain Ryerson hat sich daraufgesetzt.
Ihm ist nichts passiert, außer dem Schrecken, kein edler Teil wurde verletzt, wohl weil er sich gerade auf die Stelle setzte, auf der Petrus beschwörend die Hände zum Himmel hebt. Auch tat es Ryerson nicht absichtlich. Das Bild lag unglücklicherweise auf seinem Bett, man hatte es abgenommen, um an dem gleichen Haken eine Landkarte »Die amerikanischen Truppen in Europa« aufzuhängen. Ryerson sollte das Werk bewundern, dazu mußte er sich setzen, es

krachte mit gedämpftem Klirren. »Maxt nix«, sagte Sami, holte eine kleine Schaufel und kehrte die Scherben mit den goldschuppigen Fischlein auf.

Unser Haus! Wenn man den Kesselberg hinauffährt und auf den Kochelsee hinunterschaut, sieht man sein rotes Dach durch das Laub schimmern, im Herbst ist das Haus ganz zu sehen, mit seinen lustigen grünen Fensterläden und der knarrenden Blechfahne. Niemand wird sich die Mühe machen, die Jahreszahl in der Fahne zu entziffern. 1693 steht darin, der Schmiedemeister Bauriedl aus Kochel hat sie verfertigt, als wir einzogen, ausgesägt aus Kupfer, es war sehr aufregend, als sie angebracht wurde. Es ist das Baujahr des Hauses. Es hat eine schöne Geschichte. Ja, schon der Hügel, der »Aspenstein«, der »Schönbichl«, hat eine Geschichte. Beim Umgraben fanden wir kleine grüne irisierende Fläschchen für Parfüm, deutlich als Römerfunde erkennbar. Angelika fand Salbnäpfe. Also hatten Frauen hier gewohnt. Später, so berichtet die Geschichte, stand die Burg der Agilolfinger hier, Kaiser Karl zog durchs Dorf, seine Schwester starb hier und wurde hier begraben.
Viel später verlockte der Hügel die Äbte von Benediktbeuern zum Bauen. Aber sie hatten kein Geld für ein Sommerhaus. Da versprach ein zum Tod Verurteilter den Äbten ein »Schlößl«, wenn sie ihm den Tod am Strang ersparten. Sie erwirkten sein Leben und bauten »ein luftiges Haus, um den Sommer zu genießen«. So beschreibt es Meichelbeck in seiner Chronik. Sie pflanzten eine Lindenallee und eine Menge edler Kastanien. Hundert Jahre später zog der Abt Eliland durchs Dorf, besuchte seine Benediktiner und stiftete das Kapellentürmchen, einen dicken runden, ans Haus angebauten kleinen Turm, der zu unserer Zeit einen Feuerplatz erhielt und in dessen kühlem Rund man ungestört Schularbeiten machen konnte. In der tiefen Wandnische stand lächelnd eine gotische Plastik der heiligen Katharina, in der kleinen Hand das zerbrochene Schwert.
Die Benediktiner bauten auch Wein, wie es scheint mit Erfolg, denn ein einfallreicher Weinkeller zeugt davon.
»Das Schlößl« war ein Sommersitz mit elf Räumen; vom Weingar-

ten sind nur die Weinbergschnecken übriggeblieben, die wir im Februar brieten und mit Kräutern gewürzt gern aßen.
Später wurde säkularisiert. Das Schlößl, immer von Glücklichen bewohnt, aber nie lang in einer Hand, fiel an den Staat. Die umfangreiche Bücherei kam in die Staatsbibliothek nach München, und das Haus wurde an einen ungarischen Weinwirt verkauft.
Der wiederum verkaufte es an den Herrn von Dessauer. Nun begann eine musische Zeit. Der romantische König Ludwig II. von Bayern kam mit seiner Kutsche herauf, Moritz Carrière und Wilhelm von Kaulbach lebten hier, Moritz von Schwind malte eines seiner reizendsten Bilder: die junge Frau von Dessauer am Fenster, der Morgen schaut herein, im Zimmer stehen Biedermeiermöbel, und man spürt den Duft der Romantik. Das Bild hängt in der Schackgalerie, es heißt: Die Morgenstunde. Die Urenkel der jungen Frau, die so schwärmerisch am Fenster lehnt, leben heute in Chile.
Dann kamen wir.
Wir brachten eine notwendige Revolution mit, denn der Biedermeierzauber war längst verflogen, das Gebäude sah aus wie das Schloß von Gockel, Hinkel und Gackeleia in Brentanos Märchen. Es gab keine Badewanne, und das Örtchen stand in der Wiese, der Herd stammte aus der Blütezeit des Jugendstils, und die elektrischen Leitungen hingen von der Decke wie Girlanden. Wir sahen es zuerst im Frühjahr, mit schmutzigem Schnee und Wiesen, in denen das Moos überwog, aber wir liebten es sofort.
Wir steckten unser ganzes Geld in die Ausstattung des Hauses, denn wir dachten, hier leben wir – na mindestens 1000 Jahre, nichts kann uns hier vertreiben. Keine Macht der Welt hätte uns mit solcher Sicherheit daraus vertreiben können wie wir selbst.
Als die 1000 Jahre vorbei waren, hat die Bezeichnung »Schlößl« mir viel zu schaffen gemacht, denn im Aktendeutsch wurde ein Schloß daraus, und nun mußte ich mich wegen eines Schloßbesitzes verantworten, und »Schloß«, das klingt allein schon wie eine Anklage.

## IV

## BRUDER FEIND

Dem Amerikaner Fisher Ames wird der berühmte Vergleich von demokratischen und undemokratischen Regierungsformen zugeschrieben: »Die Monarchie gleicht einem schönen Schiff, das mit vollen Segeln dahinfährt, majestätisch zieht es seines Weges, bis es auf ein Riff läuft und versinkt. Die Demokratie gleicht einem Floß. Das Floß sinkt nie, aber verdammt noch mal – man hat die Füße dauernd im Wasser.«

Um diesen Vergleich zu erweitern, kann man die Diktatur mit einem wundervoll ausgestatteten Schlachtschiff vergleichen, auf dem aber unglücklicherweise Frauen und Kinder mit untergebracht sind. Obwohl es hervorragend mit Flaggen, Munition und Waffen ausgestattet ist, fehlen Rettungsboote, und niemand kann den Kapitän daran hindern, sich in seine Kajüte einzuschließen und das ganze herrliche Schiff einen Niagarafall hinunterzustürzen.

Nur so kann ich unsere Situation im Mai 1945 umschreiben. Wir waren nicht nur zwölf Jahre lang mit komprimiertem Nationalsozialismus geimpft worden, unser Denken war verführt, seit wir Kinder waren, und wenn wir versucht hatten, selbständig zu denken, und unsere Gedanken aussprachen, wurde es nur ein Gestammel, das ohne Antwort blieb.

Der Schutz, der uns jahrelang umgab und an den wir uns gewöhnt hatten – denn es ist sehr bequem, zu meinen, daß einem keiner was tun kann –, erwies sich nun als Fluch.

Am letzten Maitag des Jahres 1945 wurden wir früh geweckt. Bekanntes Poltern gegen die Zimmertür.

Haussuchung? Sicher suchen sie »Äss Äss«.

Nein, sofort mitkommen, ins Gefängnis!
Ich zog mich nicht schnell genug an, da knallte ein Pistolenschuß in den Türrahmen. Ein zweiter Schuß traf den eigenen Fuß des frühen Schützen, er fluchte und torkelte, und wir merkten, daß er auf seiner Beutefahrt ganz hübsch getankt hatte.
Schnell in den Lieferwagen.
Da saßen wir nun auf beschlagnahmten Radioapparaten und rasten ins Städtchen.
Der andere Gefangene war mein Bruder.
Er pfiff mir die Stelle aus »Aida« vor, auf die man so schön »hab ich dir's nicht gleich gesagt, die Wurst, die schmeckt nach Seife« singen kann. »Merk dir diesen Pfiff«, sagte er, »dann kannst du genau auskundschaften, in welcher Zelle ich bin.« Doch diese Vorsicht erwies sich als unnötig. Wir wurden getrennt – er sollte eine jahrelang dauernde Tournee durch westdeutsche Internierungslager antreten. Ich aber landete im Kufsteiner Gefängnis.
Oft war ich an diesem grauen Steinkasten vorbeigegangen, früher, als uns unsere Bergtouren ins Kaisergebirge nach Hinterbärenbad und zum Stripsenjoch führten, ohne zu ahnen, daß er nach der anderen Seite hinaus vergitterte Fenster hatte. Soeben war ein Transport von Kreisleitern angekommen. »Essen Sie hier nichts«, flüsterte mir ein Gefangener auf der Treppe zu, »die Köchin hat Tuberkulose«, und schon war ich eingesperrt. Eine große, besonders scheußliche Zelle mit langer Bank und einem Tisch, die am Boden festgenagelt waren, und einem vergitterten kleinen Extrakäfig für Einzelhaft.
Aus der Ecke kam langsam eine Frau auf mich zu. Dick, mit langem schwarzem Haar, eine Zigeunerin wie aus dem Bilderbuch.
Sie war eben dabei, sich zu kämmen, dann nahm sie den Kamm zwischen die Zähne und begann Zöpfe zu flechten. Dabei ging sie um mich herum und musterte mich. Dann sagte sie: »Zu essen haben wir genug. Gleich wird der Kaffee kommen«, und wirklich, der Wärter öffnete und schob mißmutig einen dampfenden Topf herein, den sie triumphierend hochhob. Kein Muckefuck, sondern starker Bohnenkaffee. Sie holte zerbröselten Kuchen aus ihrer Ecke, und

so begann unser erstes Frühstück. »Du mußt wissen, daß ich alles haben kann, ich brauche nur meine Zeichen zu geben.« Es machte ihr Vergnügen, mir ihre Macht vor Augen zu führen.

»Steig auf den Tisch, dann kannst du sehen, wie es geht.« Ja, drüben lauerte ein kleiner schwarzer Kerl. »Siehst du«, sagte sie und gab mir ihr Geheimnis preis: »Nun wissen sie, daß sie Mittagessen besorgen müssen.« Sie hing eine lilafarbene Hose gewaltigen Ausmaßes außen an das Gitter. »Ich habe sieben Söhne, sie warten nur auf meine Zeichen.« Der Junge auf der Straße nickte und verschwand. »Du wirst sehen«, sagte sie, »wir haben das feinste Mittagessen vom Amerikaner, die Jungen sind großartig.« Langsam dämmerte mir, daß die Methode ihrer Nahrungsmittelbeschaffung der Grund für ihre Haft war.

Sie gab sich als eine geborene Gastgeberin, ich kam mir geradezu wie auf Besuch vor. Sie teilte alle Mahlzeiten mit mir, sie fragte nicht, warum ich eingesperrt war, denn sie hielt alles Einsperren für Unsinn. Wir wurden in den kleinen Hof geführt und spazierten um das Vergißmeinnichtbeet. Von draußen drang Kuhglockengeläute über die Mauer. Hunderte von hellen und tiefen Glocken. Die Kühe wurden auf die Almen getrieben.

Abends sah sie meine Handflächen an, sie studierte die Linien, und wie diplomatisch drückte sie sich aus, um mir zu bestätigen, daß ich alles verlor, was ich liebte. So lebten wir bei amerikanischem Curryreis und gestohlenen Hühnern. Als Gegenleistung flocht ich meiner Zigeunerin die Zöpfe, mal fünf, mal sieben, grad wie es ihr einfiel.

Draußen schienen sie mich vergessen zu haben. Da wurde ich eines Abends zum Verhör geholt. Die zwölfjährige Angelika hatte täglich die Amerikaner besucht und gebeten, mich freizulassen. So stand ich im Gefängnisbüro zwei Amerikanern gegenüber. Ein Offizier stellte sich vor: Johnson. Er trug einen Ring, an den ich mich erinnere, denn während der ganzen Unterhaltung starrte ich den Ring an, ein amerikanischer Adler, in dessen Brust ein Brillant funkelte; es war besser, den Ring anzustarren, als Johnson ins Gesicht zu sehen, denn ich schämte mich, als er sagte: »Wir sind Juden, Sie wissen, die Sorte Menschen, die man in Ihrem Vaterland umgebracht hat.« Er gab mir einen Stoß Fotografien in die Hand, es waren die Aufnahmen, die beim Einmarsch der Amerikaner in Dachau, in Buchenwald, in Belsen gemacht wurden. Die Welt kennt diese Bilder.

Man soll sich nicht in die bequeme Ausrede flüchten, man hätte die Bombentoten aus Dresden fotografiert und die Öffentlichkeit mit falschen Bildern getäuscht. Es gab die Toten von Dresden und die Toten von Dachau. Die Bilder in meinen Händen waren die Aufnahmen aus den Konzentrationslagern.

Die Verhungerten mit den aufgerissenen Augen, die seltsamen Pyramiden von Leichen, Skelette wie dürre Äste durcheinandergeworfen.

»Sehen Sie sich jedes Bild an, jedes fünf Minuten.«

Er wartete und sah auf die Uhr.

Dann packte er die Bilder wieder ein.

»Und Sie wünschen?«

»Nichts.«

Was sollte ich denn noch wollen?

Ich wurde zurückgeführt.

Da saß meine Nachbarin auf der Pritsche und rauchte ihre Pfeife. Sie stopfte den glühenden Tabak mit dem ungeschützten Daumen in den silberverzierten Pfeifenkopf.

»Ich bin frei«, sagte sie. Zu ihren Füßen lagen ihre Bündel und die verschiedenen Töpfe und Flaschen, die sich angesammelt hatten.

»Wir ziehen noch nachts weiter den Inn entlang ins Italienische, den Brenner hinauf müssen alle schieben.« Ach, ihr bunter Zigeunerwagen erschien mir verlockender als jeder Mercedes, und ich konnte mir vorstellen, wie sie im Gardasee ihre Wäsche spülen und das Seil zum Trocknen zwischen die Olivenbäume knüpfen würde. Sie umarmte mich, sie roch wie ein gutes Tier. »Du wirst immer wieder Glück haben«, sagte sie, ach, sie wußte ja nicht, daß ich zu den verhaßten Nazis gehörte. »Ich werde in jeden Zigeunerwagen schauen«, versprach ich, »in jeden, der mir begegnet, ob ich dich wiedersehe.«

Nun war sie fort, und die Zelle war eine Zelle. Ich war nun die einzige weibliche Gefangene.
Ein Wärter machte seinen abendlichen Kontrollgang. Jeder, der einmal eingesperrt war, kennt das immer wieder hoffnungerweckende, sanft scheppernde Schlüsselklirren – er entfernte sich, und es wurde still. Kaum zu glauben, wie still es in einem Gefängnis ist, wenn die Abendsuppe verteilt ist, auch wenn in jeder Zelle ein Mensch lebt.
Doch plötzlich sprang die Tür auf.
Captain Johnson stand da.
»Ihre Tochter ist schon wieder hier, was soll ich denn mit dem Kind im Büro? Nehmen Sie sie mit und gehen Sie nach Hause.«
Wir gingen durch den kleinen Friedhof, in dem die abgestürzten Bergsteiger liegen.
Lilien waren aufgeblüht. In der Kirche spielte jemand Bach. Angelika hielt meine Hand ganz fest.
»Wir haben einen Erdbeerschlag entdeckt«, sagte sie »und rosa Akeleien, und Klaus hat einen echten Feuersalamander.«
Was hatte Johnson gesagt, als er in seinen Jeep stieg: »Ich wünsche Ihnen, daß Sie den Frieden Ihrer Seele finden.«
Doch erst viel später begriff ich, was er meinte.

Am 21. Juni 1945 bürstete ich mit heißem Wasser und einer Wurzelbürste den Fichtenboden in dem Bauernhaus, in dem wir damals wohnten. Nicht, weil es sein mußte, sondern weil ich meine Sorgen abreagieren wollte. Plötzlich ging die Tür auf. Ein lachender Amerikaner stand da. Sein Lachen nahm mir die Angst. Das sah nicht nach Verhaftung aus. »Do you speak English as well as Baldur?«
Ich kniete am Boden, hielt die Putzbürste in der Hand und starrte ihn an. »Snell maken«, sagte der Amerikaner, »ich bringe Sie zu ihm!«
Ich fragte nicht wohin, ich dachte nur, es scheint ihm gutzugehen, sonst würden sie ihn nicht mit dem Vornamen nennen, erst viel später merkte ich, daß das ihre Art war.
Ich zog mich um und packte einen Kuchen ein, den die Bäuerin eben

gebacken hatte und den sie mir schenkte, dann füllten wir aus dem großen Faß im Keller eine Flasche mit rotem Kalterer Wein, ich steckte den Dollarschein ein, den ich tags zuvor in einem verlassenen Amizelt gefunden hatte, außerdem nahm ich ein Stück französische Nelkenseife mit – von Roger und Gallet –, das ich seit Jahren des Duftes wegen aufbewahrt hatte. Der Amerikaner stellte sich vor: Captain Hansen. Er trieb zur Eile an, ich kletterte in den Jeep. Ich war vergnügt, als würde irgend etwas Neues und Herrliches beginnen, eine Menge Bauernkinder waren aus den Nachbardörfern gekommen und bestaunten das fremde Fahrzeug.
Wir fuhren los, die Bergstraße hinunter, den Inn entlang, mein Haar wehte im Wind, der Fluß glitzerte, Mädchen standen in den Feldern bei der Heuarbeit. »Es gibt so wunderschöne Mädchen in Tirol«, sagte mein Nachbar, »ich verdrehe mir jedesmal den Hals, immer muß ich ihnen nachsehen, wenn sie winken.« Ich war ganz stolz, daß er unsere Mädchen schön fand. »Ist das alles nun BDM?«– »Die meisten.« Er schüttelte den Kopf. »Baldur hat uns eine Menge erzählt. Hier lesen Sie, diesen Brief schrieb er uns.« Er gab mir die Abschrift eines Briefes zu lesen, den Baldur am 5. Juni 1945 an die amerikanische Kommandostelle in Schwaz/Tirol geschrieben hatte, ich las:

> Aus eigenem Entschluß begebe ich mich in amerikanische Gefangenschaft, um damit die Möglichkeit zu haben, mich vor einem Internationalen Gericht zu verantworten.
>
> Baldur von Schirach.

»Das ist eine gute Sache für uns, Schirach ist einer der interessantesten Männer, nicht als Wiener Gaulauter, sondern als Jugendführer, er spricht Englisch und ist nicht fanatisch, er hilft uns geradezu, er will nicht, daß die Jugend Unsinn macht und vielleicht ›underground‹.«
»Und wo finde ich ihn?«
»Im Gefangenenlager Rum, einem großen Lager bei Innsbruck, mit seinem Adjutanten, der mit ihm in Gefangenschaft ging.«
Wir hatten die Stadt erreicht, etwas außerhalb lag das Lager. Ich hatte noch nie ein Gefangenenlager gesehen, man führte mich an

langen Stacheldrahtzäunen vorbei, an Tausenden von Männern. Sie riefen und pfiffen, als wir an ihnen vorbeigingen. Wir standen vor einer Baracke. Mister Hansen stieß die Tür mit dem Fuß auf und rief:

»Hey, Baldur!«

In einem großen kahlen Raum steht Baldur an einem Tisch. Ein halbes Jahr habe ich ihn nicht mehr gesehen, ich erkenne ihn kaum. Ein anderer Mensch, mit einem anderen Gesicht, dem man die furchtbare Entscheidung ansieht. Das Haar ist glatt nach hinten gebürstet, und ich irre mich nicht, es ist grau.

Nie hatte er erwartet, mich hier zu sehen.

Er hatte nur einen Brief an mich geschrieben, um mich von seiner Gefangenschaft zu benachrichtigen, und sie hatten mich als Überraschung selbst geholt.

Nun stand ich da mit meinem Korb, stellte Kuchen und Wein auf den Tisch. Er lachte: »Ah, Rotkäppchen, das den Wolf besucht! Es tut mir leid, du hast den falschen Mann geheiratet.«

»Aber nein«, meinte ich, »wir sind nur auf der verkehrten Hälfte der Weltkugel geboren, in einem netten gemütlichen Erdteil wäre das sicher nie passiert.«

Hansen ließ uns allein.

»Warum bist du nicht geflohen«, fragte ich – obwohl ich selbst nicht wußte, wozu ich ihm geraten hätte –, »du hättest mit Degrelle nach Spanien fliegen können, er ist in Sicherheit! Warum bist du nicht nach Italien, du warst totgemeldet. Du hättest verschwinden können.«

»Du weißt doch, daß ich so etwas nicht tue!«

Er stellte sich an das vergitterte Fenster, während er sprach, um mich nicht ansehen zu müssen. »Ich habe mir das alles sehr reiflich überlegt, ich hatte ja Zeit, niemand suchte mich, ich trug einen Bart, arbeitete für eine amerikanische Dienststelle als Dolmetscher, hatte sogar eine Kennkarte, hätte in einer Berghütte untertauchen können, für lange Zeit, man hätte mir Essen gebracht, das alles war kein Problem, ich hatte von allen die beste Chance, zu verschwinden, aber ich will ja aussagen, ich will vor ein Gericht gestellt werden und

die Schuld auf mich nehmen, durch mich hat die Jugend an Hitler geglaubt, ich habe sie im Glauben an ihn erzogen, nun muß ich sie davon frei machen. Das mußt du verstehen, ich konnte nicht an euch denken. Hier«, er zeigte auf Schreibmaschine und beschriebenes Papier, »ich habe im Auftrag General Pattons eine Botschaft ausgearbeitet, es soll keine Untergrundbewegung geben, keinen Hitlermythos, keinen Antisemitismus. Wenn ich Gelegenheit habe, dies vor einem internationalen Gericht zu sagen, lasse ich mich hängen!«
»Hängen?«
»Ja, was dachtest du, sie werden uns alle hängen, auch wenn sie zu mir nett sind, weil wir uns englisch unterhalten können, weil ich früher amerikanische Boy-Scout-Führer nach Deutschland eingeladen habe, das sagt gar nichts, du weißt doch, höflich bis zur letzten Sprosse, aber gehängt wird doch. Du mußt sehen, wie du allein mit allem fertig wirst.«
Nun, dachte ich, ist es Zeit, den Wein zu trinken. Da kam Fritz, Mitarbeiter, Freund, Spaßmacher in allen Lebenslagen. Aber auch er war verwandelt, trug einen abscheulichen Schnurrbart, ein Überbleibsel aus der Versteckzeit, von dem er sich nicht trennen konnte. Fritz ist Wiener, höflich von Geburt, nun tat er, als seien die alten Zeiten wiedergekehrt, begrüßte mich mit Handkuß und holte einige Kisten herbei, die uns als Stühle dienen sollten. Dann entschuldigte er sich für die pornographischen Zeichnungen an den Wänden. »Daran sind wir unschuldig«, das war Fritz, der die besten Tischordnungen in den kompliziertesten Fällen machen konnte, der immer einen fröhlichen Einfall hatte und stets der Gräfin Ciano zugeteilt war, wenn sie Wien besuchte. Nun holte er ein paar schmutzige Limonadegläser, rieb daran herum, goß den Wein ein. »Ich werde darauf trinken«, sagte ich, »daß sie euch nicht hängen, denn erstens tun die Amerikaner so etwas nicht, das würde gar nicht in ihr Programm passen, und zweitens ist Baldur gar kein richtiger Kriegsverbrecher, Prosit!«
»Erzähl das der Welt«, sagte Baldur.
»Erzähl mir, wie es euch erging«, bat ich sie.

»Wir verließen die Stadt mit dem Regiment Großdeutschland. Wien hätte verschont werden können, wenn Hitler nicht so starrköpfig gewesen wäre. Oberst Handrick und ich haben Hitler bis zum letzten Augenblick gebeten, die Stadt der vielen Lazarette wegen zur offenen Stadt zu erklären, er wollte nicht.
Dann kamen die Selbstmordbefehle an die Führerschaft und ihre Familien, ›niemand darf in die Hände des Feindes fallen‹«, er zählte verschiedene Menschen auf, die in den letzten Tagen noch ihr Leben verloren hatten.
»Habt ihr irgend etwas aus Wien gerettet?«
»Nichts als was ich anhabe, ich habe den Krieg beendet, wie ich ihn begann, in Feldgrau, dies«, er zeigte auf die Lederhose und eine wildlederne Jacke, »hat mir Franzl eingepackt, so konnte ich untertauchen.
Und dies«, er zeigte auf sein olivgrünes Hemd, »ein Geschenk von Mister Hansen!«
»Und wie kamst du hierher?«
»Sehr einfach, ich schrieb einen höflichen Brief, darauf schickten sie mir ein Auto zu dem Bauernhaus entgegen, in dem wir wohnten, und holten uns ab, es ging zu wie unter Gentlemen. Der Dolmetscher Richard Falk war plötzlich verschwunden, und statt dessen gab es den ›prisoner of war‹ Baldur von Schirach.«
Erst zehn Jahre später erfuhr ich von Franzl den vollen Hergang der Geschichte. Längst war er nicht mehr unser Franzl, sondern verheiratet und eben im Begriff, eine »Spezereiwarenhandlung mit Tabaktrafik« in Pacht zu nehmen, aber er lebte noch auf dem Tiroler Bauernhof, auf dem wir viele Sommer unserer Kindheit verbracht hatten; Franzl, damals ein junger Knecht, und wir, »die Kinder von den Sommerfrischlern aus der Stadt«.
Der Hof hatte einst den ganzen Hügel beherrscht, bis hinunter zum Inn, ein mächtiges Haus mit einem Glockentürmchen, das die Knechte zur Vesper rief.
Als ich jetzt wiederkam, fehlte der Wohlstand, der Hof war verfallen, der Glockenturm heruntergestürzt, der Backofen, wie ein kleines Haus im Freien gebaut, zur Abstellkammer geworden, man

kaufte jetzt das Brot, das damals noch – mit Kümmel und Anis bestreut – an einem bestimmten Tag für die ganze Woche gebacken wurde. Auch das Kapellchen war verfallen. Hinter einem Gitter lagen Gebein und Totenköpfe – wie oft hatten wir die Hände durchs Gitter gestreckt und sie mit schauerlich-schönem Gruseln herangeschoben, um den Spruch zu lesen, der mit gotischen Lettern auf die ausgeblichenen Stirnen gemalt war:

Was Du bist, war ich;
Was ich bin, wirst Du.

Franzl war eben dabei, seine kleine Tochter zu füttern, er hielt sie auf dem Arm und versuchte mit unbeschreiblicher Geduld, ihr Haferflockenbrei in den Mund zu stopfen, und das Baby versuchte, ihm unter Lachen und Schreien den Mund zuzuhalten.

So begann er, mir das Abenteuer aus seiner Erinnerung zu schildern:

Am 13. April 1945 steht sowjetische Infanterie auf dem Schwarzenbergplatz in Wien. Mit den kämpfenden Truppen verlassen Baldur und einige seiner Männer, zu denen auch Franzl gehört, Wien.

Auf der Floridsdorfer Brücke wird der Fahrer Sorgan verwundet, nun fährt Baldur selbst den Wagen.

Doch als sie am 30. April abends in Schwaz in Tirol ankommen, haben sie längst keinen Schwimmwagen mehr, auch keine Illusionen über eine unüberwindliche Alpenfestung oder die »Bildung einer demokratischen Regierung«.

Sie haben nur einen Koffer, eine Reiseschreibmaschine und einen Rucksack.

Franzls Schwester wohnt in Schwaz. Aber Franzl darf sich nicht mit Baldur sehen lassen, das wäre zu auffällig. Also begleitet ihn Fritz.

Fritz ist eine Art Talisman.

Nie hatte ich Angst, wenn er dabei war, ob beim Angriff auf dem Befehlsturm oder im Flugzeug bei Gewitter, es konnte einfach nichts schiefgehen, er brauchte nur zu lachen. Und tatsächlich, es geht auch nichts schief, solang er dabei ist.

Am Abend des 30. April also stehen Baldur und Fritz in ihren alten

Großdeutschlanduniformen vor jenem Haus in Schwaz, das ihnen Franzl bezeichnet hat.
Natürlich darf die Frau, die sie um Quartier bitten, nicht wissen, wer da vor ihr steht.
Es sind eben zwei Soldaten, einer heißt Richard Falk und der andere Fritz Wieshofer. Herr Falk ist Schriftsteller, das erkennt man schon an der Schreibmaschine, und er möchte nur seinen Kriminalroman in einem stillen Zimmer zu Ende schreiben.
In Tirol ist man gastlich, eine Kammer hat man immer noch frei, und so kommen sie unter, und der Kriminalschriftsteller kann das Manuskript auf den Tisch legen, die Wirtin soll nur den Titel lesen, »Das Geheimnis der Myrna Loy«.
Doch ist es besser, sie blättert nicht drin herum, sie würde sonst die bittere, blutige Geschichte der letzten Tage des Kampfes um Wien entdecken. »Aber Franzl«, muß ich ihn unterbrechen, »man muß ihn doch erkannt haben, sein Gesicht war doch durch Tausende von Zeitungsfotos bekannt!« Doch nun lächelt Franzl ganz überlegen, wie jemand, der nur seine Beweise auf den Tisch legen muß. Er geht zum Küchenschrank, öffnet eine Schublade, holt eine Leica-Filmrolle heraus und gibt sie mir. Ich halte sie gegen das Licht und sehe im Negativ, aber für mich genau zu erkennen, die Bilder von Baldur und Fritz.
Sie lehnen an einem hölzernen Bauernbalkon.
Franzl nickt stolz. »Hab ich fotografiert, für die Kennkarten.«
»Das ist doch unmöglich, Kennkarten!« Kennkarten mit Foto, so ein Leichtsinn!
»Aber sehen Sie doch, der Chef (beinah hätte er »der Reichsjugendführer« gesagt) trägt einen Schnurrbart, und Fritz auch.«
Tatsächlich. Schnurrbärte, sie sehen beide aus wie Heiratsschwindler, auch das Zivil, das sie tragen, ist wenig erfreulich.
Franzl lacht wie bei einem besonders geglückten Streich.
»Sie haben tatsächlich Kennkarten bekommen, denn ich, ich war doch Hilfspolizist! Wenn der Chef gewollt hätte«, meint er, »ich hätte ihn schon auf eine Berghütte gebracht, weit hinauf, wo gar kein Ami hinkommt, ich hätte ihm das Essen gebracht, sie hatten

ihn ja totgemeldet. Aber er wollte abwarten, sehen, was passiert, er gab den Kindern der Wirtin Englischunterricht und dolmetschte für die Amerikaner.«
»Was war denn, als die Besatzung kam?«
»Nichts geschah«, sagte Franzl, »nichts.«
Am 2. Mai kamen die Negertruppen, aber das Quartier hatte kein Badezimmer und war viel zu primitiv für die Besatzung.
»Und warum hat er sich so plötzlich entschlossen, sich zu melden?«
»Das war am 5. Juni«, sagte er, »am 5. Juni kam eine Drahtfunkmeldung. Alle HJ-Führer werden verhaftet, die ganze HJ soll angeklagt werden, auch die Sechzehnjährigen werden gesucht.
Und damit veränderte sich alles.
Nun wollte er einfach nicht mehr Richard Falk sein und bequem versteckt leben, nun war er plötzlich wieder der Reichsjugendführer, der sich vor die Jugend stellen wollte.«
»Aber er hatte doch nichts mehr mit der Jugend zu tun, Axmann war doch sein Nachfolger. Baldur hatte doch in Wien den Einsatz der HJ verboten!«
Franzl schüttelt den Kopf.
Er legt das satte Baby in seinen Korb zurück, setzt sich neben mich, versucht mir zu erklären:
»Wir dachten doch alle, daß Axmann tot sei . . .
Und da fühlte er sich eben verantwortlich, er wollte die vielen HJ-Führer, die man nun anklagte, nicht im Stich lassen, er wollte sagen: ›Ich trug die Verantwortung, gebt mir die Schuld.‹ Sie kennen ja seine Aussage.«
Franzl ist nun gar nicht mehr lustig.
Er kennt die Jahre, die zwischen der Wirklichkeit von 1945 und der von 1955 liegen.
»Er hat immer geglaubt, daß er etwas retten könnte oder daß ein Wunder geschähe.
Bis zuletzt.«
Damit scheidet Franzl aus dem Abenteuer aus, er bleibt als Hilfspolizist zurück, bis sich eines Tages der Ring wieder schließt und er zu eben diesem Bauernhof zurückkehrt, aus dem ich ihn vor Jahren

nach Wien holte, rotbackig, blond, mit dem harten Dialekt des Zillertals.

Das Abenteuer der anderen geht weiter, doch schon bald verliert es seinen romantischen Glanz, denn nun führen Realisten Regie.

Am Abend des 5. Juni also bringt Fritz Baldurs Brief dem amerikanischen Kommandanten von Schwaz.

»Schirach ist doch tot«, ruft der aus.

Er ist nicht tot, er rasiert seinen Schnurrbart ab und begibt sich durch die alten Straßen des Städtchens Schwaz zum Gasthof Post, ein amerikanischer Wagen kommt ihm entgegen.

Er ist sicher der einzige Gefangene, der von selbst kommt.

Doch, noch einer kommt, ebenfalls von alleine, aus reiner Kameradschaft: Fritz.

Blondel, der seinem Herrn in die Gefangenschaft folgt. Er fährt mit, als sie nachts noch auf die Hungerburg bei Innsbruck gebracht werden, er bleibt dabei, als sie von einem Gefängnis ins andere kommen. Und das ist nun das letzte, das ich Franzl frage, es ist Nacht geworden, und das Froschquaken trommelt aus den Mooswiesen herauf: »Wie war denn der Abschied, Franzl? Schlimm?«

»Gar nicht traurig, wenigstens taten wir so, als wären wir es nicht. Ich habe Tiroler Spezial besorgt, denn nun war es ja auch egal, ob sie mich erwischten, wir hatten also Rotwein, und Fritz sang, irgendwo hatte er eine Gitarre herbekommen, und er sang wie früher die lustigen kleinen Gstanzl aus Grinzing, und Sie wissen ja, er konnte einfach zaubern, der Fritz, ich habe nie wieder jemand so singen und spielen hören, und ich war auch lange Zeit nie mehr so glücklich wie an diesem letzten Abend.«

Das ist nun die ganze Geschichte.

Franzl denkt einen Augenblick nach, dann fällt ihm plötzlich ein: »Die Stiefel hat mir der Chef geschenkt und den kleinen Radioapparat, Sie wissen schon, den wir immer im Koffer mitnahmen, den ihm der schwedische Militärattaché geschenkt hatte. Ja, das war eigentlich alles, was er besaß.«

Doch noch stehen wir ja in der Baracke des Lagers, der ganze Raum ist voll Sonnenlicht, das Alpenglühen wirft eine rote Glut ins Zimmer. Aber Baldur steht im Schatten, an der dunklen Wand, an die irgendwelche Soldaten ein nacktes Mädchen gezeichnet haben.
»Warum bist du nicht noch einmal zu uns gekommen? Ich kam doch nach Tirol nur, um dich zu sehen«, frage ich ihn.
»Unmöglich«, sagte er, »ich hätte euch alle in Gefahr gebracht. Wer gesuchte Nazis versteckt, wird bestraft.«
Aber ich hatte ja in Kufstein schon Gefängnis gerochen, das war keine Drohung.
Mister Hansen kam, meine Besuchszeit war um. »Baldur hat uns so viel von der HJ erzählt, beinah wäre ich noch eingetreten!« Er lachte zu seinem Witz. Wie schade, daß wir uns nicht kennengelernt hatten, eh dies alles geschah. Dann breitete er auf dem Tisch das Abendessen aus, alle Arten von »rations«, er war stolz auf die vielen kleinen raffinierten Päckchen und verteilte sie an die beiden Gefangenen. »Wir müssen fahren«, damit meinte er mich. Nun machte ich mir den Abschied leicht, indem ich sagte: »Morgen komme ich wieder«, und nichts erschien mir einfacher, als am nächsten Tag wieder mit Kuchen und Rotwein hier zu ein.
»Bring mir einen Anzug«, bat Baldur, »und vielleicht Schuhe.« Natürlich, alles ließ sich machen, ich sah keine Schwierigkeiten.
Ja, ich beschloß, einfach mitzureisen, von Gefängnis zu Gefängnis, von einem Lager ins andere.
Aber als ich einige Tage später wiederkam, es ging kein Zug, und ich mußte erst ein Auto finden, hatte ich zwar Anzug und Schuhe, aber das Lager mit den Tausenden von Gefangenen war verlegt, es gab keinen freundlichen Mister Hansen, er war verschwunden, und der Barackenraum, in dem wir den Kalterer getrunken hatten, war leer, nur die Limonadegläser standen noch auf einer der Kisten.
Ganz plötzlich war es geschehen. Die amerikanische Besatzung wurde durch französische Truppen ersetzt, die Amerikaner nahmen ihre Gefangenen mit. Aber niemand konnte sagen, wohin. Auf dem Bahnhof sah ich die ersten französischen Truppen – Marokkaner – mit weißem Turban und langen Schnurrbärten. Bis ich Baldur wie-

dersah, verging ein Jahr, es war wieder im Gefängnis, aber diesmal war ein engmaschiges Gitter zwischen uns.
Bei der Rückfahrt nach Kufstein lernte ich Mister Hansen näher kennen, den Chef der CIC, einen großen lustigen Mann in blauem Anzug mit verblüffend bunter Krawatte. »Wissen Sie, daß ich mit Ihrer Familie verwandt bin?« sagte er. »Meine Mutter ist eine Middleton, und Baldurs Mutter war auch eine Middleton, aus dem Süden, wir haben alles nachgeforscht!«

Auf der Heimfahrt gab mir Mister Hansen einen Kurs in Demokratie: »Verstehen Sie doch, aus eurem Handeln ist der bösartigste aller Kriege entstanden, ein Krieg, der uns zwang, daran teilzunehmen, und der uns von zu Hause fernhält.
Wir haben hundertfaches Mißtrauen gegen euch, und es wird entsetzlich lang dauern, bis wir es aufgeben. Warum mußten Sie diesem Hitler folgen, die ganze Welt hat erkannt, daß er ein Tyrann war. Warum haben Sie da mitgemacht?
Sie selbst haben sich ihr Leben verpfuscht, eure Städte sind zerstört, die Familien auseinandergerissen. Ich kann es nicht begreifen. ›Führer befiehl, wir folgen‹, ›Gehorsam bis in den Tod‹« – er sagte die ganzen Phrasen in seinem komischen Deutsch auf, sicher hatte er sie durch seine Verhöre kennengelernt, in seinem Dialekt klangen sie besonders lächerlich und unsinnig.
»Und nun hat er sich davongemacht, der Herr Hitler! Und Sie sitzen da«, er schüttelte den Kopf. Wie sollte ich ihm das alles erklären, in der herrlichen Sommernacht, ihm, einem glücklichen Amerikaner aus einer anderen Welt. Mit seinen schnell hingeworfenen Vorwürfen hatte er die wichtigsten Unterschiede zwischen Amerikanern und Deutschen berührt.

Uns ist es selbstverständlich, daß zuerst der Staat da war, dann erst die »Staatsangehörigen«, es ist uns so selbstverständlich, daß wir gar nicht darüber nachdenken. Immer waren wir gehorsam, immer wurden wir als »Untertan« erzogen, bis sich unsere Geschichte im Nebel verliert.

Und bei den Amerikanern ist es genau umgekehrt. Zuerst waren sie da, und sie machten sich ihren Staat. Einen Staat, der ihnen diente, ihnen untertan war. Für dies Ideal verließen sie die Heimat, wurden sie Emigranten; sie suchten die Freiheit. Und deshalb ist der amerikanische Geschichtsmythos umstrahlt von einer Gloriole der Freiheit. Mein eigener hessischer Urgroßvater war mit General Steuben nach Amerika gegangen, aus Liebe zur Freiheit.

Und deshalb steht die Überzeugung, die Zurückgebliebenen in der Welt aufklären zu müssen, unbewußt hinter der Haltung aller Amerikaner, die darüber nachgedacht haben.

Hier liegt der Schlüssel. Wir sind nicht schlechter als die andern, wir sind auch nicht so sehr anders. Nur unser Herkommen ist anders, unsere Vergangenheit. Wie sollte ich das erklären, da es mir doch erst selbst klar wurde.

Mister Hansen würde in die Staaten zurückkehren und uns immer als einen Haufen Irrer in Erinnerung behalten. Damals aber hoffte ich ganz naiv, es würde irgend jemand diese historischen Irrtümer aufklären, sorgsam und klug, denn nur, wenn wir es erkannten, würden wir die alten Fehler nicht wiederholen.

Als wir ankamen, war es Abend. Die Kinder begrüßten uns mit Hallogeschrei, und nun kletterten sie in den Jeep. Was tut man, um einen Feind mit seinem Leben vertraut zu machen? Man füttert die Bestie. Das klingt frivol, aber wir taten nichts anderes als die »Klugen Frauen von Flandern« aus Jacques Feyders Film, wir bereiteten dem Sieger ein Festessen.

Ich ging zu Hedy, der Wirtin, und sagte: »Und wenn du alle deine Vorräte verbrauchst, du mußt einen so ausgezeichneten Kaiserschmarrn machen, daß er die Germanen in irgendeiner freundlichen Erinnerung behält.«

Und Hedy bereitete ihr Nationalgericht mit allem, was dazugehört. Maria brachte eine Dose Pfirsiche, die sie seit Wochen in ihrem Koffer mitgeschleppt hatte.

Wir deckten den Tisch mit einem weißen Tischtuch, mit Tiroler Adlern bestickt, und stellten die Weingläser mit den grünen Tupfen dazu. Die Kinder saßen mit am Tisch und wir drei Frauen. Auf dem

Tisch stand ein goldener süßer Berg Kaiserschmarrn, so, wie er sein soll.
Unser Gast, der noch vor wenigen Tagen unser Feind gewesen war, sah sich in der zirbelholzgetäfelten Stube um.
»Schön, wie zu Hause«, sagte er.
Grillengezirpe und Duft von frischem Heu kamen durch die offenen Fenster. Das war unsere eigene deutsch-amerikanische Verständigung.
Und wo war denn Mister Hansen zu Hause?
»In Kentucky.«
Es machte ihm schon Spaß, das Wort auszusprechen: Kentucky! Ja, er sah wirklich aus wie der Kentuckier auf dem Bild, mit Lederwams, Kuhhorn und Wollmütze, mit Sohn und Hund!
»What a wonderful country, it looks like Kentucky«, der Inn floß wie ein Silberband, der Wald stand schwarz und schweigend, das Mondlicht holte alle grünen Töne aus den Hängen, wie heller Tüll leuchtete das Wiesenschaumkraut.
Er sah sich um, dann zuckte er mit den Schultern, das sollte heißen: »Hat es euch nicht genügt, mußtet ihr Krieg machen?«

Ich schäme mich nicht gern, und ich beneide nicht gern, doch nun schämte ich mich meines Landes, das so mit Schande und Schuld bedeckt war, und ich beneidete unseren Gast, der so stolz und glücklich sagte: »Kentucky«, so als wäre es sein eigener Besitz.
Und genau zehn Jahre später war ich Gast beim Kentuckier.

Aber das hat nichts mit Mister Hansen zu tun, sondern mit einer hübschen kleinen Einladungskarte, die aufforderte, nach dem Burt-Lancaster-Film »The Kentuckian Party« zu besuchen. Es war eine große Party im Freien, mit original Kentuckian Whisky, mit Bergen von gebratenen Hühnern und hübschen Plätzen, mit Lagerfeuer und Pferden. Volkslieder aus Kentucky wurden gesungen, und unter die Gäste mischten sich Komparsen, sie trugen die Tracht von 1820, mit Fellmützen und Fuchsschwänzen daran, sie verteilten große breite Strohhüte für die Herren und kleine Schutenhüte für

Auf der Terrasse des Berghofs 1943, wenige Stunden, bevor Henriette von Schirach (2. v. l.) Hitler sagt, was sie in Holland an Schrecklichem gesehen hat.

Die nächtliche Runde am Kamin. Bis zum Morgengrauen brannte das Feuer. Hitler wollte nicht allein sein.

Am 25. April 1944 bombardieren Geschwader der Alliierten den Obersalzberg. Die Ruinen des Berghofs wurden später gesprengt. Hitlers Adlernest, oben auf dem Kehlstein, blieb erhalten.

die Damen, und die Gäste banden sich die Hüte fest und lachten und redeten in allen Sprachen der Welt durcheinander.
Die Büfetts waren vollgepackt mit Rostbeaf und heißer Pizza und Torten und Vanilleeis, und die Kellner rannten in ihren weißen Jakken wie besorgte Irrenärzte hin und her, um dem Ansturm der hungrigen Festspielbesucher Herr zu werden.
Aus Eisblöcken hatte man einen ganzen Berg errichtet und Wassermelonen darauf dekoriert; als das Eis zu schmelzen begann, hopsten die Melonen herunter, wurden von beherzten Männern eingefangen und in viele rote Schnitten zerteilt. Eine Reihe bezaubernder Hollywoodmädchen war zu sehen, und Gloria Swanson aß noch nach Mitternacht Spaghetti mit Tomaten – wir waren in Venedig, Biennale 1955.
Doch damals schrieben wir erst Sommer 1945, und es gab keine Parties.

## V

## DIE TÄTOWIERTE NUMMER

Nun war die »Ostmark« wieder Österreich mit richtiger Grenze, und wir waren zu viele, um uns durchzuschmuggeln. Wir brauchten Passierscheine. In einer Baracke wurden die Scheine ausgestellt. Tausende von Menschen wollten nach Hause, ein Zug von KZ-Häftlingen stand da, sie waren dem Tod entronnen und folgten dem Zug der 35 000, die südwärts in Sicherheit gebracht worden waren – eine internationale Elite hatte man schon vorher aus dem KZ Dachau ausgesondert und mit dem Ziel Neapel in Marsch gesetzt. Sie trugen noch die gestreiften Anzüge ihrer Haftzeit, auf ihren kahlgeschorenen Köpfen begann das Haar zu wachsen, sie wollten Geld und Ausweise. Polnische Mädchen, die als Zwangsarbeiterinnen auf Tiroler Bauernhöfen gearbeitet hatten, wollten wissen, wie es in Warschau aussehe.
Endlich war ich am Schalter. Ein langer blonder Kerl stand dahinter, es kostete ihn Mühe, seinen Kopf durch das kleine Schalterfenster zu stecken. »Kommen Sie herein«, er hatte meinen Namen auf dem Schein gelesen. Das Büro bestand aus Kisten und Koffern. »Sie sind verrückt«, sagte er, »was wollen Sie in Österreich, mit Ihrem Namen? Wien hat einen Antrag auf Auslieferung Schirachs gestellt.«
Ich erklärte ihm, wieviel Mühe es mich gekostet hatte, herüberzukommen, um meinen Mann noch einmal zu sehen. Er schüttelte den Kopf. »Erst das Maul aufreißen und dann herumrennen wie ein Huhn ohne Kopf, wie habt ihr euch das vorgestellt, haben Sie geglaubt, daß die Amerikaner Sie komfortabel internieren, was? Ich will Ihnen helfen, es gibt eine einzige Chance, Sie müssen heute nacht weg, morgen kommen Kolonialtruppen. Ein letzter Trans-

port mit Deutschen verläßt heute Kufstein, der Waggon kommt mit Verwundeten aus Italien, da können Sie zusteigen; ich gebe Ihnen Papiere mit CIC-Stempeln, sie lauten auf den Namen einer englischen Familie, aber Sie dürfen sich nicht verraten.« Wenig später hatte ich Papiere mit erstklassigen Stempeln. »Ich gehe nach Brasilien«, sagte er, »ich habe in der SS gedient, aber ich habe abgeschossene Flieger gerettet und in der letzten Nacht einen Trupp Gefangener aus Mauthausen befreit, verstehen Sie, Todeskandidaten, das war meine Chance, nun waren die Amerikaner fair, und ich haue ab, sowie die Besatzung Kufstein verläßt. Hier, Reiseproviant«, er gab mir einen Wecken Weißbrot und ein Päckchen Lucky Strike. Ich schenkte ihm eine Uhr, Baldurs Stoppuhr, die den Plünderern entgangen war. »Sie soll in São Paulo ticken.«
Ich rannte nach Hause, im Rainbow Club hatten sie schon die Schilder entfernt, am Abend würde das Sternenbanner von der Kommandantur verschwunden sein. In unserem Berggasthof war es inzwischen bunt zugegangen. Ein Transport geflüchteter slowakischer Regierungsbeamter war eingetroffen. Ihr Skoda hatte sich auf dem steilen Hang überschlagen und lag nun umgekippt im Gras. Niemand kümmerte sich darum, er würde nicht mehr für Dienstfahrten benötigt werden. Die Kinder krochen in dem Fahrzeug herum. Die Slowaken bevölkerten das Haus, sie standen unter der Führung eines grimmig aussehenden Mannes, der zur Tarnung eine dunkle Brille und trotz der Sommerhitze einen Pelzmantel trug, so daß wir ihn Eskimovater nannten. Die weiblichen Mitglieder des Clans wurden von einer imponierenden Slowakin kommandiert, sie trug die bunte, überreich bestickte slowakische Volkstracht, Ohrgehänge und weiße Strümpfe. Wir nannten sie Stammutter, denn sie hatte unwahrscheinlich viele Kinder mitgebracht. Die beiden sahen aus wie das komische Paar aus einer altmodischen Operette. Vor dem Haus stand ihr Gepäck auf einem Lastwagen: Die gesamte Schlafzimmereinrichtung mit Nachtkästchen und Marmorwaschtisch, drei neue Nähmaschinen und mehrere Kisten. Natürlich interessierten sich auch die Amerikaner dafür, trennten Eskimovater von seiner Familie und setzten ihn in den Jeep. Nun konnte er zuse-

hen, wie sie die Kisten aufbrachen. Inhalt: slowakische Orden. Tausende von scheußlichen goldglitzernden slowakischen Orden. Generationen von Männern hätte man damit glücklich machen können. Da lagen sie, lächerlicher Tand, zwischen Wiesenschaumkraut und Lichtnelken, und die Bauernbuben aus der ganzen Gegend konnten sich mit Sternen erster Ordnung ausstaffieren.
Much brachte uns zum Zug. Ein Muliwagen, vollgepackt mit Kinderbetten, Decken und Bündeln mit Kindern und der winzigen Susie. Wir erkannten sofort unseren Waggon, eine freundliche Hand hatte mit großen Kreidebuchstaben »Reichsdeutsche Schweinehunde raus!« über die ganze Seite geschrieben. Er schien vollgestopft mit Menschen, und nun kamen noch wir, die Familie »Roger Sandhams«. Man machte uns eine Ecke frei. Die Kinder fanden es lustig, mitten unter den Soldaten auf dem Stroh zu sitzen.
In unserem Waggon lagen Verwundete aus einem Lazarett aus Udine, ihre durchgebluteten Verbände waren am Boden festgeklebt, und die Krankenschwestern, die seit Tagen mit ihnen unterwegs waren, holten Wasser, irgend jemand brachte Brot. Um Mitternacht fuhr der Zug.
Bei den vielen Kontrollen schwiegen wir, zeigten den Passierschein, drei Frauen, sechs Kinder, der Ami zählte ab; wollte er noch mehr wissen, zeigten wir auf die schlafende Susie, die so unschuldig dalag und in ihren Windeln unsere verbliebenen Schätze bewahrte.
Einen Tag stand der Waggon in Rosenheim. Gelegenheit für Beutezüge. Pullover gegen Haferflocken. Ein langer Zug fuhr an uns vorbei – Richtung Kufstein. Vollgestopft mit Senegaltruppen – große Neger mit weißen Umhängen und langen Schnurrbärten, einige saßen auf den Trittbrettern und hatten ihr Gewehr auf den Knien liegen: Die neue Besatzung.
Bald wußten wir, an wen wir so dicht gedrängt lagen.
Soldaten der deutsch-italienischen I. Armee, die noch in südlichen Lazaretten gelegen hatten und nun transportfähig waren; sie schienen eine große Menge Chianti bei sich zu haben, auch wir bekamen die Bastflaschen gereicht, und auch die Kinder durften trinken, sie sollten schlafen. Der Chianti machte gesprächig. Einige hatten auf

der Piazzale Loreto in Mailand die entstellten Leichname der fünf Männer, die man mit Clara Petacci dort am zerstörten Glasdach einer Garage aufgehängt hatte, im Wind schaukeln sehen. Mussolini trug graue Uniformhosen und ein Unterhemd, daneben, mit unkenntlichem Gesicht, Pavolini und, mit blutverkrustetem Oberkörper, Starace.

Starace, dessen Stellung im faschistischen Italien der Rudolf Heß' in Deutschland gleichkam, hatte ich bei einem Essen in der Botschaft kennengelernt, ein eleganter Mann, den Hitler als »typischen Fatzken« bezeichnete. Sie blieben tagelang hängen, erzählte ein Mädchen, jeder konnte sie anspucken oder laut verfluchen, ihre Namen waren in primitiven Druckbuchstaben darübergemalt.

Ich dachte daran, wie Skorzeny damals in Wien frühmorgens bei uns angerufen hatte: »Ich habe Mussolini befreit, er ist im Hotel Imperial, wir fliegen bald weiter ins Führerhauptquartier.« Wie verändert Mussolini aussah nach der Flucht, im viel zu weiten schwarzen Wintermantel, vor sich eine Schale Orangen, einsam, befreit und bewacht, in einem Hotelzimmer zu Wien.

Ich wollte wissen, was aus Ricci geworden war. Ricci war der italienische Jugendführer gewesen, so wie Baldur der deutsche. Doch die beiden Männer verband mehr als politische Freundschaft, und obwohl sie sich nur schwer verständigen konnten, verstanden sie sich. Auch ahnten beide die Tragödie, der sie entgegengingen, wenn es je zu einem Krieg kommen würde. Ricci war ein Preuße in Rom, mit dem kurzgeschorenen Haar und der deutschen Disziplin. Einmal – es war die Zeit, als die vielen Besuche zwischen Italien und Deutschland üblich waren – wurden wir spätabends in Rom empfangen. Ricci stand mit einer Abordnung seiner »Ballilla« am Bahnhof. Die eleganten Burschen im schwarzen Hemd trugen das Käppi frech in der Stirn. Die Männer umarmten sich, und Ricci küßte Baldur nach italienischer Sitte auf die Wange. Nachts fuhren wir noch zum Kolosseum, zu den schimmernden Wassersträußen vor Sankt Peter und im Mondlicht hinaus nach Frascati. Ich besitze ein Bild, auf dem die HJ-Führer zu sehen sind, die das Forum Romanum besuchen. Die römischen Athleten stehen in lockerer An-

mut. Aber die jungen Tedesci marschieren und haben den Blick starr geradeaus gerichtet, sie schleppen eine riesige Fahne mit, und das ist es, was mir an dem Bild nicht gefällt.
Auch die Führerinnen des BDM und die Abordnungen von »Glaube und Schönheit« waren in Rom.
Das brachte geradezu eine Revolution ihrer Garderobe mit sich. In tadellosen weißen Gabardinekostümen mit goldgesticktem Adler erschienen sie zum Empfang im Palazzo Venetia!
Und die italienischen Abordnungen besuchten Deutschland. Reichsberufswettkampf, Mozartopern, Kohlenpott und Reichskanzlei.
Doch niemand in unserem Güterwagen wußte etwas von Ricci. Erst fünf Jahre später entdeckte ich sein Bild in einer Illustrierten. Es zeigt ihn in der Kargheit seiner Zelle, den Römerkopf mit dem weisen Lächeln über ein Buch gebeugt, im Lager Procida.
Mein Nachbar im Viehwagen war ein alter Herr, Oberst, Weltkrieg I, mit Adlernase. Seinen Rucksack hielt er auf den Knien, hochaufgerichtet saß er da. Er konnte den Rucksack nicht als Kopfkissen benutzen, und er erklärte mir auch, warum. Er öffnete ihn umständlich und zeigte mir seine geretteten Schätze. Einen kleinen Mohren aus Meißener Porzellan, der eine Tasse Kakao serviert, und eine Schäfergruppe unter einem Baum. Die Schöne hat Sex und zeigt ihr Porzellanbein. Der kleine Rokokoschäfer nähert sich ihr frivol.
»Das ist das kommende Geschäft«, sagte die Adlernase, »das sind die Souvenirs, die die Amerikaner kaufen, das wollen sie mit nach Hause nehmen, das wird verlangt.«
Später bewunderte ich seine Hellsichtigkeit. Schäfergruppen aus Porzellan blieben der Schlager im Geschäft mit den Amis.
Auch in unserem Waggon spielten sich Schäferszenen ab, aber sie waren weder so anmutig noch so hübsch anzusehen wie das kleine Porzellanpärchen, das der Oberst wieder sorgsam in seinen karierten Morgenmantel wickelte.
Aber dafür konnten die lebenden Liebespärchen singen. Sie sangen die alten Lieder von der schwarzbraunen Haselnuß, vom Polen-

mädchen und von Lili Marleen, aber es klang müde und traurig, wie Gassenhauer, deren man überdrüssig ist.
Der Zug hielt, und wir waren in München.
Wenn ich sage, wir stiegen aus, so übertreibe ich, wir warfen unsere Säcke mit den Betten aus der Schiebetür und sprangen darauf. Die Krankenschwestern schleppten ihre Soldaten in einen anderen Zug, wie tüchtige Ameisenarbeiterinnen, die ihre Genossen nach der Zerstörung des Ameisenhaufens in Sicherheit bringen. Der Knäuel Menschen, der so eng aneinandergepreßt viele Stunden gemeinsam auf dem Stroh verbracht hatte, entwirrte sich.
Wir wollten nach Hause. Knut Hamsun erzählt in irgendeiner seiner Geshichten von einem Schwalbenpaar, das jedes Jahr an einem bestimmten Brettchen nistete. Aber in einem Frühling hatte man das Brettchen an einer unpraktischen Stelle angebracht. Und trotzdem fanden sie es und klebten ihr Nest wieder an die alte Stelle. Unser Brettchen war Kochel.
Es war morgens, am Abend ging der nächste Zug. So ging ich los, um Freunde zu suchen und München wiederzusehen. Meine geliebte Stadt. Ich hatte sie brennen sehen, mit Christbäumen wie von Rubinen erhellt, mit Bombenteppichen belegt. Ich hatte die Flammen aus den hohen Bogenfenstern der Universität schlagen sehen, und ich sah den Chinaturm in zitternder Hitze verbrennen wie ein welkes Blatt.
Aber ich kannte die Stadt nicht so seltsam tot. Eine Mondlandschaft, aus der Ruinen und Türme, Kamine und Tore ragten. In den Bombenlöchern standen Wasserpfützen, doch die Luft war heiter, pariserisch. Ich suchte den Dom, das Dach war ausgebrannt, und obwohl die Türme standen, waren sie doch verwundet und ohne Hauben. Im Innern herrschte das Chaos, ich fand einen kleinen zusammengeschmolzenen Christus mit einer Krone aus Erdbeerblättern, in einer Ecke standen herabgestürzte Heilige und Madonnen, lautlos waren sie in die Glut gesunken. Und obwohl doch alles stumm war, meinte ich noch das Knistern des Gebälks zu hören, das Knacken, mit dem die Bänke verbrannten. Der Geruch verbrannten und gelöschten Holzes ersetzte den Weihrauchduft.

Ich suchte die Theatinerstraße und fragte nach dem Weg. »Aber Sie sind doch in der Straße«, sagte ein Mann. Eine Straße, in der kein Haus stand. Ja, hier hing der zerfetzte Schaukasten des Hoffotografen Grainer – der rote Samt war noch zu erkennen, auf den er die Porträts gespannt hatte, und daneben konnte man noch lesen, daß der Juwelier Peter Rath hier sein Geschäft hatte, das Preysing-Palais war zerstört, aber die Feldherrnhalle stand, nicht wie heute von Tauben umtanzt, sondern in dem gleichen Ernst, in dem sie mir erschien, als in einer Novembernacht die Särge mit den ersten Opfern der Partei hier niedergestellt wurden. Schlag zwölf Uhr.
Eine schauerliche Szenerie von Rappen, die die Lafetten zogen, Trommelwirbel, Männer in Schwarz, nur das Silber ihrer Uniformen durch Fackelschein erhellt. Wir durften damals zusehen, wir, die Frauen der Reichsleiter. Ich hatte meinen Platz neben Frau Himmler, einer kleinen, griesgrämigen Frau, wie geschaffen, um unglücklich zu sein.
Es war kalt und schaurig. Wir standen in den Räumen der Residenz, in denen man heute die Schatzkammer der Wittelsbacher untergebracht hat. Doch im Sommer 1945 stand da nichts als eine rauchgeschwärzte Wand, und auch die Löwen, denen der Krieg die Wappenschilder nicht hatte entreißen können, blickten voll Trauer. Ich ging die Ludwigstraße hinunter nach Schwabing.
Das Siegestor war getroffen, wie es sich gehört, wenn man den Krieg verloren hat. Das Löwenpaar mit der Bavaria war herabgestürzt, und die Löwen reckten ihr bronzenes Hinterteil zum Himmel.
Genau da, wo heute die »Gelateria Romana« ist – wo man bis Mitternacht Spumoni und Cassata und große und kleine bunte Eisportionen auf der Straße serviert bekommt –, stand ein Tisch, an dem eine Frau markenfreien Brotaufstrich verkaufte – einen zusammengepreßten Block aus kleinen Fischchen, sie hackte davon herunter mit einem halbmondförmigen Spatel, wie es die Verkäufer von türkischem Honig auf dem Oktoberfest machen. Die Pappeln standen kahl und braun, ich suchte Pieps. Aber auch sein Haus war ein Haufen Schutt, die ganze Straße war abrasiert.
Vor Pieps' Haus stand ein altmodischer gelber Eisschrank, in dessen

verzinkten Kasten man eine Stange Eis steckt. Aber statt mit Eis war er mit Bündeln von Briefen vollgestopft.

Ich stieg in der Asche herum und suchte nach irgend etwas, die eisernen Ringe des Küchenherdes kamen zum Vorschein, und eine Frau, die auch in dem Schutt herumkratzte, wurde dadurch angelockt.

»Wollen Sie zum Herrn Professor? Aber der ist doch im Lager!«

Doch in einer Villengegend fand ich andere Freunde, die ich suchte. Ich klingelte, und ich vergesse nicht ihr Erschrecken, als sie mich sahen.

»Du bist es?« fragten sie erschrocken, »und wir haben doch Amerikaner im Haus, wir wohnen unterm Dach, wenn sie rauskriegen, wer du bist, werfen sie uns gleich raus.«

»Nennt mich, wie ihr wollt«, sagte ich, »aber laßt mich rein, ich will mich nur waschen.«

»Wir leben vom Schwarzhandel«, sagten sie, sie zeigten mir eine hübsche Kollektion von Zigaretten, von Pralinen in Blechdosen und amerikanischer bitterer Orangenmarmelade. »Wir können alles von ihnen haben«, sagten sie, »reizende Amis, wir hatten Glück.«

In der folgenden Zeit wechselte ich nun meine Namen, benutzte die Vornamen meiner Jungen und hieß Roberts oder Richards.

Manchmal verwechselte ich sie. Als ich einmal für Eric Charell arbeitete und Bilder seiner Inszenierungen für »Das weiße Rößl« brauchte, stellt ich mich mit Richards vor, später wechselte ich versehentlich zu Roberts über, Charell wurde mißtrauisch, nun wollte er herausbekommen, wer ich eigentlich war, und ich wußte doch, daß er keinesfalls mit Nazis etwas zu tun haben wollte.

So konnte ich mich nur freiwillig zurückziehen. Aber so weit war ich noch lange nicht.

Erst einmal mußte ich meinen Beutezug erfolgreich beenden. Ich hatte eine winzige Dose bei mir, Rokoko, Silber, für drei Zigaretten.

»Was bekomme ich dafür? Siehst du, wie hübsch sie graviert ist? Der elegante Bursch mit der Perücke ist Ludwig der XIV. . . .«

Ich liebte die Dose, ihr Verschluß klickte auf eine lustige Weise, aber ich liebte die Meinen mehr; ich wollte einige von jenen reizenden Dosen mit den bunten Schildern, ich wollte die neue Zeit probieren, seit Tagen hatten wir Haferflocken gegessen, und auch der mottenfarbene Brotaufstrich, den ich, in eine Nummer von »Stars and Stripes« gewickelt, bei mir trug, konnte den Clan, der auf mich wartete, nicht satt machen.

Ich weiß nicht mehr, was wir aushandelten, ich weiß nur noch, mit welchen Entzückensschreien die Kinder sich darauf stürzten, als wir die erste Dose öffneten, und die Luft pfiff, und Robert rief: »Amerikanische Luft.« Wie schnell war es verfüttert – schon als wir in Penzberg ankamen. Der Zug fuhr nur nach Penzberg, wir schliefen auf der Wiese; endlich konnten die restlichen Windeln, die Susie noch besaß – die übrigen hatten wir leichtsinnig während der Fahrt aus der Schiebetür geworfen –, gewaschen werden. In irgendeinem Bächlein. Ein Lastwagen nahm uns am nächsten Morgen mit nach Kochel. Im katholischen Sankt-Anna-Heim, das zu Füßen unseres Hügels liegt, fanden wir Unterschlupf. Mit vielen anderen, Ostpreußen und Schlesiern, wir aßen mit ihnen an dem langen Tisch. Als es dunkel wurde, schickten wir Robert hinauf zu unserem Haus. Es war beleuchtet, alle Fenster erhellt, wie bei einem Fest, wie hübsch das aussah, sieben Jahre hatten wir es nicht so beleuchtet gesehen, und mir fiel ein, daß ich ein großes Sommerfest hatte geben wollen, wenn der Krieg vorbei war, ein Fest mit Kerzenlicht und Musik, Erdbeerbowle und Lampions in den Linden.

Die Amerikaner, die das Haus besetzt hatten, schienen eine ähnliche Idee zu haben, Musik klang herunter, wir standen an der Ecke, bei den drei Kastanien, und warteten auf Robs. »Lustig sind die«, sagte er, »drei Radios spielen, ihr könnt euch heraufschleichen und zum Küchenfenster hineinschauen.« Natürlich schlichen wir uns hinauf und schauten durchs Küchenfenster. Da standen zwei junge Männer, mit geröteten Gesichtern über den Herd gebeugt; sie brieten Toastscheiben in Butter und füllten heißen Kakao in die blaue Kanne. Es war die gleiche Kanne, in der Stangl den Bienen das Zukkerwasser gebracht hatte, sie setzten sich auf die Eckbank und aßen, ganz still, sie sahen einfach glücklich aus. Die Küchentür öffnete

sich, ein rothaariger Mann stand in der Tür, er rief ihnen etwas zu, sie nickten, anscheinend riet er ihnen, bald schlafen zu gehen.
Draußen standen wir wie die Bremer Stadtmusikanten, Maria, Ma und ich, und jede wollte alles sehen. Später, als wir im »Nebenhaus« einige kleine Räume über dem Stall zum Wohnen erhielten, wußten wir, wer die Köche waren, jüdische Jungen aus Lodz. Der Captain hieß James Lane, er stammte aus Huston in Texas, er hatte die Jungen aus Dachau mitgebracht, und an ihn denke ich, wenn ich sage: »Angels are born in Texas.«
In unserem großen Eßzimmer wurde der Geburtstag von Richard Duggan gefeiert.
An dem langen schmalen Tisch saßen die Besatzungsoffiziere, die unser Haus bewohnten, in ihren tadellos gebügelten Uniformen. Sie hatten eine außerordentliche Spitzendecke auf den Tisch gebreitet: ein Geschenk Mussolinis, ein kleines Wunderwerk, das ich nicht herzunehmen gewagt hatte, aber nun lag es da.
Es sah hübsch aus, das dunkle Holz schimmerte durch, die hauchdünnen gotischen Gläser, dunkelgrün, für gewöhnlich unter Verschluß, standen darauf, und zwischen den Tellern die bunten italienischen Schalen, gefüllt mit gesalzenen Mandeln.
Ja, es war kaum ein Unterschied zu merken, auch unsere Gäste hatten Uniformen getragen, nur nicht so dunkeloliv, sondern ein bißchen helleres Khaki – denn Baldur hatte darauf bestanden, daß die Jugend etwas Besonderes sei und nicht mit der Partei verwechselt würde –, die Farben waren sich verwandt, und auch die Gesichter, das Lachen, die Sicherheit und Arroganz der Jugend.
Ein Offizier, der Baldur ähnlich sah, hatte die Reichsleiteruniform aus dem Schrank geholt und angezogen. Sie schrien vor Vergnügen, als er mit erhobenem Arm grüßte. In der Küche wurden riesige Steaks gebraten, wir hörten das »Happy birthday for you« bis ins Nebenhaus herüberklingen. Alle hatten Duggan gern. Besonders die Mädchen. Immer neue Fräulein brachte er an, die für ein paar Tage das Haus bewohnten, sich mitnahmen, was ihnen gefiel, Vorhänge, Kleider, Steppdecken, und etwas später gegen neue Fräulein ausgetauscht wurden.

Die Amerikaner hatten sich Isi und Sami als Köche mitgebracht. Sie trugen beide die vielstellige Nummer auf den Arm tätowiert, man sah sie, wenn ihre Ärmel beim Geschirrspülen hochgekrempelt waren.

Als Kinder von den Deutschen nach dem Polenfeldzug mitgeschleppt, hatten sie jahrelang als Gefangene gelebt, bis sie Captain Lane mitnahm. Nun waren sie hier, ohne recht zu begreifen, was mit ihnen vorging. Sie hatten zu kochen, Schuhe zu putzen und Hosen zu bügeln. Sie lernten Auto fahren und waren wohl noch nie in ihrem Leben so glücklich gewesen.

Isi war dunkel und intelligent, Sami blond und immer lustig. Sie konnten kein Englisch und nur gebrochen Deutsch, die Verständigung ging in der Zeichensprache vor sich.

Sie freundeten sich mit unseren Kindern an, ein kleines Bildchen zeigt Sami und Robert glücklich in einem Jeep sitzend.

Und die Jungen aus dem KZ lernten schwimmen, lernten lesen aus Klaus' Schullesebüchern, sie kamen abends in unser Zimmer im Nebenhaus, um Bilderbücher anzuschauen, dann saßen sie alle um einen Tisch, die jüdischen Kinder aus dem KZ, denen Hitler die Eltern und die Kindheit gestohlen hatte, und die Nazikinder, sie liebten »Alice in Wonderland« und »Pu der Bär« und vor allem Wilhelm Busch.

Ein paar Jahre später war ich in einem Kino beschäftigt. Ein Kino in einem Hinterhof, an das wir unseren Ehrgeiz verschwendeten, um wunderbare französische Filme, wie Cocteaus »Orphée«, aufzuführen. Das Kino war kein Erfolg, es lag in einem Ruinenfeld, und die Studenten, die den Weg hierher wagten, bezahlten nur die Hälfte, sonst gab es nicht genug Liebhaber französischer Filme.

Meine Tätigkeit bestand darin, die Eintrittskarten zu verkaufen, Plätze anzuweisen und an einem lächerlichen Büfett Coca-Cola zu verkaufen. Dazu mußte ich die Flaschen öffnen und sie mit einem Strohhalm dem Käufer reichen. Da kam ein junger Mann auf mich zu, er nannte einen Namen, aber der sagte mir nichts. Es tut mir leid, sagte ich, ich kann mich nicht erinnern.

Lächelnd zog er sein Jackett aus, krempelte seinen Hemdsärmel

hoch und zeigte auf die tätowierte vielstellige Nummer. Beide mußten wir lachen: Isi! Wie hätte ich ihn erkennen sollen, den pikfeinen Medizinstudenten aus Zürich. »Ich habe nie vergessen, wie schön es da oben war in Ihrem Haus«, sagte er. »Da war ich richtig daheim.« Ja, sie fühlten sich alle zu Hause, vielleicht lag es einfach an den Chintzvorhängen, an den Windsorstühlen und den vielen englischen Stichen an den Wänden und dem Gefühl absoluter Sicherheit abends, wenn die Fensterläden geschlossen waren.
James Lane aus Houston, sein Name stand groß auf der »Beschlagnahmeurkunde«, die an der Haustüre angenagelt war, war das Urbild des fairen Amerikaners: »Solange wir Soldaten hier sind, ist es gut, das Schlimme für euch kommt erst nachher«; damit hatte er recht. In der folgenden Zeit erwies er sich als ein Captain Fishby im bayrischen Augustmond 1945.
Kam einer von den deutschen Denunzianten, um irgendeinen Bauern anzuzeigen, sagte er einfach: »Findest du es anständig, was du da tun willst, oder meinst du nicht, daß du ein Schwain bist?« Diesen Satz hatte er sich mühsam eingelernt.

Es war, als hätte Amerika von jeder Sorte einen geschickt. Den zynischen Captain Stier, der den Tresor aufschweißen ließ, in den Papieren herumwühlte, nichts fand außer dem Ring, den die Wiener Philharmoniker Baldur geschenkt hatten – ein altmodisches hübsches goldenes Ding mit blauem Stein –, er steckte ihn an den Finger, hielt ihn mir unter die Nase und schrie: »Das gehört nun mir, du Nazischwein!«
Es gab Captain Becker von der CIC, vor dem alle zitterten, es gab Oliver Hall und Frederic Feeney, die jeder im Dorf gern mochte. Die Bewohner des Hauses wechselten häufig, wir sahen sie, wenn sie sonntags zur Kirche nach Garmisch fuhren oder mit ausgeliehenen Pferden ums Haus ritten, manchmal schreckte ich nachts aus dem Schlaf, wenn der Kies knirschte, und für einen winzigen Moment dachte ich dann, ich hätte die Gegenwart nur geträumt, es wären unsere Wagen, die zurückkämen, mit diesem herrlichen scharfen Geräusch bremsender Räder auf Kies.

An einen Offizier erinnere ich mich genau, doch auch, wenn ich seinen Namen wüßte, ich würde ihn vergessen. Er war besonders laut, oft betrunken, dann torkelte er in seiner Uniformhose mit dem weißen Unterhemd über den Platz und sang, polterte und kommandierte im Haus herum.

Am letzten Tag rief er Richard zu sich.

Richard war drei Jahre alt und zutraulich wie ein junger Hund. Er erwartete mit Bestimmtheit Kaugummi oder Baby Ruth. Aber es gab keine »Butterfinger«.

»Sag ›Heil Hitler‹ und heb die Hand hoch«, befahl er dem Kind.

Warum sollte es Richard nicht tun?

Da nahm der Offizier die kleine Hand und preßte seine glühende Zigarre hinein, bis die Glut erlosch. Richard rannte fort, erst als er bei uns war, schrie er.

Als die Wunde vernarbte, sah sie aus wie eine kleine Münze. Richard hatte mit kleiner Münze für Auschwitz bezahlt. Später wurde er ein geschickter Verteidiger seiner selbst. Wenn ihm die Kinder auf der Straße »Nazi« nachschrien, schlug er; das war komisch anzusehen, denn er war sehr klein; er trommelte mit den Fäusten auf seine Peiniger ein, er wollte kein Nazi sein, alles, nur kein Nazi.

Kochel wurde zum »Rest Center« für schwarze Amerikaner. Sie wohnten in dem großen halbrund gebauten Kasernenbau am See, in dem vorher die »Gebirgs-Motorsportschule General Ritter von Epp« untergebracht war. Die Amerikaner hatten ihr Regimentszeichen in einem bunten Mosaik von Blumen und Steinen ausgelegt und sangen ebenso dröhnend, wie ihre Vorgänger »Wenn wir marschieren« gesungen hatten, »Pittsburg in Pennsylvania«.

Der Kommandant wohnte oben in unserem Aspenstein. Ich mußte ihn bitten, zu erlauben, daß wir die Schultaschen der Kinder aus dem verschlossenen Türmchen bekamen. Es war der erste schwarze Amerikaner, den ich sprach, er hieß Holifield. Er saß an einem Sommerabend vor dem Haus und las die Gedichte des Freiherrn Joseph von Eichendorff.

Es war ein kleiner hellblauer Band, den Baldur im Frankreichfeldzug mitgeführt und wieder nach Hause gebracht hatte. Holifield las andächtig und bewegte die Lippen dazu. Als er mich entdeckte, las er mir ein paar Zeilen vor:

Das Herz mir im Leibe entbrennte,
da hab ich mir heimlich gedacht:
Ach, wer da mitreisen könnte
in der prächtigen Sommernacht!

»Schön«, sagte er. In seiner dunklen Hand lag der Eichendorffband. »Ich verstehe das«, sagte er, »mein Vater war pommerscher Rittmeister, Karl Ludwig Holy van Field. Er ging nach Amerika. Na, und hier bin ich: Holifield.« Holifield ließ sein Briefpapier mit einer stolzen Adresse versehen: Karl Ludwig Holifield, Schloß Aspenstein.

250 Neger lebten in Kochel, wir haben eine kleine Erinnerung davon zurückbehalten, eines meiner Mädchen hat ein Negerbaby. Heute ist es kein Baby mehr, ein großer Junge, der bayrisch spricht und Moritz heißt. Obwohl er Maurice getauft wurde wie sein Vater, der Sergeant, der den großen hellblauen Lincoln fuhr.

Alles ging ganz gut, bis wir »Kriegsverbrecher« wurden. Ich wußte nicht, in welchem Gefängnis Baldur sich befand, aber es waren so viele Menschen in Gefangenschaft, es war selbstverständlich, daß er nicht frei war, und es war selbstverständlich, daß er uns keine Nachricht geben konnte.

Die amerikanischen Soldaten, die das große Haus bewohnten, hatten die Angewohnheit, den ganzen Tag den Lautsprecher in voller Lautstärke laufen zu lassen. Alles dröhnte über den Kiesplatz, Musik und Army-Nachrichten.

Ich stand am Brunnen und schuppte die viel zu kleinen Saiblinge, die Robs gefangen hatte, als das Radio bekanntgab, daß man noch im Herbst mit den Kriegsverbrecherprozessen beginnen werde, Richter Jackson würde Hauptankläger; der Sprecher verlas Kommentare zu den Prozessen, es klang alles bitter und rettungslos. Der jahrelang aufgespeicherte Zorn über Deutschlands Schuld mußte sich entladen, und da sich vier Hauptschuldige aus der Affäre gezogen hatten, würde man die zweite Garnitur zur Hauptschuldigen machen. Der Sprecher verlas eine Liste von Namen. Jeden einzelnen der aufgeführten Männer kannte ich. Irgendwo hatte ich sie kennengelernt, während der »Kampfzeit«, bei einer Veranstaltung, auf dem Obersalzberg oder in unserem Haus. Ich kannte sie nicht als Politiker oder Militärs, sondern als freundliche Gastgeber oder amüsante Gäste oder als liebenswürdige Papis ihrer Kinder. Ganz zum Schluß sagte er Baldur von Schirach. Nie vergesse ich den seltsamen Schock. Obwohl es doch selbstverständlich war, daß er dazugehörte. Vielleicht hatten sie auch den Brief gefunden, in dem ihm Hitler mitteilt, daß er ihn für sein »bestes Pferd im Stall« halte, oder hatte er selbst die Gefahr gesucht, um, wie er mir in Rum sagte, »vor der Welt die Schuld auf sich zu nehmen«?

Ein heftiger Schreck ist wie ein starker elektrischer Schlag, er geht durch den ganzen Körper, und man hat das Gefühl, auf eine unsichtbare Weise verbrannt zu sein. Niemand sieht es einem an, nur man selbst weiß, daß man nicht mehr derselbe Mensch ist wie vorher.

Und ich wußte, daß wir nun außerhalb der menschlichen Gesellschaft stehen würden, man würde keinen Unterschied machen, dazu kannte ich meine Landsleute zu gut, mit dem allergrößten Vergnügen würden sie ein bißchen Französische Revolution spielen, wenn ihnen die Amerikaner die Erlaubnis dazu gaben.

Der Satz, den Colin zwischen Scherz und Ernst vor einem Jahr in Wien gesagt hatte, fiel mir ein: »Hören Sie denn keinen fremden Sender? Wie wilde Tiere werden sie die Nazis in Käfigen ausstellen, ehe sie sie hängen.«

Nun drückte uns das Unglück seinen Stempel auf, sichtbar für jeden.

Nie hatte mir die Swastika gefallen, nun trug ich das Hakenkreuz unsichtbar-sichtbar auf die Stirn tätowiert und mußte es tragen, genau wie die Jüdinnen den abscheulichen gelben Stern, den sie beschämt mit einer Hand zu verdecken gesucht hatten.

Die Vergeltung setzte ihren tödlichen Zirkel bei Hitler an, dann zog sie einen Kreis, und was sich darin befand, war bedroht. Nun fiel mir ein, daß ich das schreckliche Wort »Kriegsverbrecher« schon gehört hatte. Roosevelt hatte einmal davor gewarnt, ihnen Asyl zu gewähren. Nie aber hatte ich Baldur damit in Verbindung gebracht.

Noch eine Nachricht kam, wir hörten sie, aber wir erfaßten sie nicht:

»Eine neue Art von Bombe wurde über Hiroshima abgeworfen. Die Stadt ist in einer 10000 Meter hohen Rauchsäule verschwunden, man rechnet mit ihrer vollständigen Vernichtung.«

Nun veränderte sich alles. Die freundliche 10. Panzerdivision rückte ab, die Soldaten wollten nach Hause. Der Krieg, dessentwillen sie über den Ozean gekommen waren, war beendet, siegreich, wie sie es nicht anders erwartet hatten. Sie sehnten sich nach ihren Frauen und Kindern, deren Bilder sie stolz neben ihren Betten aufgestellt hatten.

Die grünen Soldatensäcke standen gepackt herum, blankgewetzte Lederhosen wurden hineingestopft, und der kleine Simson packte eine große Goldfiligrandose dazu.

Es war ein Geschenk Francos an Baldur. Die freundschaftlichen Verbindungen zur spanischen Jugendorganisation waren sehr eng, die Abordnungen besuchten sich, und Geschenke wurden ausgetauscht. Die Dose war ein solches Geschenk, das Zeichen der Falange stand über der gravierten Widmung.

Simson sagte, daß er die Dose dringend für das Nähzeug seiner Mutter brauche, er hatte ihr ein Geschenk versprochen, und ich hatte volles Verständnis dafür, ja ich verschenke viel lieber, als daß ich mir Dinge nehmen lasse; es war selbstverständlich, daß ich die Orden und kleinen und großen Geschenke, die immer noch in den Glasschränken lagen, nicht behalten konnte.

Auch ein bronzener Hitlerkopf nahm ein komisches Ende. Ich hatte ihn seit 1930. Es war die einzig gute Plastik, die von Hitler existierte, bekanntlich saß er nie einem Bildhauer, alle Plastiken mußten nach

Fotografien hergestellt werden, da er keine Geduld hatte, einem Künstler als Modell zu sitzen. Aber diese eine frühe und gar nicht hitlerisch wirkende Plastik war im Höfchen der Osteria Bavaria entstanden. Eine junge Italienerin fertigte sie an einem sonnigen Nachmittag aus Ton, während Hitler sprach und der jungen, sympathischen Künstlerin einen Gefallen tun wollte.

Baldur erwarb die Terrakotta und ließ sie in Bronze gießen. Und natürlich wurde sie gefunden.

Der Bürgermeister verfügte ihre sofortige Vernichtung. Aber wie vernichtet man einen Bronzekopf? Er dachte sicher eine Nacht darüber nach. Dann hatte er's. Auf einem kleinen Leiterwagen wurde die Büste – natürlich verhüllt – an die Loisach gefahren. Und da, wo die Loisach sumpfig und tief ist, kippte man sie hinein, und sie versank.

Aber ein anderes Andenken machte mir Sorgen.

Ich besaß eine Fahne, und das war mehr als strafbar. Baldur hat ein Faible für Fahnen. Schon in seinen ersten Gedichten spielen sie eine Rolle, im Lied »Unsre Fahne flattert uns voran«. Als er ein ganz junger, begeisterter Jugendführer war, veranstaltete er eine nächtliche, unglaublich feierliche Fahnenweihe im Potsdamer Schloß. Dabei berührte er die neuen Fahnen der HJ mit der alten brüchigen Seide der Fahnen des Alten Fritz und wollte damit herstellen, was der jungen HJ an Tradition mangelte. Nun empfand er das blutigrote Tuch der Partei mit dem knallig hineingesetzten Hakenkreuz als brutal, bezeichnete Streicher als den Erfinder und versuchte alles, um der HJ eine andere, ihrem Wesen entsprechendere Fahne zu geben.

Baldur dachte sich also eine neue Fahne aus – sie sollte der Parteifahne nicht ähneln, auch kein Hakenkreuz enthalten, sie sollte nicht rot sein, sondern drei Streifen haben, Rot-Weiß-Rot, und darin ein prächtiger, fliegender preußischer Adler, auf seiner Brust eine Nummer, gelb gestickt, die Nummer des Bannes, dem sie voranflattern sollte.

Mein Andenken nun war aus Seide, der schwarze Adler hineingestickt, und, das war das Reizvolle an der Fahne, sie war in Japan

hergestellt, ein Geschenk der Japaner. Statt der Nummer des Bannes stickten sie Baldurs Alter ein, ich glaube, es war zweiunddreißig.
Sie trugen die Fahne in feierlichem Zug zum heiligen Berg Fujiyama und ließen sie dort wehen. Dann brachte sie Prinz Chichibu zu uns, nach Kochel. Und da lag nun die Fahne seit Jahren.
Maja hatte in ihrem Drang, Textilien zu retten – sie dachte daran, sie zu Pyjamas für die Buben zu verarbeiten –, die Fahne in unsere kleine Wohnung geschleppt.
Was sollten wir nun mit der Fahne anfangen? Zurückbringen war gefährlich, vergraben war noch gefährlicher, darauf stand hohe Gefängnisstrafe, und wenn sie gefunden würde, war es am schlimmsten.
Pinkerton, fiel mir ein. Pinkerton war ein Boy-Scout-Führer, das hatte Klaus herausbekommen, Pinkertons Bild, mit Boy-Scout-Hut, hatte er gesehen.
Wir schenken die Fahne Pinkerton, dann kann kein Mensch was machen! Ich überreichte also Pinkerton die Fahne in der gestickten Hülle. Ich sagte, er möge die Fahne mitnehmen für seine Jugendherberge oder seinen Klub.
Pinkerton hätte man keine größere Freude machen können. Auch er dankte mir in wohlgesetzten Worten, beinah wäre es ganz offiziell geworden, das Komische und das Tragische liegen so nah beieinander, daß man kaum einen Übergang spürt.
Die 10. Panzerdivision ließ eine Menge leerer Whiskyflaschen und Unmengen von zerlesenen Magazinen zurück. Nun zog die Division mit den Tigern auf den Ärmeln ein, später kamen Polen.
Und zu uns kamen jeden Tag Verhörer, »Interrogater«; sie suchten Material gegen Baldur, gleichzeitig stellten sie an mich Fragen, meistens dieselben Fragen, die ich nicht beantworten konnte:
Wie oft waren Sie in Auschwitz?
Haben Sie selbst Menschen erschossen?
Wo haben Sie den gestohlenen Schmuck der Kaiserin Maria Theresia?
Waren Sie die Geliebte Hitlers?

Wo ist Eva Braun?
War Ihr Mann homosexuell?
Stimmt es, daß er ein angenommenes Kind ist und Meier heißt?
Freuen Sie sich, daß Hitler tot ist?
Sagte ich dann, daß ich gar nicht wisse, wo Auschwitz liegt, schüttelten sie den Kopf und sagten: Typisch, sie lügt auch.

»Weiß schon«, sagte der Interrogater, und dabei versuchte er so überlegen und klug auszusehen, wie man es von einem ausgebildeten Ausfrager erwarten kann.
»Weiß schon, Ihr Vater hat Sie bei Hitler gegen das Recht eingetauscht, ihn fotografieren zu dürfen! War es denn nicht so?«
Nein, es war nicht so. Es ist eine kleine Geschichte ohne Pointe und mit dem einzigen Vorzug, wahr zu sein.
Es war nach Nellys Tod, als wir keine richtige Familie mehr waren, mein Bruder im Internat, nur Vater, Anni und ich. Und Vater war meist unterwegs mit Herrn Hitler – Vater sagte nur ganz selten »mein Führer«, er sagte auch »Herr Hitler«, als er sich das letztemal von ihm verabschiedete, im Bunker der Reichskanzlei, kurz vor Hitlers Tod. Als Hitler echte Tränen in den Augen hatte und sagte: »Hoffmann, wenn Sie gehen, werden Sie mir sehr fehlen«, als ihm Vater antwortete, in dem unbesiegbaren Optimismus, den er mir vererbt hat: »Aber ich komme doch wieder, Herr Hitler.«
Als Hitler darauf nichts antwortete und weit weg sah, weit zurück auf die bewegten Jahre, die sie gemeinsam erlebt hatten.
Damals also, 1929, bezogen wir eine, wie uns schien, ungemein moderne Wohnung in Bogenhausen, in die Hitler gern kam. Anweisung für Anni (jene Anni, die später den aus dem Walchensee gestiegenen Ami-Oberst aufnehmen sollte): Herr Hitler will über die Spaghetti etwas Muskat, die Tomatensoße extra, nachher Nüsse und Äpfel!
Nach dem Essen phantasiert Hitler auf dem Klavier, er kann nicht so spielen wie Putzi Hanfstaengl, der den »Deutschen Föhn« durch das ganze Haus dröhnen läßt, aber obwohl er es nicht gelernt hat, kann er alle großen Momente aus den Wagner-Opern wieder-

geben, und wenn er Verdi spielt, sagt er: »Hörst du, das Schicksalsmotiv!«
Denn noch sagt er du zu mir. Bis zu jenem Abend.
Als es später wird, verabschieden sich die Gäste, mein Vater geht mit, und ich bleibe zurück.
Vergiß nicht, »Wiski« rauszuführen – »Wiski« war ein Terriergeschenk von Göring. Ich vergesse es nicht. Dann gehe ich schlafen, aber wenig später klingelt es. Raus aus dem Bett und an die Tür, sicher hat Vater etwas vergessen.
Aber es ist Herr Hitler.
»Ich habe meine Peitsche vergessen.«
Ja, da hängt sie, am Garderobenhaken, die kurze lederne Peitsche, die gleichzeitig Hundeleine ist. Hundeleine und Talisman.
Ich gebe sie ihm.
Er steht auf dem kleinen Vorplatz, auf dem roten Teppich. An den Wänden hängen Zeichnungen aus dem Simplizissimus, Originale von Ringelnatz.
Herr Hitler trägt den englischen Trenchcoat und hält seinen grauen Velourhut in der Hand.
Und nun sagt er etwas, das gar nicht zu ihm paßt; und er sagt es ganz ernst: »Wollen Sie mich nicht küssen?«
Er sagt sie.
Was für eine Vorstellung: Herrn Hitler küssen!
Ich mag ihn gern, denn er ist für meine Ideen zu haben, auch hilft er mir, wenn ich bei Vater etwas erreichen will, zum Beispiel Tennisstunden oder Schilaufen mit den Müller-Töchtern (Müller und Sohn, Verlag des »Völkischen Beobachters«). Aber küssen?
»Nein, bitte, wirklich nicht, Herr Hitler, es ist mir unmöglich!«
Er sagt gar nichts, klopft mit der Peitsche auf seine Handfläche und geht ganz langsam die Stufen zur Eingangstür hinunter.
Der Türöffner surrt.
Viel später kommt Vater. Wieder springe ich an die Tür, als ich seine Schlüssel höre.
»Vater, Herr Hitler war noch mal hier, er hatte seine Peitsche vergessen, und stell' dir vor, wie komisch, er wollte mich küssen!«

Vater fand das gar nicht komisch.
Er starrte mich an und zweifelte am Geschmack seines Führers. Da stand ich, in meinem Flanellnachthemd, die Haare zu kleinen abstehenden Zöpfchen geflochten.
»Dich küssen, einen Fratz mit einer Schweineschwänzchenfrisur! Du bildest dir wohl Schwachheiten ein.«
Und je länger er mich ansah, desto ärgerlicher wurde er.
»Du sprichst zu keinem Menschen darüber, verstanden?
Und du vergißt das ganze, verstanden?
Und nun marsch ins Bett!«
Das ist alles.
Doch wieder sagte Hitler »du«.
Nun war ich Fräulein Hoffmann!

Es wurde verboten, daß wir schwimmen gingen, auch wollte die neue Besatzung nicht mehr die verdammten Nazis in der Nähe haben; so sollten wir in das inzwischen von der Besatzung geräumte Häuschen in Urfeld ziehen.
Aber vorher fuhr ich nach Nürnberg.
Und dazu brauchte ich den Anzug, den ich Baldur bei meinem Besuch im Lager Rum versprochen und nicht mehr hatte bringen können.
Im Haus feierten sie irgend etwas, sie sangen, und ich verstand nur, daß in dem Lied immer wieder die Worte Hitler und Göring ertönten, dazu stampften und trampelten sie mit den Füßen.
Das war sehr günstig für mein Vorhaben.
Ich stieg durchs Fenster der Speisekammer, man konnte das Fliegengitter zur Seite schieben und sich am Aprikosenspalier abstoßen.
Ich schlich mich hinauf ins Schrankzimmer, öffnete die Schiebetüren, und da hing wunderbarerweise ein Anzug. Ich nahm ihn wie ein Dieb, nahm Hemden und einen kurzen pelzgefütterten Mantel, den Baldur bei den Eishockeykämpfen im Garmischer Eisstadion trug und der wohl der Sommerhitze wegen noch keinen Abnehmer

gefunden hatte – dieser Mantel ist bis Spandau mitgewandert, und er wird ihn wohl jetzt noch tragen.
Dann schlich ich die Treppe hinunter, sie sangen und lachten. In der Speisekammer stand eine Kiste Whisky.
Ich gestehe: Ich habe der 80. Division eine Flasche gestohlen! Herzklopfend und mit schlechtem Gewissen, eine volle Flasche mit dem rotrockigen Jonny Walker darauf »still going strong . . .«. Drüben im Nebenhaus warteten Maria, Ma und Maja. Es kam, wie mir Frau Ross prophezeit hatte: »Es ist unmöglich, immer unglücklich zu sein.« Wir öffneten den Whisky und tranken auf die Zukunft.
Whisky aus Kaffeetassen, wir vier Frauen, während nebenan die Sieger laut und dröhnend sangen. Wir saßen in unseren Betten. Angeregt durch den Whisky, träumten wir uns allerhand Unsinn von erfolgreicher Zukunft zusammen.
Da polterte es an die Tür.
Erst dachten wir, sie hätten den Whiskyraub bemerkt, aber eine von uns hatte einen zudringlichen Verehrer, er kam die Hühnertreppe heraufgestolpert. Plötzlich war es ihm ganz egal, daß wir damned Nazis waren, auf einmal waren wir wieder Frauen in hübschen Nachthemden. Aus dem Klopfen wurde Poltern, und nun schlug der Sohn Missouris mit den Fäusten gegen die Tür. »Er wird die Kinder aufwecken und die Tür eintreten.«
»Wir werden öffnen und ihn nach Hause schicken.«
Draußen stand, schwankend, völlig blau, Mister Missouri. »No fraternize«, rief Ma; als Baldurs ehemalige Sekretärin und Bürovorsteherin war sie gewohnt, sich Männer vom Hals zu halten. Als er nach ihr griff, gab sie ihm einen Schubs. Er rollte die Treppe hinab, überschlug sich und blieb liegen. Wir warteten, aber er erhob sich nicht.
»Er wird tot sein«, sagte Maria, sie war immer ganz sachlich, hatte Medizin studiert, ehe sie Lehrerin wurde.
Maja ging hinunter, um nachzusehen. »Er ist nicht tot«, sagte sie, »er ist auf die Fußmatte gefallen, völlig betrunken, ich kann ihn nicht hinaustragen.«
Aber so, vor unserer Tür, konnten wir ihn auch nicht liegenlassen.

So trugen ihn Maja und Ma an den Schultern, und wir andern schleppten seine Beine.
Dann setzten wir ihn an die Hausmauer, er redete ein bißchen vor sich hin, ließ alles mit sich geschehen und sah aus wie der Bucklige, der in Hauffs Märchen aus dem Kamin gefallen ist. Es geschah, was wir gehofft hatten, im Haus vermißten sie ihn. Im Mondlicht sahen sie ihren zusammengeknickten Kameraden sitzen und schleppten ihn unter amerikanischen Flüchen ins Haus.

## VI

## RECHT IST NICHT GERECHTIGKEIT

Am nächsten Morgen fuhr ich nach Nürnberg.
Vorher mußte ich einen Koffer beschaffen, um Baldurs Anzug einzupacken. Die Amimädchen hatten alle unsere Koffer in ihrem Besitz. Ich wußte, daß Flori ein Kind erwartete. Flori war ein Flüchtlingsmädchen, zierlich und ein wenig mürrisch, aber sie machte sich kaum Sorgen um das zu erwartende Baby, auch war es ihr völlig egal, wer der Vater war. Ich bot ihr Babywäsche an, wenn sie mir einen meiner Koffer wiedergäbe; Flori strahlte, sie fand, daß es ein ausgezeichneter Handel sei. Sie bewohnte die Bügelkammer, neben der Wäschemangel, dort hatte sie die Fotos ihrer Eltern und Schwestern aufgestellt; sie stammte aus Breslau, und auch das Haus mit dem Terrier im Vordergrund, auf das sie so stolz war, stand in Breslau. Flori hatte schreckliche Bilder in Erinnerung; sie sah die vierzig erfrorenen Kinder, die in Neumarkt in Schlesien von den Flüchtenden niedergelegt wurden. Flori zog nicht mit den Soldaten im Stil einer Marketenderin mit, sondern sie hielt einen festen Wohnsitz für besser; so übergab sie der jeweilige Kommandant an die neue Besatzung. Flori war also gewissermaßen die Herrin des Hauses.

Nürnberg kannte ich nur vom Reichsparteitag, aber ich hatte es nie gemocht, es war wohl die Ahnung von dem Unglück, das es uns bringen würde. Wieder war die Stadt überschwemmt von Menschen. Ich suchte den Justizpalast. Ein mächtiger Bau, an dessen Vorderfront die Fahnen der vier siegreichen Nationen wehten. Gerade wurden Lastwagen ausgeladen. Sie enthielten Prozeßmaterial,

Belastungsmaterial für die einundzwanzig Hauptkriegsverbrecher, die streng bewacht hier lebten.
Aus Salzsalinen und Bunkern schleppte man das Material an, deutscher Gründlichkeit gemäß waren alle Akten ausgelagert und gerettet worden, von der lächerlichsten Uniformvorschrift bis zu den grauenhaften Anordnungen von Auschwitz.
Es war unmöglich, Baldur zu sehen, auch schien es keine Möglichkeit zu geben, ihm den Anzug auszuhändigen, aber man gab mir eine Adresse, das Zeugenhaus in Erlenstegen, Novalisstraße. Dieser Vorort war nicht so zerstört wie die Innenstadt. Dort, in einem hübschen Haus, fand ich meinen Vater. Wir hatten monatelang nichts voneinander gehört, und man hatte mir berichtet, er sei bei der Verhaftung erschlagen worden.
»Ist dir nichts geschehen?«
»Aber doch«, sagte er, »sie haben mich ohnmächtig geschlagen, in einem Krankenhaus gesundgepflegt, in ein Gefängnis gebracht, aber jetzt brauchen sie mich; ich muß mein Archiv ordnen.« Vater war ganz dünn und dadurch jung, braungebrannt, weil er einen Sonnenplatz am Fenster hatte. Damals ahnte er nicht, daß er noch fünf Jahre in Gefangenschaft verbringen sollte, in dem großen Barackentrakt in Dachau, in dem vorher Hjalmar Schacht, Bischof Neuhäusler, der Prinz von Bourbon, Leopold von Preußen, Schuschnigg, General Halder, Dr. Josef Müller und der Prinz von Hessen gefangen waren.
Er schlief auf einem Amiklappbett, neben ihm Dr. Rudolf Diels, Gründer der Gestapo, ehemals Görings Schwager, von ihm zum Tod verurteilt, Regierungspräsident von Hannover, KZ-Häftling und nun Internierter der Amerikaner.
Zuletzt hatten wir uns in Wien gesehen, er sollte die Donaudampfschiffahrtsgesellschaft in Schwung bringen. Nun saß er da, hatte ein silbernes Kännchen mit Kaffee vor sich stehen und lachte mit seinem chinesischen Abenteurergesicht: »Habe ich Ihnen in Wien damals nicht gesagt, daß wir uns eines Tages im Gefängnis wiedersehen werden?« Tatsächlich, das hatte er gesagt – und damit Hitlers Politik kritisiert –, und das Zeugenhaus war so etwas wie ein Gefängnis für

Gentlemen; so wurde zum Beispiel Vater morgens von MP abgeholt und im »Palast« abgegeben und abends wieder hergebracht. Vater zeichnete Affen mit eitlen oder ernsten Menschengesichtern. Die Amerikaner ertauschten die Affenbilder gegen Zigaretten.
Eine seltsame Versammlung von Männern lebte hier. Dr. Otto Peltzer, ehemaliger Olympiasieger, dann Lagerhäftling in Mauthausen; Messerschmitt, der Flugzeugkonstrukteur, mit neuen Erfindungen beschäftigt; der Schwede Lahusen aus dem Canaris-Kreis; Oberst Ahrens, der über die Gräber von Katyn berichtete; Birger Dahlerus, schwedischer Industrieller; Dr. Hans Luther, ehemaliger Reichskanzler, und Dr. Eugen Kogon.
Es wurde gemeinsam gefrühstückt, und abends nach Tisch saßen alle zusammen. Mitternachts erschien gespensterhaft Fabian Graf von Schlabrendorff, einer der Männer des 20. Juli. Er wurde aber wieder abgeholt, ehe er seine Geschichte fertig erzählt hatte, denn jeder hatte doch in diesen Monaten mehr erlebt, als sich an einem Abend erzählen läßt. Es war nirgendwo ein Bett für mich aufzutreiben – aber die ungarische Gräfin, die mit ihren Kindern auf der Flucht in Nürnberg gelandet und als Hausdame eingesetzt war, ließ mich im Badezimmer schlafen.
Noch am gleichen Abend glückte mir etwas Besonderes: Der amerikanische Armeepfarrer, der die Gefangenen in ihren Zellen besuchen durfte, kam, um irgend jemanden zu suchen. Er war eben noch bei Baldur gewesen, ich bat ihn, er möge ihm den Anzug bringen. Und tatsächlich brachte er ihm noch in derselben Nacht alle gewünschten Sachen. Was für ein Glück wir dabei hatten, begriff ich erst am nächsten Morgen, als ich die Zeitung las: Ley hatte sich in der gleichen Nacht an seinem Badehandtuch erhängt, nun wurden alle Bestimmungen verschärft – aus dieser Zeit stammt auch die nächtliche Anstrahlung mit Scheinwerfern –, nur kleine Dinge ließen sich noch hineinschmuggeln, aber der Anzug war da, und Baldur brauchte nicht in der Lederhose aufzutreten.
Ich versuchte einen englischen Anwalt für Baldur zu bekommen, ich versprach mir etwas davon, aber er hatte schon selbst entschieden und aus einer Liste Dr. Sauter ausgewählt.

Dr. Sauter hatte seine Praxis in München, siedelte aber für die Dauer des Prozesses nach Nürnberg über. Ein großer, heiterer, etwas polternder Mann, der sich als Verteidiger von Wilderern und völlig aussichtslosen Fällen einen Namen gemacht hatte; aber von der Hitlerjugend wußte er ganz und gar nichts, für ihn war das ein komischer Verein. Doch in seiner bajuwarischen Art strömte er so viel Zuversicht und Sicherheit aus, daß auch Walter Funk darum bat, von ihm verteidigt zu werden. »Was wir brauchen«, sagte er, während er seine Pfeife stopfte, »ist Entlastungsmaterial, Sie müssen herbeischaffen, was nur aufzutreiben ist. Ich habe zwar schon Hunderte von Briefen ehemaliger HJ-Führer, die bitten, vernommen zu werden, aber ich brauche Dokumente.« Mir fiel im Augenblick nur noch ein, daß Baldur niemals einen Menschen zum Tode verurteilt und niemals einen Menschen in ein KZ gesperrt hat.
Nun muß ich mich also, ob ich will oder nicht, mit dem Phänomen »Hitlerjugend« beschäftigen, mit dieser Organisation von sechs Millionen Jungen und Mädchen, die mehr als zwölf Jahre bestanden hatte. Die HJ – das sind jetzt nicht mehr die Jungen und Mädchen, die überall dort auftauchen, wo Baldur sich sehen läßt, singen, seine Unterschrift haben oder mit ihm fotografiert sein wollen, jetzt sind es nur noch Zahlen, und das sieht ganz anders aus. So spät lerne ich meine Rivalin – als solche empfand ich ja die HJ – wirklich kennen.
Ich versuche zu begreifen: Oberbann, Jungbann, Stamm, Fähnlein, Jungzug, Gefolgschaft, Jungenschaft, Bann, Unterbann, Schar, Kameradschaft, das waren Zellen der Organisation, die nun, angeklagt, nur noch auf dem Papier besteht.

Dr. Sauter, der Verteidiger, schüttelte den Kopf. »Wie hat denn das eigentlich angefangen?«
»Angefangen, die Jugendbewegung?«
Wenn man ganz gründlich sein will (und natürlich wollten wir wieder einmal ganz gründlich sein), hatte sie um die Jahrhundertwende angefangen. Mit dem »Wandervogel«, den »Bündischen«, den »Adlern und Falken«, den jungen Männern im Schillerhemd, die Lieder aus dem »Zupfgeigenhansl« sangen. Junge Mädchen, die Gi-

tarre spielten, die Zöpfe als »Schnecken« um die Ohren gesteckt hatten, Broschen mit Sigrunen trugen.
Langsam wurden aus Sigrunen und Sonnenrädern Hakenkreuze, aus dem Schillerhemd mit Samthose und Kletterweste die Uniform, aus dem Wimpel die Fahne, aus dem Fahrtenmesser wurde der »Ehrendolch«, und später wurden die Worte »Blut und Ehre« hineingraviert, und aus den romantischen Liedern von Heckenrosen und Lagerfeuer wurden Märsche, aus dem »Abzählen« wurde der »Appell«, aus der Schwärmerei wurde Fanatismus, aus der Wanderung der »Gepäckmarsch«, und wenn man sich nun noch etwas Nationalismus, eine Idee und einen Führer dazudenkt, ist man genau auf dem Weg zur HJ.
Hitler ernannte 1931 Baldur, den Studentenbundführer, der so große Erfolge bei den Astawahlen errungen hatte, zum »Reichsjugendführer«, und nun führt sein Weg steil aufwärts bis zu der Stunde, da er sein »Bekenntnis« in der Nürnberger Zelle in großer Antiquaschrift zu Papier bringt. »Ich habe die Jugend erzogen, gebt mir die Schuld.« – »Es war mein Irrtum.«
Auch daß er mit Colin Ross bei Hitler gewesen war, um ihn vor einem Krieg mit Amerika zu warnen, fiel mir ein. Hitler war wütend über diese Intervention. Sie hätten beide angelsächsisches Blut, sie könnten überhaupt nicht richtig deutsch denken.
Baldurs beide Eltern stammten aus USA, seine Mutter war in New York geboren, die Mutter seines Vaters in Baltimore, ein Schirach war amerikanischer Major gewesen und hatte mit blankem Degen an Washingtons Sarg Wache gestanden. Der Weltumsegler Sir Francis Drake war unter seinen Vorfahren. Mütterlicherseits stammte er von den Tillous ab, die als Hugenotten abenteuerlich von La Rochelle nach Amerika ausgewandert waren. Sein Urgroßvater war erster Richter von New York gewesen. In der sehr gewissenhaft geführten Familiengeschichte ist ferner vermerkt, daß einer der Vorfahren als Rebell geköpft wurde.
Der Stammbaum von Colin Ross reicht bis zur Zeit des Richard Löwenherz zurück. Damals schon hatte die Familie – sie stammt aus Schottland – den Reise- und Entdeckertrieb, ein Robert de Ross war

mit ins Heilige Land gezogen, und auf der allerersten Karte der Arktis ist als Entdecker ein James Ross verzeichnet.
Sie hatten also beide wirklich mehr angelsächsisches als deutsches Blut in den Adern – wenn man diesen Satz niederschreiben will –, was sie aber beide nicht hinderte, ihrem Land Leben und Freiheit zu opfern.
Sie kannten beide Amerika aus persönlicher Anschauung, hatten die Freiheitsstatue mit eigenen Augen gesehen, und ein Krieg mit Amerika erschien ihnen als der besiegelte Untergang.
Die HJ wuchs nicht, sie schoß empor, es gab keine Besinnung; das ist sicher einer der Gründe, warum ihr Gedanke nicht zu Ende gedacht wurde.
In einem Notizbuch des Jahres 1936 finden sich für den Monat Januar folgende Eintragungen:

München, Galerie Helbing, Spitzwegs »Fahrendes Volk« gekauft (3000 Mark), für Hitlers Geburtstag. (Es hing, mit einem Schildchen »Geschenk der HJ«, in Hitlers Gästezimmer im Berghof und blieb dort bis zum Zusammenbruch.)
Johannes Rodatz führt Film über neuerstandene Jugendherbergen vor.
Prof. Grund zeigt Modell zum Schlageter-Ehrenmal. / Mittags im Franziskaner. / Abends Film »Tom Mix räumt auf«. Anschließend Nachtzug nach Königsberg. Kundgebung in Königsberg.
Nachtzug nach Kottbus.
Führertagung in Stettin.
Flug nach Berlin, Generalappell des NSKK. / Abends mit Hitler in »Anna Karenina«.
Führertagung im Leunawerk. / In Halle im »Goldenen Engel« übernachtet.
Führertagung Stadthalle Magdeburg.
Führertagung Kassel.
Besprechung mit Hobrecker wegen Sammlung erster Kinderbücher.
Von Kassel nach Soest, Hotel Overweg.
Von Soest nach Gelsenkirchen.

Von Gelsenkirchen nach Essen (Hans-Sachs-Haus).

Von Essen nach München, Bertrand de Jouvenel gesprochen. / Mittagessen Aumeister, Englischer Garten / abends mit Hitler in »Broadway Melody«.

Gauleitertagung im Münchner Rathaus. / Hitler sieht sich Modelle neuer Bauten an. / Reichstagsmandate werden verteilt.

Nachtzug nach Braunschweig.

Grundsteinlegung der HJ-Akademie in Braunschweig.

Führertagung Stadthalle Hannover.

Berlin, abends mit Heinrich George im »Schwarzen Ferkel« / anschließend Nachtzug nach München.

Zehnjahresfeier NSDSTB. Abendessen mit Göring.

Hitler spricht im Zirkus Krone.

Nachtzug nach Stuttgart.

Von Stuttgart nach Trier.

Flug nach Köln.

Führertagung Messehalle Köln-Deutz.

Feier im Bürgerbräu (München): »Hitler drei Jahre an der Macht.«

Besprechung mit Heß.

Flug nach Berlin. / Eröffnung des Reichsberufswettkampfes mit Goebbels.

Flug nach München. / Kaffee am Chinesischen Turm.

Das war der Januar. Am 1. Februar begannen die Olympischen Winterspiele in Garmisch. – Wo blieb da Zeit für Besinnung?

Ich erinnerte mich auch an die vielen Besuche fremder Jugendabordnungen in Deutschland.

Baldur hatte das Jahr 1938 zum »Jahr der Verständigung« erklärt. Es gab Winterlager mit Franzosen und Engländern, und im Sommer kam eine Menge junger Amerikaner nach Urfeld in die eben fertiggestellte große Jugendherberge, die wie ein großes und lustiges Bauernhaus gebaut ist. Sie hieß Baldur-von-Schirach-Jugendherberge, da sie nach seinen Ideen angelegt wurde; heute nennt sie sich nicht mehr so, aber das ist unwichtig; zu meinem größten Vergnü-

gen sehe ich an Sonnentagen Jungen und Mädel auf der hölzernen Altane sitzen, die das Haus umschließt.
In jenem Jahr waren auch Amerikaner als Gäste dort einquartiert. Ich erinnere mich so genau, weil ich die Aufgabe hatte, ein »star spangled banner« zu besorgen; ich weiß nicht mehr, woher wir das große Sternenbanner bekamen, für die Tische lieh mir Alfred Walterspiel vom Hotel Vier Jahreszeiten in München kleine seidene Fähnchen. Baldur zeigte den Amerikanern – die meisten trugen Lederhosen, und man konnte sie von ihren deutschen Kameraden kaum unterscheiden – das Hochlandlager in Königsdorf, den Gesundheitsdienst, den Zahnarztwagen und alles, was wir eben für ganz außerordentlich interessant und wertvoll hielten.

In Nürnberg, mitten in einem Ruinenfeld, hatte Vater mit dem ihm eigenen Spürsinn, der ihm auch versteckte alkoholische Quellen erschließt, eine Kneipe entdeckt: ein alter Bau aus rotem fränkischem Sandstein, der aller Vernichtung getrotzt hatte und einen verwitterten goldenen Stern über der Tür trug. Seit dem Dreißigjährigen Krieg schien sich dort nicht viel verändert zu haben, in der Küche heizte man wie vor Jahrhunderten, in der Wirtsstube standen rohe Tische und Bänke. Bald aber wurde der »Goldene Stern« durch die Anwesenheit von Rechtsanwälten, Amerikanern und Zeugen aus dem nahe liegenden Zeugenhaus zu einem gesellschaftlichen Treffpunkt. Denn hier, und eben durch die Verlotterung getarnt, entsprang die Quelle des kostbaren, nur schwarz zu beschaffenden weißen Wassers, das unter der Bezeichnung Aquavit, Enzian oder Himbeergeist gehandelt wurde. Die Amerikaner nannten es einfach Schnaaaaps, und in Wirklichkeit war es ein derber Korn, der einem das Wasser in die Augen trieb. Der Wirt Konrad Maisel, von Amerikanern vertraulich Conny genannt, besorgte die Abfüllung in seinem Schlafzimmer; glucksend verließ das weiße Wasser die Korbflasche und wanderte durch einen Blechtrichter in die Flasche, die vom Meister unter vergnügtem Pfeifen zugestöpselt wurde. Conny war klein und dick, sein rotes Klabautermannsgesicht wurde von einer Kapitänsmütze mit verblichener Goldstickerei geadelt.

*Links:* So lernte ich Hitler kennen. Die großen Stiefel brachte mir Dietrich Eckart aus Zürich mit. Durch ihn, den Übersetzer Ibsens, wurde mein Vater mit Hitler bekannt.

*Unten:* Neben mir Eva Braun (Mitte), damals Lehrling im Fotolabor meines Vaters, Heinrich Hoffmann. Rechts mein Bruder Heinrich.

In Goebbels Berliner Wohnung. Neben Hitler und mir Magda Goebbels, die Putzi Hanfstaengl den Flügel öffnet. Sitzend links Goebbels.

Hochzeitsessen 1932 in Hitlers Münchener Wohnung am Prinzregentenplatz. Hitler und mein Freund Ernst Röhm waren die Trauzeugen.

Als Seemann hatte er Jaffa und Kairo angelaufen, das märchenhafte Surabaya gesehen, konnte Zauberkunststücke, stand Kopf auf einem seiner Tische, wenn besonders attraktive Gäste eingetroffen waren, und führte bis zu seinem schnellen und schmerzlosen Tod einen ständigen Kampf mit seinen Küchenweibern, schimpffreudigen Fränkinnen, die sein Privatleben durch einen Ritz in der Küchentür kontrollierten. Sie benutzten den Sehspalt kniend, wie den Ausguck eines Panzerbeobachtungsturms, und unterrichteten die Gäste des Sterns laufend über das Vorgefallene. Sie kontrollierten auch die für das weiße Wasser eingehenden Tauschgüter, denn Geld war zu uninteressant.

Baronin Lüdinghausen kam zu dem Wasser durch das Geschenk einer großen grauen Katze.

Baronin Kleist, auf der Flucht von der Tschechei hierher verschlagen, bot eine Pfeife, ein dringend benötigtes Requisit zur Kapitänsausstattung. Gaston Oulman kam mit Stangen von Camel-Zigaretten und ging, die Flaschen in seine Uniformjacke gesteckt.

Die Quelle versorgte Mitglieder der Militärregierung ebenso wie die Verteidiger der Angeklagten und das Gerichtspersonal, und einmal ist es mir geglückt, eine amerikanische Feldflasche voll diesen Schnapses in die Zellen der Hauptkriegsverbrecher zu schmuggeln . . .

Der »Goldene Stern« war neutraler Boden. In der verräucherten Wirtsstube gediehen Humor und Verständigung, und politische Antipoden wie der frühere preußische Minister Severing und mein Vater verließen um Mitternacht gemeinsam den Stern, sie besaßen nur einen gemeinsamen Hausschlüssel. So wanderten sie versöhnt durch die mondbeschienenen Ruinen von Erlenstegen dem Zeugenhaus in der Novalisstraße zu. (Vater hatte inzwischen die Erlaubnis abendlichen Ausgangs erhalten.)

Während der letzten vierzehn Tage vor der Urteilsverkündung dürfen wir Angehörigen die Angeklagten sprechen. Wir finden uns alle in einem Büro des Justizpalastes ein, bei Miß Schwabenland. Flink und freundlich, tadellos frisiert, mit ansteckendem Readers-

Digest-Optimismus, stellt sie die Unterkunftsscheine aus. Bis auf Frau Raeder, die von den Russen festgehalten wird, sind alle Frauen, dazu eine Menge Kinder, erschienen. Wir können alle in der großen Kantine essen, mit den Journalisten und Rechtsanwälten (die Kinder bekommen Extraportionen, wenn es Nachtisch gibt). Man holt sich sein Essen selbst.
Dann befinden wir uns in kleinen Sprechzellen, eine neben der anderen. Zwischen den Angeklagten und uns ist ein engmaschiges Gitter gezogen; als ich versuche, eine Zigarette durchzuschieben, bleibt sie stecken.
Darf man sich die Hand geben? Nein, das ist verboten.
Wir werden mit Namen aufgerufen und ans Gitter geführt, ein GI steht daneben. Auch die Männer werden ans Gitter geführt, von zwei Posten mit weißem Koppelzeug und kleinen weißen Gamaschen bewacht. Sie sind schlecht gelaunt oder freundlich, wie man es gerade trifft.
Ehe wir durch Captain Schwarz nachmittags durchs Tor eingelassen werden, liege ich auf der kleinen Wiese neben dem Flüßchen hinter dem Gefängnis; Jungen lassen Drachen steigen, Drachen aus weißem Seidenpapier in einem Himmel von Glockenblumenblau.
Die Sonne brennt auf die Trümmer der alten Reichsstadt, die Burg liegt da, wie mutwillig von einem Riesen zertreten, Türme, Erker, Zugbrücken und Balkone sind in den Graben gestürzt, und ich hoffe, daß sich die »Eiserne Jungfrau«, die ihre Opfer mit so schauerlichem Mechanismus tötete, ebenfalls unter den Trümmern befindet.
Wir erzählen uns nur vergnügte Sachen in den Sprechzellen. Baldur war bei einem Transport von einem Gefängnis in ein anderes von zwei Negersoldaten bewacht worden. Mit einem Jeep waren sie Tag und Nacht unterwegs, sie hatten ihre Rations am Feuer gewärmt, am Waldrand geschlafen, sangen »Ol' man river« und »Carry me home to old Virginia«. Die schwarzen Soldaten hatten ihm Papiere und Uniform angeboten. »Flieh doch«, sagten sie, »du wirst doch nicht so dumm sein und dich aufhängen lassen.«
Auch aus den anderen Sprechzellen hörte man Sprechen und La-

chen, ohne Verabredung ignorierten wir alle den Abschied. Funk bat seine Frau um Noten für das sonntägliche Orgelspiel, Schachts kleine Töchter versuchten am Gitter hochzuklettern, bis ein Wachsoldat sie beiseite schob. Göring zeigte stolz, wie schlank er geworden war, er wickelte die Uniformjacke um sich herum, »so schlank wollte ich immer sein, nun habe ich nichts davon«.
Mit Görings Schwester aus Österreich war die blonde Frau Kaltenbrunner aus einem Linzer Gefängnis geholt worden. Sie brachte ihm das Bild einer kleinen Tochter, die er noch nicht kannte. Doch noch ein Abschied stand ihm bevor, von Gräfin Westarp, der Mutter seiner Zwillinge. Die Zeitungen brachten als Sensation ihr Bild, die todesernste Mutter und die lachenden Babys. »Kommt ihr oft in den Garten?« – frage ich Baldur.
»Manchmal. Am schönsten war es einmal unter einem Birnbaum, Schachspiel mit Alfried Krupp, wir versuchten zu vergessen, was Hitler uns angetan hat.«
Dann der letzte Besuch.
Noch einmal gingen wir das riesige Treppenhaus entlang. Eine Wache schloß uns das Gittertor auf. Es war ein freundlicher Soldat, der sich besonders gerade hielt und den Emmy Goering deshalb den »aufrechten Zinnsoldaten« nannte. Emmy, immer gewohnt, Trinkgelder oder Geschenke auszuteilen, flüsterte mir zu: »Kann man ihm was schenken?«
»Er könnte uns was schenken«, sagte ich. Doch ich weiß, daß sie überlegte, ob sie nicht doch etwas bei sich hätte, von dem sie sich trennen könnte. »Das war das letzte Mal heute«, sagte der Zinnsoldat, wir gaben uns die Hand, und Emmy lächelte ihn an, als wäre er ein Wachtposten von Karinhall.
Wir kamen an der amerikanischen Kantine vorbei. Soldaten lehnten lachend aus dem Fenster, es roch nach Essen und Kaffee.
Kinder spielten auf der Straße, sie malten mit Kreide Figuren auf den Asphalt und sprangen über die Linien. Das alte Spiel: Himmel und Hölle. Der Nürnberger Dialekt schrillte.
»Kommen Sie mit«, sagte Emmy, »ich kann nicht allein sein, und wir wohnen bei so netten Leuten.«

Emmy fand immer alle Leute nett. Wir überquerten die Straße und bogen in ein Schrebergartenviertel ein. Plötzlich blieb sie stehen. »Sie können ihn doch nicht hängen.«
Aus Emmys graugrünen Augen liefen Tränen über ein völlig verzweifeltes Gesicht. Verzweifelt und hilflos. Sie schüttelte mich an der Schulter: »Sagen Sie selbst, man kann doch Hermann nicht hängen, denken Sie, Hermann an einem Galgen! Sicher werden wir getäuscht, sie werden ihn wegbringen und auf einer Insel internieren, wie Napoleon.« Das war genau Emmy. Sie wollte die Wahrheit nicht zur Kenntnis nehmen. Auch die Schrecken der Vergangenheit hielt sie für übertrieben. Die Verbrechen in den KZs und die Kenntnis vom Ausmaß der Vernichtung waren nie bis zu ihr gedrungen. Und nun wollte sie nicht, daß Hermann den gleichen Weg gehen sollte, auf dem ihm so viele vorausgegangen waren. Es hing wohl damit zusammen, daß Emmy mit ganzer Seele Schauspielerin war. Als Hitler sie einmal nach ihrem größten Wunsch fragte, sagte sie: »Ich möchte, daß Hermann Schauspieler wäre«, worauf Hitler sie amüsiert ansah.
Es hätte ihr genügt, wenn alles, was sie mit Hermann erlebte, nicht Wirklichkeit gewesen wäre, nur ein großes Schauspiel, die Uniformen Kostüme, ihr Palais nur Dekoration, der Kriegslärm künstlich hinter den Kulissen erzeugt, die Geschenke Attrappen. Sie hatte die Wirklichkeit nicht gewollt, und nun wollte sie nicht mit der Wirklichkeit dafür bezahlen.

Wir lehnten am Zaun eines Gartens, ein alter Mann nahm Birnen ab von einem kleinen Baum, ganz vorsichtig, mit Respekt vor jeder Birne; die Sonne ging unter und überzog den Garten, den Mann und auch uns mit einem goldenen Rot.
»Wenn wir nur irgendwo zusammen leben könnten«, sagte Emmy, »ganz einfach in einer kleinen Wohnung, nur ein Jahr, oder nur eine Woche, nur einen Tag mit Hermann.«
Sie dachte nicht mehr an den Hermann im blauen Wildlederkostüm mit dem kleinen Dolch an der Seite, sie dachte gar nicht mehr an Karinhall, mit den Marmorbänken und den Gobelins, nicht mehr an

die Gruft mit den Kirchenfenstern, in der Hermanns erste schwedische Frau lag, und neben der er eines Tages mit Emmy hatte ruhen wollen wie der Graf von Gleichen.
Sie dachte nicht mehr an die Geburtstagsfeiern, als das Regiment »General Göring« seinen Chef mit schmetternder Musik begrüßte, als Edda im weißen Reifrockkostüm angesprungen kam, um ihr Gedicht aufzusagen, als der Strom der Gratulanten eintraf, an Hermanns Ruf »Emmy, sieh dir das mal an«, wenn er an die Tische mit den kostbaren Geschenken trat.
An all das dachte Emmy nicht mehr, sie hätte sich zufriedengegeben, wenn ihr das Schicksal eine Stunde mit ihm gelassen hätte, eine Stunde, um zwischen diesen kleinen Gärten zu gehen, in denen die Kartoffelfeuer brannten.
Aber es gab keine solche Stunde mehr.
Die Sonne versank hinter den Dächern.
Der alte Mann mit den Birnen verschwand im Haus und schloß die Tür.
Es wurde kühl. Es war der 28. September 1946.

Nach der Urteilsverkündung werden die Angehörigen aufgefordert, die Stadt zu verlassen; niemand wehrt sich gegen den Befehl.
Pastor Gerecke, der evangelische Gefängnispfarrer, teilt es mir mit, nach dem amerikanischen Gottesdienst in Mögeldorf. Die Kirche ist halb zerstört, und der Himmel schaut zum ausgebrannten Dach herein. Gerecke predigt in Englisch, sein Thema sind die Hinrichtungen, er will nicht, daß man tötet. Seine Zuhörer sind die Familien der Besatzungsoffiziere und amerikanische Soldaten mit ihren »Fräuleins«.
Im Lauf der Zeit hat sich Gerecke mit Keitel angefreundet. Beide sind ungefähr gleich alt, beide haben Söhne, doch Keitels Söhne sind gefallen oder gefangen, und Gereckes Söhne leben. Das kurze graue Haar und ein gewisser jovialer Ausdruck lassen die beiden einander ähnlich erscheinen. Gerecke wird der Abschied von Keitel am schwersten fallen. Er wird das eckig gewordene Soldatengesicht

küssen, eh der alte Mann die Stufen zur Galgenplattform hinaufsteigt.
Gerecke also teilt mir mit, daß im »Turnsaal« gehenkt werden wird, nicht öffentlich, wie man in der Presse behauptete.
Es hatte ein Plan bestanden, auf dem freien Platz vor der Lorenzer Kirche die Galgen aufzurichten, also genau dort, wo zwanzig Jahre zuvor Hitler in einem Blumenmeer gestanden hatte, stundenlang den Arm zum Gruß erhoben, als Tausende von Männern in Uniform an ihm vorbeimarschierten.
Soldaten amerikanischer Strafkompanien richten die Galgen auf. Da die Hammerschläge nachts in den Zellenbau hinübergellen, sind auch jene informiert, für die man die Anstrengungen unternimmt.
Um dem Schauspiel noch einen Anstrich von Pomp zu geben, werden die Galgen mit schwarzem Stoff verkleidet. Auch die Särge sind bereit, und der Strick ist aus England eingetroffen. Eine Tribüne für fünfundvierzig Zuschauer ist errichtet. Hier wird man ihnen Görings Leichnam zeigen, nachdem er mit Hilfe der Giftampulle dem Henker entwischt ist.
Ich erinnere mich des Schauderns, als ich hörte, Goebbels habe sich mehrmals den Film angesehen, der die Hinrichtung der Männer des 20. Juli zeigt. Mehrmals.
Die Zuschauer hier im Turnsaal brauchen sich nicht mit Zelluloid zu begnügen, sie sehen eine originale Vorführung. Sie stärken sich mit Kaffee und Whisky, und es ist der gleiche Koch, der den Kaffee für die Zuschauer und für die Darsteller des Schlußaktes bereitet. Die elf Männer erhalten auch eine wohlzubereitete Henkersmahlzeit mit heißen Pfannkuchen, genau wie der Soldat in Andersens Märchen, ehe er mit seinem Zauberfeuerzeug das Pfeifchen in Brand setzt. Aber dies ist eben kein Märchen, und darum gibt es auch kein Feuerzeug, das die rettenden Hunde herbeizaubert; es gibt nur ein Buch. Ein Buch, das bis zur letzten Stunde gelesen wird und von Zelle zu Zelle gewandert ist. Es ist von Werfel, dem jüdischen Dichter Franz Werfel, es ist das »Lied von Bernadette«. Werfel, auf der Flucht nach Amerika, hatte gelobt, die Geschichte von Lourdes zu schreiben, wenn er glücklich davonkäme, und nun erinnert das Buch

die Männer noch einmal an den Irrtum ihres Lebens, und die kleine Heilige Soubirous kommt in ihre Zellen.
Als das Buch zu O'Connor zurückkehrt und er es mir leiht, ist es zerlesen, von vielen Händen berührt. Niemand würde Patrick O'Connor, Pater Sixtus, für einen Priester halten, wenn er ihm in Uniform begegnete. Noch in der braunen Kutte mit der weißen Schnur sieht er aus wie ein Pfarrer, den Heinz Rühmann darstellt. Ein wahrer Zauberkünstler, findet er immer wieder Candies und Kaugummi in den Taschen, er hat ein Gedächtnis für Witze und hält immer ein frisches, feingebügeltes Soldatentaschentuch bereit, wenn jemand anfängt, plötzlich und sinnlos zu weinen.

Am späten Abend des 16. Oktober 1946 fährt ein großer schwarzer Wagen mit bayrischem Kennzeichen, von München kommend, an die Isar. Es wird an einer Stelle gehalten, und man vergewissert sich, daß es genau die Böschung ist, die auf der mitgeführten Karte bezeichnet ist.
Hier fließt die Isar reißend, und ihr Rauschen übertönt und verschluckt alle Geräusche in der Nähe.
Die vier Herren, die nun aussteigen, sind vier Generale: ein Russe, ein Engländer, ein Franzose und, am Steuer des Wagens, ein Amerikaner. Sie sprechen nicht miteinander, sie wissen genau, was sie zu tun haben, und eben das wollen sie schnell hinter sich bringen.
Es befinden sich nicht nur vier Männer im Wagen, sondern eigentlich fünfzehn, das heißt, einen Tag zuvor wären es noch fünfzehn gewesen, aber jetzt sind elf von den fünfzehn zu einem kleinen Häufchen Asche verbrannt und haben nun in einer einzigen olivgrünen amerikanischen Urne Platz.
Man benutzt diese Urnen für gewöhnlich, um die Asche verunglückter GIs nach Hause in die Staaten zu fliegen.
Und diesmal enthält sie die Asche der in der vergangenen Nacht gehenkten und im Münchner Krematorium verbrannten Verurteilten.
Es ist dunkel geworden, doch kann man erkennen, daß sich eine der vier Gestalten ans Ufer begibt und etwas in den Fluß schüttet. Die

leichte Asche vermischt sich mit dem Isarwasser, und der Fluß trägt die winzigen Teilchen fort, nach Passau, hinunter zur Donau und zum Schwarzen Meer.
Damit ist die Mission der vier Generale beendet, der Wagen fährt zurück, auch das Fahrzeug der amerikanischen Korrespondentin, die verbotenerweise folgte, wendet.
Man bemerkt sie nicht.
In der Pressekonferenz des nächsten Tages verkündet Colonel Andrus, daß der Hauptkriegsverbrecherprozeß seinen Abschluß gefunden hat; und wir alle, die wir damit zu tun hatten, danken Gott, daß es überstanden ist.

Ein Wort fällt mir ein, das Justice Jackson sagte, als er mit mir über den Prozeß sprach. Er saß auf dem blankgewetzten Ledersofa des Besucherzimmers, bedrückt von der Last der ihm übertragenen Aufgabe, und er sagte es langsam – Wort für Wort:

Recht ist nicht Gerechtigkeit.

VII

## DER SCHATZ DER NIBELUNGEN

In der Jachenau werden die Telegramme vom Lenerl zugestellt. Das Lenerl ist nicht etwa sächlichen Geschlechts, sondern die kleine Tochter der Posthalterin und absolut zuverlässig. Lenerl lächelt fernöstlich, es hat im Augenlid die bekannte Mongolenfalte, die den Rasseforschern Kopfzerbrechen macht, dem Lenerl aber einen bestechenden Reiz schenkt.

Am 8. Dezember 1946 bringt sie mir ein Telegramm von Major Teichs vom Militärtribunal in Nürnberg. Ich soll mich im Zimmer 207 des Justizpalastes einfinden, die zurückgelassenen Gegenstände abzuholen. Das klingt traurig und ist es auch. Ein wenig später also befinde ich mich im Zimmer des Majors, der wie ein verkleideter HJ-Führer aussieht, blond, groß, mit einem mitleidigen kleinen Lächeln, als er mir einen Koffer aushändigt. Einen verschrammten Lederkoffer, von Marstaller in München hergestellt. Er trägt noch ein Schildchen vom Domenico-Hotel in Taormina und einen kleinen abgerissenen Zettel, auf dem Teheran steht. Damals hatte er seine große Zeit, er flog mit Baldur nach Persien, es waren dreizehn Mann, und sie flogen an einem Dreizehnten ab, da sie nicht abergläubisch waren. Damals – 1937 – hatte Baldur Geschenke hineingepackt: Eine Schreibtischgarnitur für den Salonwagen der Kaiserin von Persien und eine Leica für den Sohn des Schahs, den heutigen Schah Reza Pahlevi.

Sie besuchten die persische Jugend, so wie sie vorhatten, die Jugend der übrigen Welt zu besuchen. Auf der Rückreise waren in dem Koffer zwei Pfauen verpackt, mit aufgestellten Pfauenrädern, aus dünner Bronze, und eine kleine Kaffeekanne aus Messing.

In der Türkei waren sie auf der Heimreise zwischengelandet, hatten Atatürk besucht und aus Ankara kleine Holzkistchen mit kandierten Früchten mitgebracht.
Jetzt enthielt der Koffer schmutzige, verbrauchte Wäsche, Hemden mit zerfledderten Manschetten, unbeholfen gestopfte Socken, Kinderfotos und Bücher, ungefährliche Klassiker, »Goethes Gespräche mit Eckermann« und »Die Leute von Seldwyla«. Bei Mister Wheeler vom International Security Department 6850 sind die kostbareren Sachen gelandet. Er übergibt mir eine Quittung über die Gegenstände, die vom IMT verwahrt werden. Eine Travelling Watch, das ist der Huber-Reisewecker, der immer ein bißchen herumhopste, wenn er klingelte, eine Wrist Watch, das ist eine Stoppuhr, die Monate und Tage anzeigt, ein Glass, das ist ein Fernglas, ein im Gefängnis völlig sinnloser Gegenstand, und stammt sicher aus den letzten Tagen beim Regiment Großdeutschland; eine Zigarettendose aus Gold, flach und hübsch, in ihrer Mitte befindet sich eine Münze, Europa mit dem Stier ist darauf zu sehen. Ich hatte sie dort anbringen lassen, sie war das Abzeichen des »Europäischen Jugendkongresses« in Wien 1942. Eine Zusammenkunft europäischer Jugendabordnungen, die man »Baldurs Kinderfest« nannte, die von Goebbels und Ribbentrop totgeschwiegen und torpediert wurde und nichts anderes war als ein letzter und sinnloser Protest gegen das, was in Europa vorging. Es sollte mit diesem Kongreß eine Arbeit begonnen werden, die man nach dem Krieg fortsetzen wollte, doch blieb er nichts als ein empörter unterdrückter Schrei. Als man nach 1945 in allen europäischen Ländern nach Kollaborateuren suchte, brauchte man nur die Listen der Teilnehmer herauszuholen, da standen sie, alphabetisch geordnet. Wie Siegfrieds tödlich verwundbare Stelle ein kleines Kreuz verrät, verriet auch sie ein kleines Kreuz, und es nutzte nichts, daß sie sagten: »Wir wollten Europa.«
Man erreicht das Dorf Jachenau entweder über Urfeld–Sachenbach, oder man wählt den Weg, der über Einsiedel um den See herumführt. Oft ist der Weg gesperrt, da man befürchtet, daß die Straße, die dicht am Ufer entlangführt, in den See rutschen könnte. Tat-

sächlich tut sie das manchmal. Dann flackert der alte Prozeß auf, den die Bewohner der Uferseite mit dem Bayernwerk führen. Und tatsächlich sieht es gar nicht gemütlich aus, wenn die Badehäuser wie Pfahlbauten im Uferkies stehen.
Man kann dann genau die Stelle wiedererkennen, von der aus die Maschinen der »Topographischen Anstalt Wien« in den (an manchen Stellen 200 Meter tiefen) Walchensee gelassen wurden.
Das war im März 1945.
Eines der größten Falschmünzerabenteuer fand damit seinen Abschluß. Es waren dies die Maschinen, auf denen das Reichssicherheitshauptamt seine eigenen Devisen herstellte. Eine höchst legale Stelle, der Reichsführer SS Himmler, gab den Auftrag, die Dollar- und Pfundnoten, die französischen und Schweizer Franken herzustellen, mit denen Spione und Fallschirmspringer ausgerüstet und ich weiß nicht, was noch, bezahlt wurden; ich erinnere mich, daß Hitler einmal davon sprach, er wolle ungeheure Mengen von falschen Pfundnoten über England abwerfen lassen, um die britische Währung zu erschüttern; dabei wird er wohl an diese Maschinen gedacht haben.
Am Südzipfel des Sees steht ein alter, einst mächtiger Bergahorn, den man hier stehenließ, obwohl er morsch und hohl ist. Hier hat Goethe auf seiner Italienischen Reise »Mignon« geschrieben. Die Kleine mit der Harfe traf er schon im Dorf, aber hier hatte er die Vision von Goldorangen, die im dunklen Laub glühen, obwohl es sicher nur die roten Beeren der Ebereschen sind, die hier aus dem Grün leuchten. Er sah das grünzischende Wasser in den See stürzen, und weiter hinten, am Waldrand, sah er das Forsthaus stehen, das man in den Wochen nach dem Zusammenbruch das »Goldhaus« nannte. Eine Bezeichnung, die dem Oberförster, der es bewohnte, keinen Spaß machte, sondern nur Scherereien eintrug. Aber tatsächlich hat sich noch in keinem Privathause der Welt so viel an Gold, Diamanten und Banknoten befunden wie in dieser Försterei, die mit ihren geraniumgeschmückten Balkonen an eine Geschichte von Ludwig Thoma erinnert. Ohne Vorbedacht, aus purem Zufall wurde dies Haus zum Versteckplatz des Schatzes der Deutschen

Reichsbank. Walter Funk, ehemaliger Präsident der Reichsbank und Reichswirtschaftsminister, hatte ihn in die »Alpenfestung« bringen lassen. Es waren das hundertfünfzig Säcke mit je einem Barren zu fünfundzwanzig Kilo Gold und zwanzig Säcke, etwa sechzig Zentimeter hoch mit Devisen gefüllt. (Das Quecksilber war in Flaschen verpackt, aus irgendwelchen Gründen hat man sie mit anderen geheimnisvollen Werten auf den Herzogstand gebracht.)

In den Kellern der Deutschen Reichsbank zu Berlin wird im Februar 1945 gepackt. Kriminalbeamte bewachen den Vorgang. (Es sind fünfundsiebzig Zentner Gold, das deckt sich mit den Notizen des Bankbeamten Grieser, der die Zahl später zu Protokoll gibt.) Es wird gezählt und notiert, die Säcke werden plombiert, und niemand könnte behaupten, daß es nicht ordentlich zugegangen wäre.

Ein Kommando des OKH wird verpflichtet, den Transport zu begleiten; man lädt die Säcke und Kisten auf Lastwagen, und der Befehl heißt: »Südwärts in Sicherheit bringen, bis neue Order erfolgt.« So fahren sie in Richtung München.

Es ist das ein zerstörtes München, das man zur Frontstadt ernannt hat. Am 14. Februar waren alle Schulen geschlossen worden, der gesamte Unterricht wurde in die Kinderlandverschickung verlegt.

Täglich erscheinen noch Zeitungen, wenn auch nur, um auf vier Seiten Beförderungen, Auszeichnungen, Wehrmachtberichte, Beginn und Ende der Verdunkelung zu veröffentlichen.

Und wie genau alles notiert wird: Eine Katastrophennacht, das heißt: 80 Luftminen, 1000 Sprengbomben, 400000 Stabbrandbomben.

505 Tote liegen unter den Trümmern. »Das Bestattungsamt verlängert seine Amtszeiten«, meldet der »Völkische Beobachter« lakonisch.

Doch ist es unmöglich, alle Toten zu begraben. »Die Stadt ist ihr Grab«, das ist furchtbar und tröstlich zugleich. In der Innenstadt lodert auch am Tage das Flammenmeer über Schutt und Ruinen, unpassierbar sind die Geschäftsstraßen, auf Handwagen und Schlitten ziehen die Menschen ihre letzte Habe durch die Stadt.

Der »Gauleiterexpreß« zerrt seine Bohlenwagen über die holprigen Schienen und befördert die Menschen in elenden Gruppen in die Nähe ihrer Arbeitsplätze, denn noch immer lebt die Stadt. Kann das komische Fahrzeug nicht mehr weiter, steigen alle wie selbstverständlich aus und räumen die Trümmer, die die nächtliche Zerstörung auf die Schienen warf, mit ihren Händen aus dem Weg. Noch lebt ein Teil der 6000 Einwohner, die bis zum Kriegsende in der Stadt ihr Leben lassen müssen, noch sind die 2177 verdunkelten Nächte nicht vorüber, noch hat sich das Inferno der einundsiebzig Bombenangriffe nicht erfüllt.

Doch das historische München ist schon zu neunzig Prozent zerstört. Aber von dieser Unterweltatmosphäre spürt der Goldtransport nichts. Bombenangriffe und Tieffliegerbeschuß werden überstanden. Sie fahren über Brücken, in die schon die Sprengmunition eingebaut ist (auch die Männer, die die Zündschnur in Brand zu setzen haben, sind schon bestimmt, nur die Stunde steht noch nicht fest). Schon ist der ungeheure Strom der Flüchtenden in Bewegung, noch nicht planlos, sondern mit klarem Ziel: Lastwagen, vollgestopft mit Akten, die man wohl, in seinem eigenen Interesse, besser verbrannt hätte, Wohnungseinrichtungen, Teile aus abgebauten Fabriken, Gobelins, Teppiche und Bilder, so bekannt, daß sie in jeder Kunstgeschichte abgebildet sind. Doch nichts ist so kostbar wie diese »geheime Reichssache«. Der Transport erreicht die Salzburger Autobahn, er fährt bis Holzkirchen und biegt ab, rollt durch Tölz, an der Junkerschule der SS vorbei – von ihrem verschindelten Dach wird bald das Sternenbanner wehen, und aus der Ausbildungsstätte für Supergermanen wird eine piekfeine amerikanische Kaserne werden.

Noch ein paar Wochen, und aus dem stillen Badeort wird »Bad« Tölz, das »schlechte« Tölz, ein Hauptpunkt des Schwarzhandels, ein magischer Anziehungspunkt für Amimädchen und Dirnen, so daß man bald ein Extrakrankenhaus für Syphiliskranke einrichten muß und die Penicillinampullen am Schwarzmarkt gehandelt werden.

Aus den verschlafenen kleinen Kaffees werden Bars und Night-

clubs, und im Landratsamt sitzt die Militärregierung, in einer Villa die CIC.
Die Lastwagen mit dem Nibelungenhort fahren die steile Marktstraße hinunter, überqueren die Isar, die schon Schmelzwasser aus dem Gebirge führt, und erreichen die gewundene Bauernstraße nach Kochel.
Unterwegs halten sie. Die Landschaft tut sich wie ein prächtiger Rahmen auf, und sie sind die Akteure auf einer natürlichen Bühne, sie führen den Nibelungenschatz mit sich, den sauber verpackten und doch verfluchten Fleiß mehrerer Generationen.
Man hat ihnen in Berlin Kognak, Sekt und Wein mitgegeben. Als ich einige Jahre später einen der Fahrer ausfindig machte und nach dem genauen Datum der Ankunft fragte, wußte er es nicht mehr, aber er wußte ganz genau, es war edler Bernkasteler Mosel gewesen!
Man weiß nicht mehr, warum der Transport nicht das ursprüngliche Ziel Peißenberg (Oberbayern) ansteuerte. Als man Walter Funk, Hauptangeklagter im Nürnberger Prozeß, nach dem Verbleib des Goldes fragt, meint er noch, daß es nach Peißenberg gebracht worden sei.
Am Fuß des Kesselbergs wird aus mitgeführten Kanistern getankt, es ist der Rest des Benzins, und bald sind die Männer am Ziel.
Sie brausen die sechsunddreißig Kurven des Kesselbergs hinauf, die sechs Kilometer lange Rennstrecke, die Stuck und Brauchitsch so populär gemacht haben.
In Urfeld stehen Hunderte von Berliner Kindern auf der Straße, durch die Kinderlandverschickung hierher verschlagen, sie erkennen die Berliner Nummer und winken.
Aber erst in Mittenwald wird gehalten.
Doch Mittenwald scheint für ein Versteck des Reichsschatzes ungeeignet. Auch will sich der Ortsgruppenleiter nicht mit der Sorge eines solchen Schatzes belasten, doch gibt er einen Rat: Einsiedel, das große Forsthaus am Walchenseeufer, da man da ungesehen ausladen und verstecken kann. Und nun geht es zu wie in einem zu hastig abgedrehten Wildwester. Das Ganze kehrt – und man fährt nach

Einsiedel. Der Kommandeur der dort stationierten Gebirgsjäger, Oberst P., holt seine Offiziere zusammen, offiziell wird von der Anlage eines Verpflegungslagers gesprochen. Der mitreisende Reichsbankbeamte ist der einzige Zivilist. Die Försterfamilie kommt gar nicht zum Nachdenken, und es hätte ihr auch gar nichts genützt nachzudenken oder zu protestieren. Die Last wird abgeladen und in den Zimmern für die Nacht untergestellt, bis man sich für ein wirkliches Versteck entschieden hat; niemand darf die Säcke berühren. Aus Berlin kommen keine Nachrichten mehr, dort sind inzwischen die ersten Artilleriegeschosse krepiert.
Nürnberg und Stuttgart sind gefallen, und die letzten Neckarbrükken werden von der SS gesprengt.
Die Nachrichten aus dem Süden sind so beunruhigend, daß die Offiziere froh sind, daß man sie in Gefreitenuniformen gesteckt hat, damit kann man auf jeden Fall abhauen. Alle sind sich darüber klar, daß der Schatz vergraben werden muß. Das ist seit Urzeiten immer noch das beste Versteck. In ganz Deutschland wird in diesen Wochen vergraben, die unwahrscheinlichsten Dinge: Uniformen und Schmuck, Waffen, Hitlerfotos, Briefmarkensammlungen und Fotoapparate. Aber um diese Reichsbanksäcke zu vergraben, braucht man tiefen, weichen Waldboden, man muß also höher hinauf, und dazu braucht man Muli, Maulesel. Ein Muli trug drei Barren zu je fünfundzwanzig Kilo, jeder Barren war in einem Sack. Vier Jahre später habe ich einige Beteiligte der Tragikomödie aufgesucht, auch eines der acht Muli war noch vorhanden, es stand in einem Apfelgarten in Wallgau, und die Wirtin, der es gehörte, riet, es nicht zu streicheln, »es schlägt aus«, sagte sie. Das Muli sah mich mit einem listigen Gesicht an, meckerte ein bißchen wie der »Goldesel, streck dich« aus dem Grimmschen Märchen, ehe die Dukaten herausspringen, gerade als wüßte es, daß einmal links und rechts an seinen Flanken die gelben, mit DR gestempelten Barren geschaukelt hätten, als es sie in Nachtmärschen den Steinriegel hinauftrug.
Der Steinriegel, nur dem Jäger und Wanderer vertraut, ist der nördliche Teil des Klausenkopfes, und der wiederum ist der Westteil des Hochkopfes.

Das ganze Gebiet wird nun streng abgesperrt. Volkssturmmänner aus Kochel bewachen das Revier; als sie die Mannschaften des Transportes nach ihren Ausweisen fragen, da sie in den schlechtgekleideten Männern Deserteure vermuten, staunen sie – durch alte Uniformen als einfache Soldaten getarnt, verbergen sich höchste Ränge. Die Muli werden bepackt und hinaufgetrieben, keine Stunde dauert der Weg, seitlich vom Trendelpfad ist eine Waldwiese, sie erscheint wie geschaffen für ihre neue Bestimmung.

Als ich nach Jahren die leeren Erdlöcher sah, waren sie mit Waldorchideen, Knabenkraut und wilder Minze zugewachsen, aber immer noch konnte ein Mensch drin stehen. Drei große Löcher wurden gegraben, eines für den Schatz, eines für die Sanitätskisten, die aber mit Brillanten gefüllt waren, und eines für Verpflegung und – da man ja möglicherweise das Versteck verteidigen mußte – mit Munition und Verbandsstoffen. Dazu eine Höhle, die man Devisenbunker nannte, auch Unterstände und Heuplätze für die Muli. Das seltsame Heerlager belebte sich: Wachen wurden aufgestellt. So ergab sich eine interessante Beschäftigung für die Männer der Urfelder Genesendenkompanie. Nun ist Tag und Nacht Leben und Bewegung in der Waldschneise, es wird gekocht und gebraten, aber was eigentlich geschehen soll, wenn die Amerikaner wirklich da sind, weiß keiner. Es kommt auch kein Befehl durch, die Schatzbewahrer müssen sich auf ihre eigenen Einfälle verlassen, das Radio meldet, daß um St. Pölten gekämpft wird, daß die Potsdamer Garnisonkirche, in der Hitler vor zwölf Jahren das Amt des Reichskanzlers übernommen hatte, zerstört ist und daß der Passagierdampfer Goya mit 7000 Soldaten, Verwundeten und Flüchtlingen nach zwei Torpedovolltreffern sank. Sie hören auch die Sendung der »Freiheitsaktion Bayern«.

Und an einem wunderschönen Maitag wird die trügerische Ruhe dadurch unterbrochen, daß ein junger amerikanischer Leutnant die Försterei Einsiedel besetzt.

Der Förster, der gleichzeitig Ortsgruppenleiter ist, wird verhaftet, aber nicht nach dem Goldschatz befragt, und mit einem Schlag sieht die ganze Welt anders aus. Man sollte nun meinen, daß sich die

Männer, die darum wußten, plündernd auf den Schatz gestürzt hätten, aber sie taten es nicht. In Freiheit nach Hause zu kommen war verlockender als der Millionenschatz. So verzog sich einer nach dem andern übers Karwendelgebirge, ein letzter Trupp Eingeweihter hielt sich noch eine Zeit in der nahen Almhütte.
Und wie in einem richtigen Wildwestfilm erscheint nun auch eine weibliche Hauptdarstellerin, eine hübsche Jugoslawin, die für die Männer kocht.
Sie ist Ausländerin, trägt ein jugoslawisches Fähnchen an der Jacke und ist somit tabu.
Aber natürlich kommen die Amis dahinter, daß sie hier in einer ganz interessanten Gegend sind.
Und natürlich wird geredet.
Alle Schilderungen, angeberisch oder aus Angst gemacht, weisen nach Einsiedel, alle Spuren führen ins »Goldhaus«. Aber die Amis halten sich nicht lange mit zahmen Fragen auf. Mit vorgehaltener Pistole wird die Familie F. – die in einem Nebengebäude des Forsthauses evakuiert ist – aufgefordert, das Versteck bekanntzugeben.
F. führt die Amerikaner hinauf zum Steinriegel; wenn er sich umschaut, sieht er in die Mündung einer Pistole.
Auf dem holprigen Weg kann man noch genau die Abdrücke der Mulihufe erkennen. Herumliegendes Heu und Tannenzweige bezeichnen das Lager. Die erste Mulde ist durch abgeschnittene Pflöcke markiert.
Die Amerikaner stoßen mit den Füßen die Zweige auseinander, aber zum Vorschein kommen nur Hunderte von Verbandspäckchen.
Doch nun gellt ein wilder amerikanischer Freudenschrei durch den Wald: Das Gold ist gefunden, eine phantastische, grandiose Beute. An den Säcken hängen Zettel: Deutsche Reichsbank, Hauptkasse Berlin.
Dieser Freudenschrei, den das Echo wiedergibt, ist das letzte, was man von dem Goldschatz hört. Die in Kilometerbreite ausgeschwärmten GI werden zurückgepfiffen; viel leichter, als man

dachte, ist der Schatz gefunden, man hatte den Deutschen raffiniertere Verstecke zugetraut. Bald wird eine zweite große Fundstelle gemeldet; dort liegen die Säcke mit den Banknoten, die durch Schneeschmelze und Mairegen schon ein bißchen feucht sind.
Die Muli braucht man zum Abtransport nicht mehr, denn nun hat man ja die Jeeps; es macht ihnen geradezu Vergnügen, die gewundene Mauleselstraße hinaufzufahren. Sie haben Stöße von olivgrünen Armeedecken mitgebracht und knoten alles in Bündel, sie machen aus den Säcken hübsche Pakete, legen sie in den Jeep und setzen sich daneben, dann rasen sie bergab, zum Hauptquartier nach Garmisch.
Der deutsche Oberst P. hat den Transport auf den Steinriegel überwacht – der amerikanische Offizier B. ist es, der nun den Abtransport befehligt, und es ist ein ganz besonderer Witz, daß das Fahrzeug des Offiziers B. der elegante schwarze Mercedes des verschwundenen Martin Bormann ist. Kurz vorher hat der eben aus dem KZ entlassene Taubmann den Wagen im Wald gefunden, er gehört jetzt selbst zum Suchkommando.
Man soll nun nicht denken, daß alles ein Ende hat, als die Jeeps in der Kurve verschwinden; denn erst einmal landen alle, die mit der Sache etwas zu tun hatten, im Tölzer Gefängnis.
Der Bürgermeister von Kochel meldet die Goldaffäre schriftlich dem Minister Schäffer, mündlich berichtet er sie dem Regierungspräsidenten Osthelder. Und dann wird es ganz still um den Reichsschatz, in dem allgemeinen Chaos ist er auch von geringem Gewicht. Die totale Kapitulation löst alle Fragen ...

Der andere Weg nach Jachenau führt über Urfeld, entlang den liebenswürdigen Gasthöfen Post und Jäger, vorbei an der gewaltigen Schleuse des Walchenseewerks, in deren Gitterraufen sich tote Fische und leere Konservenbüchsen fangen. Der Weg führt an einem Marterl vorbei, eine kleine schauerliche Malerei zeigt einen zu Tode erschrockenen Pfarrer, der, wie das Schild sagt, »von Mörderhand in den See gestoßen ward«; es ist schon dreihundert Jahre her, seit er hier vorüberritt, die Jachenau zu besuchen.

Regnet es, verwandeln sich die Wege in reißende Bäche voll gelben Schlammes. An einem solchen Regentag war es, daß der Jeep herausgezogen wurde, der Jahre zuvor, mit Negern besetzt, an der scharfen Kurve hineingestürzt war.
Das war ganz in der Nähe von Sachenbach.
Der ganze Ort besteht nur aus zwei prächtigen Höfen und einem Kapellchen. Der eine Hof gehört dem Seppenbauer, der andere dem Sachenbacher, den man aber einfach den Irgl nennt. Seit Jahrzehnten sind sie miteinander verfeindet, sogar die Kinder sprechen kein Wort miteinander, und auch die Hunde meiden sich. Doch ich mag beide. Als dem siebzigjährigen Seppenbauer ein vom Krieg verscheuchter Verbrecher das Messer in den Nacken stieß, hob der mächtige Alte den Küchenhocker und schlug den Täter in die Flucht. Dann zog er sich das Messer heraus.
Beim Irgl ist ein Heiliger ans Haus gemalt, auf der Bank stehen die blankgeputzten Milchkübel, und immer hört man kleine Kinder schreien oder lachen. Es ist ein Vergnügen, die ganze Familie sonntags zur Kirche nach Jachenau fahren zu sehen, in dem offenen schwarzen Kutschenwagen. Auch die kleinen Mädchen tragen die Tracht, halten die Gebetbücher fest in der Hand, ihre Zöpfe sind als Kronen um den Kopf gewunden. Sie fahren durch eine Wiese, ehe der Weg ansteigt. Auch hier steht ein Marterl, jedoch es stammt aus unseren Tagen. Am 3. Mai 1945 gingen hier drei Frauen, genauer eine Frau und zwei Mädchen, Ruth dreizehn, Mausi sechzehn Jahre alt.
Es ist kaum zu erklären, was die drei bewogen hat, an jenem Tag mit ihren bunten Pullovern auf diesem von allen Seiten einzusehenden Weg zu gehen. Man wußte, daß die Wälder voller Soldaten steckten, voller hungernder Soldaten, die nur Mengen von Kognak bei sich hatten. Aber Ruths Mutter hatte einen Grund. Sie wollte verhindern, daß die Jachenau beschossen würde, sie wollte mit den Amerikanern reden, da sie ihre Sprache sprach. Ruths Mutter war Halbjüdin, und der Tag, den sie ersehnte, war gekommen, er brachte ihr das Ende eines Makels, sie konnte ihn nicht erwarten.
Im Mai blühen auf den Sachenbacherwiesen Schlüsselblumen und

Windröschen, Krokos hat abgeblüht. Da knallen in den Maimorgen hinein Schüsse. Die bunten Pullover stürzen schreiend zu Boden. Die Frau lebte noch eine Stunde, Ruth starb auf der Schlüsselblumenwiese, doch Mausi, die zierliche hübsche Mausi, preßte die Hand auf den schweren Bauchdurchschuß und rannte zum Sachenbacherhof. Dort waren die Amerikaner. Sie nahmen sich des Mädchens an, und Mausi starb nicht.
In der Nacht des Unglückstages klopfen ein paar hungrige Soldaten ans Pfarrhaus. Sie bitten um irgend etwas zu essen, da kann Helena, die Köchin, nicht wiederstehen; sie, die den Eichhörnchen besondere Nußplätzchen bäckt und bis in den Mai hinein die Rehe füttert, hat auch noch was für die Soldaten. Sie essen, und von der Küche aus hört sie ihr Gespräch: »Wie furchtbar die eine schrie.«
»Ja, meinst du, sie sind alle tot?«
»Die Kleine ist noch weggelaufen.«
Da erfaßt Helena ein kalter Schreck: Ihre Gäste sprechen von den drei Frauen, auf die sie geschossen haben.
Zwei Tage später treffen die Amerikaner in Jachenau ein, aber sie kommen über Lenggries, und es geht ganz ohne Schießen ab. Eine alte Prophezeiung hat sich erfüllt – der Krieg wird in dem Dorf zu Ende gehen, in dem der Altar verkehrt steht –, in der Jachenau steht der Altar, völlig ungebräuchlich, nach Osten.

Als ich im Frühjahr 1946 aus dem Gefängnis dort eintraf, erinnerte nichts an die Besatzung, nur ein Eselchen, von deutschen Soldaten seit Kreta mitgeführt, war hiergeblieben. Im Mai ist es in der Jachenau am allerschönsten. Deshalb heiratet man dort auch am liebsten in diesem Monat, und ich erinnere mich an die vielen wunderschönen großen Hochzeiten, an die ernsten, meist in die schwarze Bauerntracht gekleideten Bräute, an die Burschen, die Frauenschuh und Maiglöckchen am Hut trugen, an die Blechmusik, die bis in den Schlaf hineindröhnte, und das summende, dampfende Gewirr des Hochzeitstanzes, das wir als Zaungäste des Glücks von fern erlebten. Denn die Menschen hier teilten sich in die Reichen, Besitzenden, die in ihren eigenen Häusern lebten, und in einen armseligen

Haufen Habenichtse, die der Krieg in diese letzte Ecke gefegt hatte. Und dazu gehörten wir.
Im Sommer 1946 kamen Transporte aus Böhmen und Prag, darunter ein reiches Ehepaar, das als größte Kostbarkeit einen mit Bleistift aufgezeichneten Plan bei sich hatte, der anzeigte, wo sie im Garten der Prager Villa den Schmuck vergraben hatten. Jetzt aber waren sie nicht reicher als die Insassen der Irrenhäuser, die man hier auch ausgesetzt hatte, mit ihren Bündeln und Decken, auf denen sie – entzückt über die ungewohnte Umgebung – saßen. Einmal kam ein Schub aus Mähren, meist alte Frauen, die ihre Spinnräder auf dem Rücken trugen, und die sofort, als man sie aus dem Lastwagen in die große Stube von Josef Pfund gewiesen hatte, anfingen, die mitgebrachte Wolle zu spinnen. Auch hatten sie kleine Säcke mit Mohnsamen und Maiskolben mitgebracht, und der böhmische Mais ging auf in der Jachenau.

Der November ist an unserem See besonders grau und neblig. Kein Mensch und kein Tier ist zu sehen, und die Autos beeilen sich, in freundlichere Gegenden zu kommen.
Im November 1945 gingen wir von Walchensee nach Einsiedel, an der Ecke am Katzenkopf. Ein Wagen bog um die breite Kurve, plötzlich sprang er aus der vereisten Straße, stürzte die sechs Meter in den See und versank sofort. Nichts verriet, was geschehen war, und niemand sah es, außer uns zwei Frauen. Wir hatten nur bemerkt, daß es ein großes, gelbes amerikanisches Fahrzeug war. Auf dem See bildeten sich große Ringe.
Und nun schwimmt ein Mann ans Ufer, ich ziehe ihm meinen Mantel an und versuche, ihn in das nahe Forsthaus zu meinen Freunden zu bringen, aber er zeigt auf das Wasser: Seine Freunde sind im Wagen, zwei GI – sein Fahrer und sein Begleiter –, tief unten liegt der Wagen, und sie sind festgeklemmt. Sein Englisch ist etwas mit Deutsch untermischt, schließlich gelingt es mir, ihn ins Haus zu ziehen.
Wenn die Toten nicht im Wagen gelegen hätten, wäre es sehr ko-

misch gewesen. Wir zogen den zähneklappernden nassen Oberst aus, er stellte sich vor: Oberst Padufaly, 10. Armee. Wir trockneten seine Uniform über dem eisernen Küchenherd und rieben ihn mit Frotteetüchern ab; natürlich mußte er auch etwas anziehen. Anni, die Försterin, entschloß sich zu einer entscheidenden Hilfe: Sie holte die tadellos eingemottete Förstersonntagsuniform ihres Mannes, der in Rußland war, aus dem Schrank, und der Oberst zog sie an, dann kochte sie Tee. Inzwischen war ich hinausgelaufen, um Hilfe zu holen. Der deutsche Polizeiposten war nicht anzutreffen. Da kam ein Lastwagen um die Ecke gebogen, ein Lastwagen voll gefangener SS-Männer aus dem Lager Mittenwald, die auf Außenkommando arbeiteten. Ich beschrieb, was geschehen war, sofort tauchten zwei Mann in der Eiseskälte sechs Meter tief, sie brachten einen der Verunglückten herauf. Wir schnitten seine Uniform mit einem Taschenmesser auf, und obwohl doch keine Hoffnung mehr bestand, ihn zum Leben zurückzubringen, schüttelten wir das grüne Wasser aus seinem Mund, rieben und massierten ihn. Seine Ausweise fielen aus der Tasche – Robert Ranger stand darauf. Der andere Mann, der Fahrer, war durch den Sturz festgeklemmt. Aber es gelang den Männern, ein Seil an der hinteren Stoßstange des Wagens zu befestigen, so daß der Wagen später herausgezogen werden konnte.

Plötzlich schwammen mehrere Chiantiflaschen strohumwickelt auf dem Wasser, und ich wußte, daß der Wagen gerade aus Italien gekommen war. Chiantibeschwingt hatte der Fahrer in der Nebeldämmerung die Kurve nicht bemerkt. Ein amerikanischer Rotkreuzwagen nahm den toten Robert Ranger mit nach Garmisch, aber die beiden SS-Männer, die mehrmals in das Eiswasser getaucht waren, wollte niemand haben, und niemand sagte Danke, als sie nach getaner Arbeit in ihr Gefangenenlager zurückfuhren. Ich konnte mir nur den einen Namen merken: Untersturmführer Pfaff.

Aber immer noch steckte ja der dritte Mann im Wagen. Es wurde dunkel, und bei Anbruch der Nacht hatten sie ihn freibekommen; er war ganz jung, sie legten ihn ans Ufer, eine kleine Weihnachts-

kerze brannte neben seinem Gesicht, es hatte keinen Sinn, nach Stunden noch Wiederbelebungsversuche zu machen.
Der deutsche Polizist bestand darauf, daß er am Ufer liegenblieb, »sonst haben wir nur Scherereien«. Spät am Abend ging Anni noch mit einem kleinen Kissen ans Ufer; sie legte es unter den Kopf des toten Soldaten.
Der Oberst, in seiner Försteruniform, die ihm ein wenig zu klein und zu eng war, saß da und trank Tee. Lieber hätte er wohl Kaffee gehabt, aber Anni besaß keinen. Er aß Lebkuchen und streichelte Racker, den Dackel, und erzählte, daß sie eben aus Rom kämen und daß er ein ähnliches furchtbares Unglück schon einmal erlebt habe, damals seien seine beiden Begleiter im Wagen verbrannt. Nun war es das Wasser, das die Begleiter ausgelöscht und ihn wiederum verschont hatte. Sein gesamtes Gepäck lag im See, nur die Chiantiflaschen hatte man ihm ins Haus gebracht, und er schenkte sie uns zum Dank, ehe ihn der aus Tölz bestellte Wagen abholte.
Drei Jahre später wurde ein olivgrüner amerikanischer Soldatensack ans Ufer gespült, ein Forstwart fand ihn und trocknete die in Ölpapier verpackten Zigaretten als Pfeifentabak. Die Chiantiflaschen jedoch konnten wir nicht, wie vorgesehen, bis Weihnachten aufheben, es kam wieder Haussuchung durch MP, diesmal erschienen jene zwei, vor denen wir wirklich Angst hatten, »Babygesicht«, ein kleiner Dicker mit rosigen Backen und Pfirsichhaut, und »Trauriges Scheusal«, den wir so nannten, weil er besonders häßlich war und dabei so schwermütig aussah. Trauriges Scheusal öffnete nie den Mund, sprach kein Wort, nahm aber alles mit, was ihm gefiel, Bierkrüge, Briefpapier, sogar Blumenvasen, ganz ernst, ohne ein Wort. Später, im Tölzer Gefängnis, traf ich beide wieder, und dort übernahm das ganze Gefängnis die Namen.
Babygesicht war ein berüchtigter Schläger, der Geständnisse erpreßte und eine kleine ausziehbare Stahlrute mit sich führte. Trauriges Scheusal aber veränderte sich bald, ein Tölzer Zahnarzt machte ihm ein tadelloses Gebiß. Nun konnte Trauriges Scheusal wieder reden und lachen, denn bei einer Schlägerei waren ihm die Zähne eingeschlagen worden, das hatte zu seiner ungewollten Melancholie

geführt. – Nun, Babygesicht nahm die Chiantiflaschen mit. Kein Verlust hätte uns mehr gekränkt, denn dieser Wein war ein unbestreitbares Geschenk, doch wie sollten wir den Oberst finden, der es bezeugen konnte?

Es war auch nicht so, daß wir uns die Sachen einfach nehmen ließen, wir rissen sie den Soldaten wieder aus den Händen und stritten mit ihnen, wir drohten mit General Patton, der uns wie ein Fels der Gerechtigkeit erschien.

Einmal stellte sich meine kleine Tochter in den Weg, als Babygesicht wieder in unseren Sachen herumwühlte. »Meine Großmutter war eine Amerikanerin«, sagte sie, »und Sie dürfen das nicht tun.« Das brachte Babygesicht zum Lachen.

Auf Anordnung der Militärregierung versenke ich im Herbst 1945 Colins Zinnsoldatensammlung im Walchensee. Dazu werden die Holzkästen in den Kahn gestellt, und wir rudern hinaus. Mehrere solche Fahrten müssen unternommen werden, denn die Sammlung umfaßt Zehntausende von Figuren. Colin Ross war ein ernsthafter Sammler wie die französischen Schriftsteller Paul Armont und Valery Larbaud; er stand mit anderen Sammlern in Verbindung, hielt sich Fachzeitschriften und erwies sich als richtiger Pedant, wenn es um Details seiner kleinen Soldaten ging. Manche goß er auch selbst und gestattete seiner Frau, sie zu bemalen. Dazu mußte sie mit einer Lupe arbeiten, um die kleinen roten Bäckchen, die Augenbrauen und Zwirbelschnurrbärte an die richtige Stelle zu setzen. Wenn Colin eine Schlacht aufbaute, mußte das ganze große Zimmer ausgeräumt werden, besonders der Dreißigjährige Krieg erforderte eine Menge Platz mit Büschen und Hecken, Verbandplätzen und seinen Hunderten von kleinen Landsknechten.

Jetzt aber ist die Sammlung zum Untergang im wahrsten Sinne des Wortes verdammt. Als sie versinken, die römischen Streitwagen, Hermann der Cherusker und sein Heer, die napoleonischen Soldaten, die weißroten des amerikanischen Unabhängigkeitskrieges, glitzern sie noch einmal im Wasser, drehen sich noch einmal, er-

schrecken Renken, die einen Luftsprung machen, und verschwinden im Dunkelgrün.
Ich bin nicht besonders traurig, nur ein bißchen belustigt, denn ich glaube tatsächlich, daß die Soldatenspielerei ein Ende gefunden hat.
Neben seinen Zinnsoldaten hatte Colin noch ein anderes Hobby. Er erforschte die deutsch-amerikanischen Beziehungen, er wollte den Anteil Deutschlands am Werden der Vereinigten Staaten genau erfassen. Schon 1936 hatte er »Unser Amerika« verfaßt, wohl in dem Wunsch, Deutschland und Amerika möchten sich verstehen. Er hatte damals geschrieben: »Wenn wir Deutsche ›Unser Amerika‹ sagen, so verstehen wir darunter nur das Erb- und Gedankengut, das aus der alten Heimat stammt und das mitgeholfen hat, Amerika groß und frei zu machen. Wir wissen, daß wir es Euch Amerikanern hingegeben haben, bedingungslos, und wir knüpfen nur den einen Wunsch und die Hoffnung daran, daß es zu besserem Verstehen zwischen Amerika und Deutschland führen möge.«
In den letzten Kriegsjahren wurde dies Buch verboten – es erwecke zuviel Sympathien. Doch in Colins Schubladen entdeckte ich nach seinem Tod neben anderen Papieren Notizen und Zettel, sein Lieblingsthema betreffend.
Er beginnt mit dem Deutschen Waldseemüller, der 1507 mit fester Hand in die bisher nur angedeuteten Umrisse der Neuen Welt den stolzen Namen »Amerika« setzt. Er verbessert seine Notizen über Peter Minnewitt aus Wesel, der 1626 Neu Amsterdam gründet, das zu New York wird, über die Landung der Concord, die 1683 die ersten deutschen Ansiedler nach Pennsylvanien bringt. Er läßt keinen in Vergessenheit geraten, die Peter Mühlenberg, Herchheimer, Baron Kalb und General Steuben und Johann Jacob Astor. In seiner graziösen Schrift finde ich: »Washington bildet Leibwache aus Deutschen«, oder 1861 – unter den Truppen der Nordstaaten befinden sich mehr als 200000 Deutsche, darunter 500 Generale und Stabsoffiziere, ferner 300000 Amerikaner deutscher Eltern.
Er verbessert seine Notizen im Hotel Adlon in Berlin, als ihn die Bomber in den Keller jagen. »Darum sind sie uns ja überlegen, es

sind so viele von uns drüben. Immer ging das Kühnste und Unternehmungslustigste hinüber, seit Jahrhunderten!«
Und dabei hatte Colin immer nur die Politik und die Soldaten im Kopf, er dachte gar nicht an die Gegenwart, die allein in der Filmkunst eine lange Reihe berühmter deutscher Namen aufweist, neben Marlene Dietrich, Ernst Lubitsch, William Dieterle und Robert Siodmak, doch würde er mit Augenzwinkern notiert haben, daß die Befehlshaber der drei amerikanischen Wehrmachtsteile deutscher Abstammung sind: Eisenhower, Spaatz, Nimitz.

## VIII

## EIN JAIL IST EIN GEFÄNGNIS

Trotz allem ging es uns eigentlich gut, wir hatten etwas Kaffee in eine Matratze eingenäht, zwei Brillantmanschettenknöpfe in einer Zahnpastatube versteckt und mehrere Pfund Zucker (von Captain Gerecke, dem Nürnberger Gefängnisgeistlichen, geschenkt) und gepreßten Reis mit Fleisch. Wir waren voller Optimismus, denn wir wußten noch nichts von Spruchkammern, wir dachten uns neue Berufe aus, oh, wir würden nicht untergehen, nur unsere verhängnisvollen Namen und unsere kleinen Kinder hinderten uns, sofort zu arbeiten.

Aber natürlich kam alles anders. Am Heiligen Abend 1945 wurde ich verhaftet. Von Babygesicht und Traurigem Scheusal. Ich benahm mich unsinnig, schlug Trauriges Scheusal ins Gesicht, als er mich anfaßte, und trat Babygesicht gegen das Schienbein, aber so etwas schienen sie gewohnt zu sein; da schloß ich mich ins Schlafzimmer ein und legte mich ins Bett. Laß sie die Türe eintreten, dachte ich, ich will Weihnachten nicht ins Gefängnis!

Ich hatte eine irrsinnige Angst, eingesperrt zu werden, nicht meinetwegen, sondern wegen all dessen, was ich zurückließ. Richard war drei Jahre alt und auch die andern drei Kinder noch viel zu klein, um selbst mit allem fertig zu werden, die Verteidigung in Nürnberg brauchte meine Mitarbeit, und meine geringen Schätze würden in Babygesichts Tasche wandern.

Ich lag also zu Bett und dachte, das wäre besonders schlau, aber Babygesicht holte deutsche Polizei zu Hilfe. Sie traten die Tür ein, und da standen sie, die deutschen Helden, die doch jeden Tag aus den Prozeßberichten hören konnten, daß die SS nur auf »höheren Befehl« gehandelt hatte, sie handelten wieder auf höheren Befehl, sie schrien, sie polterten, bis ich mich anzog. Gelegentlich sehe ich heute noch einen von ihnen, dann schaut er weg, und auch ich schaue weg.

Nun, ich stieg in den Jeep und ließ die Kinder mit einem Paket von Onkel Victor aus Pasadena und einem kleinen Baum zurück. Eine Stunde später war ich im »Jail«, in dem Tölzer Gefängnis, das ich intensiv kennenlernen sollte ...

Man soll sich vom Schicksal nichts wünschen, es ist eine zu gefährliche Sache, denn meist geht der Wunsch in erschreckender und in anderer Art in Erfüllung, als man es ursprünglich wollte.

Am 5. November 1944 ging ein gewaltiger Luftangriff auf die lang verschont gebliebene Stadt Wien nieder. Schon in der Nacht vorher hatte eine Bombe dicht neben uns eingeschlagen, Türen und Fenster unseres Hauses waren herausgerissen, Möbel und Bücher lagen in wüstem Durcheinander. Doch als wir diesmal aus dem Keller kamen, brannten viele der Nachbarhäuser in Grinzing, es gab kein Wasser, um zu löschen; so schleppten die Bewohner Möbel und Kleider heraus ins Freie. In unseren Garten, der sich an den Rothschildpark anschloß, hatten Nachbarn und Freunde eine Menge Koffer und Rucksäcke mit ihrer letzten Habe, schnell vollgepackte Bündel, aus ihren brennenden Wohnungen gebracht; auch ein seidenbezogenes Biedermeierkanapee stand im Garten, in dem eine große Buche knisternd brannte. Baldur kam vom Beobachtungsturm, auf einer Karte von Wien waren die getroffenen Häuser rot angekreuzt, immer neue Kreuze kamen dazu. Als ein Theater in der Innenstadt brannte, hatte man aus den Speicherfenstern die unter dem Dach aufbewahrten Kostüme geworfen, um sie zu retten, langsam schwebten die Reifröcke und bestickten Fräcke, von der heißen Luft getragen, zu Boden, wie riesige Marionetten. In einem Keller steckten zwanzig Menschen, rettungslos eingeschlossen, verschüttet, sie sangen um die Zeit zu überwinden, aber ein Wasserrohr war geplatzt, das Wasser stieg, und immer noch drang der Gesang nach draußen, sie sangen bis zum Ende.

Es war warm, die Luft durch die vielen Brände erhitzt. Aschenteilchen ließen sich überall nieder, es roch nach Rauch. Die Feuerwehrleute, die Soldaten und alle, die sich im Garten zusammengefunden hatten, waren hungrig; bis Essen von der NSV besorgt war, wollten wir Tee kochen.

Unsere Küche war ein durcheinandergeschmissener Haufen von Geschirr und Scherben, der elektrische Strom war unterbrochen. Ein im Lagerleben erfahrener HJ-Führer baute aus Ziegelsteinen einen kleinen Picknickherd, gleich neben dem Loch, das die Bombe gerissen hatte; bald prasselte das Feuer, und Rosa holte einen großen Wasserkessel.

Tee für die letzte große Gartengesellschaft in Wien, im Garten des Reichsstatthalters, Reichsverteidigungskommissars und Oberbürgermeisters von Wien – es fanden sich auch noch ein paar unzerbrochene Tassen, es waren die gleichen weißen, die schon Richard Strauss, Gerhart Hauptmann, Hitler, Graf Ciano und Franz Lehár in Händen gehalten hatten.

Die Gäste waren Menschen, die eben ihre ganze Habe verloren hatten und auf ihren Abtransport in ein bombenverschontes Dorf warteten, verwundete Soldaten – ohne Beine, mit verbundenen Köpfen, Blinde – aus dem nahe gelegenen Lazarett, einige alte Damen, die sich nicht von der Stadt trennen konnten und nun mit rußverschmierten Gesichtern auf dem Kanapee saßen, und Männer, die von irgendwoher gekommen waren, da sie meinten, unser Telefon ginge noch; aber nur ein Feldtelefon funktionierte, und der Adjutant, der wenige Monate später selbst von Bomben erschlagen wurde, telefonierte die Anzahl der Toten ins Führerhauptquartier. Ein Perserteppich, den jemand gerettet und mitgeschleppt hatte, lag auf dem Gras. Niemand war niedergeschlagen, denn der Triumph, den Angriff lebend überstanden zu haben, war größer als alles andere, das Gefühl momentaner Sicherheit war stärker als die Angst vor dem nächsten Angriff, man befand sich in sonderbarer Erwartung, obwohl es doch nichts zu erwarten gab. Jeder, der diese Art Schrecken durchgestanden hat, kennt das Gefühl einer fast fröhlichen Nervosität.

Auch die Kleidung war etwas verrückt, jeder hatte noch schnell übergeworfen, was er für nützlich hielt und was er eben noch fand; ich erinnere mich genau, was ich trug: eine graue Flanellhose und einen roten Rollkragenpullover. Und ich dachte, nein, wünschte: Ich will nicht mehr besitzen als die, die mit mir auf dieser Wiese sitzen, ich will keine Abendkleider, keine gotischen Madonnen, kein Haus und keine Sicherheit mehr, ich will auch ganz von vorn anfangen.

Dann kochte das Teewasser, und ich vergaß den Wunsch. Und nun fiel er mir wieder ein.

Der Wunsch hatte sich erfüllt. Ein Jahr war vergangen, ich trug die gleiche graue Flanellhose, den gleichen roten Pullover, den ich nach dem Wiener Bombenangriff getragen hatte, und ich besaß nichts mehr, buchstäblich nichts, denn bei der Einlieferung ins Gefängnis hatte man mir alles abgenommen, da man Gift vermutete. Man holte eine Beamtin, ein »Polizeiorgan für die Leibesvisitation weiblicher Individuen«, und ich mußte mich nackt ausziehen, dann warf sie mir die Kleider wieder zu, aber sie nahm auch meinen Kamm und sperrte ihn weg, so daß ich mich nur mit meinen Fingern frisieren konnte. Man gab mir einen Kübel und eine zerrissene Uniform, damit sollte ich die Pissoirs des Tölzer Gefängnisses putzen, ich sagte, der Stoff sei zu dick, da gab man mir eine zerrissene Fahne; ich hielt das zerfetzte rot-weiß-rote Tuch mit dem schwarzen Zeichen in der Hand, die Fahne der Hitlerjugend, die einer ganzen verlorenen Generation vorangeflattert war, besungen und geliebt.

Nun, an diesem Tag brauchte ich nicht mehr zu putzen, erst am nächsten Morgen, es war Weihnachten.

Die Gefängnisse waren in diesen Jahren überfüllt, echte Verbrecher fanden kaum Platz, die Verhaftungen geschahen willkürlich, auch die geschicktesten Rechtsanwälte konnten oftmals nicht herausbekommen, warum wer eingesperrt war, man saß. Punktum.

In meiner Zelle, ursprünglich eine für sechs, waren schon zehn Frauen, sie waren nicht gerade entzückt, daß noch eine dazukam, die nun auch auf den schmutzigen roten Matratzen schlafen mußte; so bekam ich den Platz neben dem Kübel, der einmal am Tage geleert wurde. Das Amt der Reinigung wechselte täglich.

Die Gefangenen waren meist Bäuerinnen, Frauenschaftsleiterinnen, BDM-Führerinnen, die auf den Abtransport in ein Lager warteten. Dazu kamen Dirnen, die ärztlich untersucht werden sollten, Schwarzhändlerinnen und ein vierzehnjähriges schwangeres Mädchen, das man betrunken aufgegriffen hatte.

Neben mir lag die hübsche, zierliche Frau Dannecker. Sie hatte ihre beiden Jungen töten wollen, indem sie ihnen die Pulsadern aufschnitt, aber sie war nicht mehr dazu gekommen, sich selbst zu töten, denn der eine Junge schrie, und die Nachbarn kamen. Er blieb am Leben, ein amerikanischer Arzt machte ihm eine Bluttransfusion, und nun war er im Hospital – der kleinere war tot und die Mutter des Mordes angeklagt. Eigentlich war sie keine Mörderin, ihr Mann war Gestapochef von Paris gewesen, sie wußten, man würde ihn hängen, so beschlossen sie alle zu sterben, der Mann wollte sich im Wald erschießen und die Frau mit den Kindern in den Tod gehen. Aber vielleicht wollte er gar nicht so unbedingt sterben, an der österreichischen Grenze wurde er verhaftet und ins gleiche Gefängnis gebracht. In der Nacht erhängte er sich am Fenster – er war als SD-Mann in einer Einzelzelle gewesen, so konnte er ungehindert von seiner Pritsche zu dem Fensterhaken gelangen. Man klingelte, und der Gefängnisdirektor erhob sich aus seinem Bett. Er holte ein Messer und schnitt den Toten ab. Seine Frau bat um den grauen Pullover, den er getragen hatte; man gab ihn ihr, und sie zog den noch warmen Pullover an, dann kroch sie wie ein verwundetes Tier auf ihr Lager.

»Er mußte sterben«, erzählte sie mir, »er hat Entsetzliches getan und mitangesehen; er ließ die Französinnen und die Jüdinnen nackt an sich vorbeidefilieren, wer einen schönen Busen hatte, brauchte nicht zu sterben, die anderen wurden verschickt. Wir haben gut gelebt in Paris«, sagte sie, »aber ich war nie glücklich, ich wußte immer, daß es schlimm ausgehen würde, nun ist mein kleiner Junge tot, und ich weiß nicht, wo sie ihn begraben haben.«

Sie wurde nicht verurteilt, ein Psychiater stellte fest, daß sie unter Psychose gehandelt habe, sie kam frei. Nach Jahren traf ich sie vor dem amerikanischen Konsulat, sie hatte einen Amerikaner geheiratet, ihr Sohn war vergnügt und gesund, und sie hatte ihr Schicksal überwunden. »Hier«, sie zeigte auf die Narben an seinen Handgelenken, »wissen Sie noch? Nun fahren wir nach Pittsburg.« Tatsächlich – jeder würde sie für eine richtige Amerikanerin halten. Aber noch liegt sie hier und weint nächtelang vor sich hin, sie bemüht sich, uns nicht zu wecken, aber wenn sie einschläft, schreit sie, sie schreit die Namen der Kinder, und alle, die Grund haben zu weinen, weinen mit. Und wer hat nicht Grund, jede, jede, die in dieser engen Zelle mit dem stinkenden Kübel liegt, hat Grund zu weinen.

Um zu dem Weihnachtsabend zurückzukehren: Unter den Frauen war eine Schweizerin, sie hatte am Tölzer Marktplatz falsch geparkt, und die MP hatte sie kurzerhand eingesteckt. Nun saß sie da, Hut auf und Handschuhe an, wartete, zornig – sie, eine freie Schweizerin, in einem stinkenden deutschen Gefängnis, am Weihnachtsabend, der Tisch war ihr zu schmutzig, um auch nur ihre Tasche daraufzulegen, sie behielt sie in der Hand.

Als es dämmerte, holte sie der amerikanische Kommandeur ab. »Ich vergesse euch nicht«, rief sie uns zu, als sie hinausging. Und sie hielt Wort, eine Stunde später wurde ein Paket abgegeben, es enthielt eine wunderbare weiße Damasttischdecke und eine Flasche Burgunder; für jede einen Schluck, mehr zu schicken war verboten.

Die »Gefängnisdirektion« bestand aus einem dicken Mann mit Kreislaufstörungen, der bis zum Zusammenbruch Maurer gewesen war und es jetzt wieder ist, er hieß Schlampp. Direktor Schlampp also überbrachte uns das weiße Tischtuch der Schweizerin, die ganze schmutzige Zelle wurde hell. Nun packte eine Bäuerin ein paar Lebkuchen aus, sie hatte auch eine rote Kerze und Tannenzweige dabei, die Tochter hatte es ihr eingepackt, sie nickte uns zu, das sollte heißen, daß alles auch uns gehörte. Die Burgunderflasche ging reihum, und es gab Wurst zum Abendessen und eine richtige weiße Semmel aus einer Caritasspende. Und nun geschah etwas ganz Erstaunliches: Ein Wärter öffnete die Tür und stellte einen Topf mit heißem Punsch vor uns hin.

»Von Captain Lutz«, sagte er. »Fröhliche Weihnachten!«

Mit Hans von Tschammer und Osten, der die Olympiade in Berlin 1936 ausrichtete, vor der Baldur-von-Schirach-Jugendherberge am Walchensee.

*Unten:* Hitlers Hochzeitsgeschenk war ein Schäferhund aus seiner Zucht.

Hitler übertrug Schirach, der im Frankreichfeldzug Soldat war, nach dem Waffenstillstand im Hauptquartier eine neue Aufgabe: Reichsstatthalter in Wien.

»Nehmen Sie die Künstler ebenso wichtig wie die Arbeiter«, war Hitlers Ratschlag. Künstlerempfang in Wien. Im Hintergrund Willy Forst und Wirtschaftsminister Funk.

Es war ein richtiger Punsch, heiß und duftend nach Nelken und Zimt, man konnte dabei an die vergangenen wunderbaren Weihnachten denken, wir füllten die zerbeulten Soldatenbecher und unsere Zahnputzgläser, und wie durch Zauberwort fingen die Gefangenen an, Weihnachtslieder zu singen, erst ganz zaghaft, eine Mädelführerin begleitete auf ihrer Flöte, die Männerstimmen der SS fielen ein, und die vielen Zellen in dem langen Gang schlossen sich an: »Es ist ein Ros' entsprungen . . .«

Nun klang es stark und schön wie in der Weihnachtsmette, die Soldaten, Bauernsöhne und Arbeiter hatten die heiligen Strophen in den zwölf Jahren nicht vergessen; alle alten Lieder sangen wir, in der Dunkelheit des Gefängnisses, bis Mitternacht.

Das Kerzenlicht fiel auf die Gesichter der Straßenmädchen, die man VD-krank in der Rose-Bar aufgegriffen hatte, und als sie sangen, waren ihre Gesichter klar und frisch.

Ich dachte an Weihnachten 1940 in Wien im großen goldweißen Saal der Hofburg; ich saß zwischen dem sowjetischen und dem amerikanischen Konsul, wir waren mit ihren Staaten noch nicht im Krieg, sondern freundlich zueinander. Die Wiener Sängerknaben sangen die gleichen Lieder – auch damals standen rote Kerzen auf dem Tisch. Der Amerikaner freute sich über die heimatlichen Poinsettas, der Russe über die Zuckerln vom Demel, und die Lerchenstimmen der Jungen trieben ihnen die Tränen in die Augen. Die Gefängnisweihnacht verklang wie die nächtliche Hofburgstunde, ich steckte den Kopf in meinen Mantel und dachte: Wie schön, wenn man nicht mehr aufwachen müßte.

Natürlich wachten wir auf. Es ist früh und dunkel, und die Sterne wandern von einem Gitterstab zum andern. Lärm auf dem Zellengang, Holz wird polternd abgeladen. Es ist kalt, und unsere Nasenspitzen sind eisig.

Die SS-Männer, Mädchen für alles, heizen die großen eisernen Öfen, die in den Zellen stehen, von außen. Dabei können sie durch die Ofentüren hereinsprechen, und wir hören es in der Zelle, das ist ungefähr so, wie Raimunds Ajaxerle aus dem Biedermeierofen spricht.

Mit der Wärme werden die Tagesneuigkeiten geliefert. »SS kann sich zur Arbeit in belgischen Kohlengruben melden.«
Manchmal sagt die unbekannte Stimme: »Im Waschhaus liegt etwas zu essen.« Die Männer, die wir nicht kennen, deren Stimmen wir aber unterscheiden können, stopfen eine Zeitung, eine Zigarette oder einen Apfel hinter den großen Waschkessel, wenn sie das Holz dorthin bringen. Das Anheizen ist unsere Arbeit, wir sind die Waschfrauen. Dazu haben wir die vollgestopften Papierkörbe des Captains und der Diensträume des Amtsgerichts. So können wir kontrollieren, was der Captain raucht und welche Candies er bevorzugt. Wir können die zerknüllten Weihnachtsbriefe aus seiner Heimat lesen und die »Stars and Stripes« auseinanderfalten. In den Papierkörben des Amtsgerichts dagegen finden sich die Aussagen zu Vaterschaftsprozessen, abgewiesene Alimentenklagen, bei denen man sich vertippt hat. Immer das alte Lied, die Väter wollen nicht zahlen.
Auch konnte man in dem Waschkessel baden.
Unter den täglichen Neuzugängen war eine SS-Soldatin mit kurzgeschnittenem Haar, wie sie in den letzten Monaten des Krieges zum Einsatz kamen. Charlotte zeigte uns die in den Arm tätowierte Blutgruppe und die frisch vernarbte Wunde von einem Lungenschuß, auch über Stirn und Nase lief eine rote frische Naht. Bei der Flucht aus einem Gefängnis in der britischen Zone war sie beim Sprung aus dem Fenster auf einem Treibhaus gelandet.
In Dachau war sie schon über die »Bühne« gegangen. Das war eine Art Laufsteg, wie man ihn für Mannequins bei Modeschauen benutzt, aber es war keine heitere Schau, KZ-Aufseherinnen und SS-Mädchen hatten langsam darüberzugehen, während KZ-Insassen das Publikum bildeten – erkannten sie eine Gesuchte, konnte die Anklage erhoben werden. Charlotte war schön und verriet auch, wie es ihr immer wieder gelang, freizukommen. Nichts Besonderes. Ich ziehe einfach meine Bluse aus, um meinen Lungenschuß zu zeigen. Charlotte hieß auch Didi. Didi also besaß nichts als eine schwarze SS-Breecheshose, hohe schwarze Stiefel, die sie fleißig putzte und die ein bißchen aufreizend quietschten, und eine

schwarze Soldatenbluse, dazu einen breiten Gürtel um ihre enge Taille. Unter der Bluse trug sie nichts. Das war Didis Trick. Und er erklärt auch, warum sie so häufig zu Verhören geholt wurde. Sie hatte die Tölzer CIC an der Nase herumgeführt, indem sie aussagte, sie wisse genau, daß sich Bormann in der Verkleidung eines Mönches in der Stadt aufhalte. Erfolg: Tagelang wurden alle Franziskanermönche aufgehalten und kontrolliert.

Nun saß Didi im Türkensitz auf der Matratze, füllte die Reste aus den »Tschicks«, das waren geschenkte und gefundene Zigarettenstummel (die großen hießen »Königstschick«), in ein Stückchen Durchschlagpapier, wickelte alles vorsichtig zusammen und rauchte, dabei dachte sie über ein neues Abenteuer nach.

Didi brachte auch die ersten Spielkarten an, denn nichts braucht man so nötig, um in die Zukunft zu sehen, es waren alte bayrische Tarockkarten, Grasober und Schellenkönig fehlten.

Nachts wird noch eine Botschaftssekretärin eingeliefert. Im Pelzmantel, aber drunter hat sie nur einen Pyjama an, so wie man sie aus dem Bett geholt hatte. Sie erweist sich als Kennerin neuer Patiencen und putzt mit mir das Treppenhaus. Keine Drohung kann sie bewegen, über ihre Tätigkeit in Lissabon das niederzuschreiben, was die Amerikaner gern wissen möchten.

Eine kleine elegante Rennreiterin wird in die Zelle geschubst. In Pepita-Reithose und Pullover. Sie hatte ihr Rennpferd vor den Amerikanern versteckt und sich somit schuldig gemacht. Sie ist kein Nazi. Doch sie will unbedingt ihren Spaniel mit in die Zelle nehmen, aber das geht nicht, schließlich sind wir ja kein Hundegefängnis!

Die Frau des Straßburger Polizeikommandanten muß zum Verhör. Ihr Mann ist geflohen, aus dem fahrenden Lastwagen gesprungen, als man ihn ausliefern wollte. Sie ist im Gefängnis, weil sie seine Uniform vergraben hat, dabei wurde sie beobachtet, und nun wartet sie auf die Verurteilung. Später wird man ihren Mann wiederaufgreifen und hinrichten.

Doch eines Abends kommt ein Gast, der uns amüsiert und den wir sofort den »Doppelzentner« nennen. Sie ist dick, in ein Sackgewand gekleidet und hat genau einen Doppelzentner Schweinefleisch in ih-

rer Wohnung versteckt. Das ist gar nicht nett, denn alle hungern im Winter 1946. Sie hat das Schwein in der Badewanne geschlachtet, wir jagen ihr Schrecken ein, indem wir sagen, die Anklage werde auf Mord lauten. Aber nichts kann sie bewegen, etwas von ihren Vorräten herauszurücken. Sie ist geizig, sie kann nicht schenken. Tagsüber sitzt sie auf ihrem Koffer; doch nachts schnarcht sie laut und schafft damit selbst die Geräuschkulisse für unser Vorhaben. Wir öffnen den unbewachten Koffer, holen Brot und Marmelade heraus und essen im Dunkeln, es schmeckt wunderbar, und niemand hat das Gefühl, gestohlen zu haben.
Nebenan sind die Männerzellen. Es macht dem Direktor Spaß, uns zum Putzen in die Männerzellen zu schicken, er weiß, daß auf dem Tisch Bierkrüge stehen, mit Urin gefüllt, das gilt als besonderer Witz. Einige SS-Männer sind an Händen und Füßen gefesselt; doch können sie mit den Füßen gegen die Wand schlagen. Leider kann keine von uns morsen.
Ich notiere mir alle Tage, an denen geprügelt wird. Babygesicht prügelt. Er schlägt nicht nur ins Gesicht; er benutzt auch einen Gummischlauch und eine Stahlrute, wir kennen das Knacken, wenn diese zur vollen Länge ausgezogen wird. Erst begreifen wir nicht, daß es Menschen sind, die schreien, später halten wir uns die Ohren zu.
Beim Wasserholen erfahre ich, daß man noch am Weihnachtsabend meine Kinder und auch die kleine Susie und Heidi auf einen Lastwagen gepackt und in die Jachenau gefahren hat. Dort hat man sie in verschiedenen Häusern untergebracht. Das Haus ließ man offenstehen. Auch Anna Maria ist im Lager gelandet. Im Lager Ludwigsburg, das sie erst nach drei Jahren wieder verlassen darf.
Tatsächlich erreichen meine Briefe den Nürnberger Justizpalast, und Baldur bittet den Richter Biddle, mich freizulassen. Aber als ich zum Verhör zu Captain Lutz komme, handelt es sich um etwas ganz anderes. »Sie wurden beobachtet, wie Sie heute morgen etwas eingegraben haben! Im Dunkeln, was war das, im Gefängnishof!«
»Hasenaugen!«
»Was?«

»Ja, die Augen von dem Hasen der letzten Treibjagd, die Mitglieder der Militärregierung veranstalteten; sie wurden auf den Hof geworfen, da lagen sie nun in dem schmutzigen Schnee, und wir gingen bei unserm Zehn-Minuten-Spaziergang immer dran vorbei. Das war so traurig, die vielen toten Augen, die uns anstarrten, da hab' ich sie eingegraben.« Die Hasen brachten Captain Lutz auf eine andere Idee. »Können Sie Rebhühner rupfen, ausnehmen, zurichten, fertigmachen zum Braten?«

»Warum nicht, ich habe es zwar noch nie gemacht, aber warum soll ich es nicht können?«

»Gut, gehen Sie in meine Wohnung (der Captain wohnte im Amtsgericht), dort finden Sie in einem Rucksack acht Rebhühner, richten Sie sie her; Vorsicht beim Rupfen, die Haut darf nicht zerrissen sein.« So lernte ich Rebhühner rupfen.

Abends drang ein wunderbarer Duft in unsere Zellen. Ah, die Rebhühner! Captain Lutz kochte selbst für seine Gäste, diesmal waren es die deutschen Regierungsbeamten.

In unserer Zelle wurde es immer enger und elender.

»Leichte Mädchen« aus Berlin waren eingetroffen. »Kinder, seid ihr doof, man muß immer sehen, daß man wieder rauskommt«, und sie verrieten einige bewährte Tricks. Trick eins: Man täuscht ein Magengeschwür vor, indem man ein Stück Wachs ißt, in das man Draht geknetet hat. Man klagt über starke Magenschmerzen und bittet dringend, geröntgt zu werden. Ist das Röntgenbild überzeugend, erhält man Schonkost oder darf ins Krankenhaus. Trick zwei: Einen Tag hungern, dann eine amerikanische Zigarette ohne Papier essen, Nescafé, soviel man bekommen kann, mit wenig Wasser trinken, zehn Kniebeugen machen. Darauf kippt man um.

Krankenhaus ist verlockend, und tatsächlich bekam ich Kieferschmerzen. Leider hatte ich mir etwas ziemlich Schmerzhaftes ausgesucht. Der Gefängnisarzt schrieb: »Durchstich zur Stirnhöhle, verwiesen an Dr. Gockus.« Doch war ich glücklich, als Dr. Gockus mit einem kleinen Hammer auf den Meißel schlug, der die Wand zwischen Nase und Stirnhöhle durchtrennte, denn nun kam ich in ein ganz sauberes Zimmer. Wenn man vom Gefängnis ins Kranken-

haus kommt, muß man wieder hinter Gitter, und vergitterte Zimmer gibt es nur in der Infektionsabteilung. Die Infektionsabteilung ist eine Baracke und steht abseits. Aber es gibt eine reizende Schwester Valquarda und einen chinesischen Arzt Dr. Tju. Die meisten der kranken Mädchen haben Syphilis, die andern warten auf das Ergebnis der Untersuchung. Positiv oder negativ.
Drei Kinder mit Diphtherie, Scharlach, ein Typhusfall.
Doch zum Tee gibt es Biscotti. Wie in Wien. Ich will nicht mehr ins Gefängnis zurück. Besser, ich bekomme Scharlach oder noch besser Typhus. Der Typhusfall jedoch ist nie allein, die junge Frau mit dem Scharlach aber kann ich besuchen. Manchmal kommt die Mutter der Scharlachkranken ans Fenster und hält ein winziges Baby hoch. Die junge Frau, zart und dunkel, mit dem Liebreiz einer orientalischen Prinzessin, ist eine polnische Jüdin. Als ich nachts auf ihrer Bettkante sitze, höre ich ihre Geschichte.
Ein kleines Foto steht auf dem Nachttisch. Es zeigt sie in Skihosen, lachend, ein Mann hat den Arm um sie gelegt. Das Bild ist in Zakopane aufgenommen, und der Mann ist ein deutscher SS-Offizier. Er ist der Vater des Babys, das er nie gesehen hat, es wurde auf der Flucht geboren. Er selbst ist in einem Gefängnis in Polen, zum Tode verurteilt und vielleicht schon gehängt. Nur sie könnte ihn retten, denn sie weiß, daß er vielen anderen geholfen hat, aber wie soll sie aussagen? Sie spricht schlecht Deutsch, die Amerikaner kommen nicht in die Infektionsbaracke. Sie schickt Briefe an polnische Gerichte und Gefängnisse, deren Namen sie aus den Radionachrichten erfährt, aber es ist zu spät.
Auf einem amtlichen Briefbogen teilt man ihr seine Hinrichtung mit ...
Einmal helfe ich ihr das Nachthemd ausziehen, sie schlüpft in ein frisches langes Leinenhemd, wie es die Infektionskranken bekommen.
Und in das alte Hemd schlüpfe ich; ich will Scharlach haben, ich will Fieber haben und alles vergessen, ich will nicht mehr gefragt werden, ob ich meine, daß sie Baldur hängen oder köpfen, und ich will nicht mehr nachdenken, was wohl schrecklicher ist. Ich will nur, daß

alles ein Ende hat und ich mein Leben weglegen kann, wie ein vollgeweintes Taschentuch.
Aber auch das schlägt fehl. Keine Spur von Ausschlag. Kein Fieber. Ich trinke aus dem Glas, aus dem sie trinkt. Keine Ansteckung. Ich muß zurück ins »Jail«.
Doch inzwischen bin ich zur Putzfrau des Verhandlungssaales avanciert.
Am 31. Januar findet ein Ball der Militärregierung statt. Ein Wagen ist vorgefahren, und wir werden vom Putzen weggeholt, um beim Ausladen zu helfen. Es sind Kostüme für die Frauen der amerikanischen Offiziere, die wir nun in den Sitzungssaal tragen: gotische, griechische, germanische Kostüme, dazu Kopfschmuck und Sandalen. Dies alles kommt mir irgendwie bekannt vor. Das Blau, das Rot, das Ocker.
Natürlich kenne ich sie! Es sind die Kostüme vom »Tag der Deutschen Kunst« in München. Damals, als der farbenprächtige Festzug mit Fahnen und goldenen Standarten, mit Wikingerschiffen, mit Rössern und Rittern in Eisenrüstung an Hitler vorbeizog, hat man sie bewundert. Nürnberger Ratsherren in Rotbraun mit goldener Kette, die huldigend Dürers Gemälde dem Volk zeigten, Rokokodamen mit Handspiegeln und kokett geschürzten Röcken, Fritzische Reiter in Weiß und Silber mit blauen Satteldecken, Ziethen aus dem Busch, Prinz Eugen und klein und ernst, mit Reichsapfel und Zepter Karl der Große und – angeführt von Lohengrin – eine Unzahl von Germanen mit blauen Umhängen, Schilden mit Hakenkreuzen darauf, und ebenso viele kleine Utas von Naumburg mit Kinnband und silberner Lilie. Unter einem goldenen Traghimmel, den vier Knappen tragen, reitet auf einem Schimmel die Göttin der Kunst, eine griechisch-bajuwarische Mischung mit dem Helm der Athene, grüßend winkt sie Hitler zu, der unter dem goldroten Baldachin sitzt, gegenüber dem heutigen Filmkasino in der Ludwigstraße. Mittendrin prasselt der Platzregen los, der Baldachin wird hin und her gezerrt, doch ungerührt schreitet der Zug weiter ...
Jahrelang haben die Kostüme im »Fundus« gelegen, doch heute dürfen sie wieder glänzen mit ihren amerikanischen Trägerinnen,

die nun als gotische Jungfrauen und germanische Vestalinnen auftreten. Ich möchte zu gern sehen, wie Captain Dickinson mit einer Ur-Germanin tanzt. Tatsächlich wird abends eine von uns aus der Zelle geholt. Eine junge BDM-Führerin, Traudl Nieschalk, heute in Amerika verheiratet. Klein und rund mit einem Peter-Pan-Gesicht. Sie wird von ihrem Sergeant abgeholt und gegen Morgen zurückgebracht.

Wenn man Hunger hat, denkt man ans Essen. Wir dachten an Essen, und aufregende Rezepte fielen uns ein. Einmal lagen wir in unsere Decken gewickelt auf den Strohsäcken und schrieben. Es war ein Sonntag, und Minister Hoegner besuchte seinen Fahrer, der wegen eines Verkehrsdeliktes eingesperrt war. Es war der gleiche Minister, der bei den Hinrichtungen der Verurteilten des Nürnberger Prozesses als Zeuge zugegen war. Der Minister ließ sich die Zellen zeigen; da lagen wir also und schrieben. Eine diktierte. Der Gefängnisdirektor wollte den Eindruck eines Mannes machen, dem nichts entgeht. Er schrie: »Was schreiben Sie da?« Einige sprangen auf und reichten ihm das Blatt. Er hoffte, einer Verschwörung auf der Spur zu sein, und las in lautem Schnarrton: Hammelrippchen mit Lauchgemüse: »Man wasche den Lauch und schneide ihn in Stücke ...« Auf allen Zetteln stand das gleiche.

Wieder einmal hatte man vergessen, daß wir Frauen waren.

## IX

## WASCHFRAU FÜR DIE AMIS

Im Frühjahr 1946 wurde ich ohne Angabe von Gründen aus dem Tölzer Gefängnis entlassen. Ich war gerade beim Bodenputzen, als Trauriges Scheusal vor mir stand und sagte: »Sie können nach Hause gehen«, dazu machte er eine Bewegung, so, als hätte ich schleunigst zu verschwinden, und ich hatte gar nichts dagegen.
Es ist kaum zu glauben, aber auch in einer Gefängniszelle sammelt sich Eigentum an, und man muß packen. Ich schlief seit einiger Zeit in der »Gehenktenzelle«. Da es den andern dort gruselte, war sie meist frei. Ich hatte mit Nagellack und dem dazugehörigen Pinsel in leuchtendem Rot ein Gebet an die Wand gemalt, es stammte von einem Soldaten, der es wohl irgendwo in seiner Einsamkeit niedergeschrieben hatte. Langanke, der später in Afrika fiel, hatte es mir mitgebracht. Vielleicht würde es nach mir andere trösten:

Gott ist so groß, daß der donnernde
Umschwung der Sterne ihm klingt
wie verhallender Hirtengesang.
Leiser als Bienengesumm
tönt ihm das Echo der Welt.
Lautlos allein erreicht
der reine Gedanke sein Ohr,
der reinste vielleicht auch sein Herz.

Die Wände der Zelle waren mit Flüchen und Gebeten, mit Namen, Hakenkreuzen, Herzen und Daten vollgemalt, und nun, da ich sie verließ, erschien sie mir wie ein Zuhause. Einige »Life«-Titelblätter, mit denen ich die Wände dekoriert hatte, ließ ich hängen und packte mein lächerliches Eigentum in ein mit Pinguinen bedrucktes Kinderhandtuch, das ich immer bereithatte, um das Guckloch in der Tür zuzuhängen – ein kleines Privileg während des Waschens. Jetzt war der Gefängnisdirektor wieder ein kleiner dicker Mann, der mir keine Angst mehr einjagte. Ich fuhr nach Hause, denn es gab wirklich ein Zuhause, und das war die Jachenau. Der Frühling hatte das Tal mit seinem Zauberstab berührt. Maja war bei meinen Kindern, sie alle bewohnten ein großes Zimmer in einem Forstgehilfenhaus. Auch ich bekam dort einen Raum unter dem Dach. Wenn der Regen auf die roten Ziegel schlug, klang es wie Glockenspiel.

Wer den Nürnberger Prozeß verfolgte, wird sich auch des Kommentators Oulman erinnern, er gehörte zu den meistgehaßten Männern der Militärregierung. Er gab sich als Kubaner aus, aber als Walter Funk ihn während des Prozesses im Saal auftauchen sah, sagte er sofort: »Das ist der Ullmann vom Berliner Börsenverein«, und es scheint, als habe der kluge Walter Funk, der seinen Scharfsinn hinter einer trägen Figur tarnte, sich nicht geirrt. Das bunte Schildchen mit dem Wappen Kubas, das sich Oulman an den Ärmel der Uniformjacke nähen ließ, war eine Irreführung. Im Sommer 1946 besuchte Oulman die Frauen der Angeklagten, und somit auch mich. Wie die verängstigten Kaninchen saßen wir da, als er, mit einem Ausweis des IMT ausgestattet, auftauchte. Er war auf dem Wege nach Tegernsee, wo er Frau von Brauchitsch aufstöberte, um aus ihrem Schicksal eine Skandalgeschichte zu fabrizieren.
Es war Mittagszeit. Sein Fahrer, ein Münchner, sagte mir gleich, daß sie noch nichts gegessen hätten, da Mister Oulman Angst vor Menschen und speziell vor Menschen in bayerischen Gasthöfen habe, die ihn vielleicht erkennen könnten. »Eigentlich ist er ein armer Teufel«, meinte er dann, »was hat er schon von seinen vielen Freundinnen – es sind doch alles Luder, dazu ist er immer krank, und eben seine Gallenkrankheit macht, daß er dann so haßvolle Kommentare am Radio losläßt.« In Kürze also hatte er mir Mister Oulmans Geheimnis erklärt. Aber beide, er und sein Fahrer, schienen sich bei

uns wohlzufühlen. »Ich werde Spiegeleier braten«, meinte ich, und als hätte er darauf gewartet, holte der Fahrer eine Dose Nescafe heraus, und es schien, als hätten sie nur deshalb die Fahrt in die Jachenau unternommen, um hier Spiegeleier mit Kaffee zu sich zu nehmen.

Ich gebe zu, ich bin ein schlechter Hasser, und ich gebe auch zu, daß ich diesen Feind gewinnen wollte, denn ich fand, daß er sich in seinem Haß überschlug. Wie hatte er über die Sender geschrien: »Ich spreche Schirach das Recht ab, Wien zu lieben«, das erschien mir unsinnig, und ich dachte, ich könnte ihn durch ein paar Spiegeleier versöhnen. Wie naiv ich war! Wie kräftig mußte das Leben seine Ohrfeigen an mich austeilen, um mir den nötigen Realismus beizubringen.

Oulman schilderte also ausführlich sein Gallenleiden, eine Unterhaltung über Kuba bog er geschickt ab, dann fragte er im Beschützerton:

»Sie haben doch sicher noch etwas Kostbares, ich könnte es für Sie aufheben und so über die schwere Zeit retten.« Diese Frage kannte ich genau. Es gab die einen, die den Beschützer spielten, und die andern, die einfach sagten: »Halten sie die Arme zehn Minuten in die Höhe, sie konnten doch früher so schön Heil Hitler machen.«

Und warum das?

Weil sich dann so leicht die Ringe abziehen lassen! Nein, aber so etwas tut ein Oulman nicht, er ist der intellektuelle Freund und Berater dummer, in Not geratener Kriegsverbrecherfrauen. »Ich habe schon eine goldene Uhr von Frau Frank in Verwahrung.« – »Na schön«, sagte ich, »ich zeige Ihnen unseren Schatz, aber Sie müssen mitkommen in den Stall. Fast befürchte ich, Sie könnten Ihre Uniform beschmutzen, aber Sie werden sehen, die Sache ist es wert.«

Er erhob sich schnell und freudig. Ich führte ihn durch den Heustadel in den kleinen Stall, ein paar Hühner schreckten hoch, es mekkerte in der Ecke. »Hier«, sagte ich, »unser Schatz, unsere Ziege, sie gibt täglich vier Liter Milch, ich melke sie selbst; außerdem ist sie schön, ein Geschenk des Grafen Khuen aus Wien!«

Einige Monate später hat sich Oulman dafür gerächt: Ich hatte ein Gesuch an den Richter Biddle geschrieben, indem ich ihn bat, meinen Mann nicht zum Tode zu verurteilen. Den Brief gab ich unserem Rechtsanwalt, gleichzeitig gab Frau Funk dem gleichen Anwalt einen Abschiedsbrief an ihren Mann. Die Briefe gerieten Oulman, der bei allen Rechtsanwälten nach neuen Stoffen fahndete, in die Finger, und sie erschienen groß aufgemacht in einer Londoner Tageszeitung. Das machte einen schlechten Eindruck, denn es war einen Tag vor der Urteilsverkündung und war Flucht in die Öffentlichkeit. Frau Funk redete ihren Mann mit »Pumpelmann« an und unterschrieb mit »Haselinchen«, und die Zeitung machte sich einen Spaß daraus, zu schreiben: »Pumpelmann muß sterben, letzter Gruß Haselinchens.«
Das war Oulmans Rache für die Ziege Olga.
Olga lebte mit uns wie ein Familienmitglied, manchmal kam sie auch zu uns ins Zimmer. Sie stieß mit den Hörnern an die Tür, und wenn ihr geöffnet wurde, schritt sie stolz meckernd herein; kam Musik aus dem Radio, blieb sie davor stehen und hörte zu, bog horchend den Kopf zur Seite wie ein kluges Hündchen. Pünktlich morgens um fünf Uhr mußte man sie melken, verspätete man sich, mekkerte sie zornig. Ich habe Wochen gebraucht, bis ich richtig melken konnte.
Unser Melkeimer war ein Prachtstück von einem Sektkübel, ein Geschenk der HJ-Führer an Baldur. Rundherum waren die verschiedenen Gebiete eingraviert, und in der Mitte: Unserem Reichsjugendführer BVS zu seinem 27. Geburtstag seine Jungens vom Gebiet 12 Westmark.
Olga, diese ausgezeichnete Sahneziege, füllte den Kübel bis zur Hälfte, abends und morgens, und das war unsere Ernährungsbasis.
Unsere damaligen Briefe an den Hauptangeklagten von Schirach – jeder mußte von vier Zensoren übersetzt und abgestempelt werden – handeln hauptsächlich von einer Ziege, von Ziegenmilch, von selbstbereitetem Ziegenkäse und von unserer Freude über Olgas gleichbleibende Produktion.
Olgas Verlust war eine kleine Tragödie.

Ich kam von Nürnberg zurück. Alle holten mich ab, die Kinder, Maja – und alle mit verzweifeltem Gesichtsausdruck, verweint.
»Was ist los?«
»Olga ist tot!
Sie hat sich erhängt, wir hatten sie angepflockt, kamen nach einer halben Stunde wieder, sie war immer im Kreis um den Pflock herumgegangen und hatte sich dabei den Strick selbst um den Hals geschnürt.«
»Wir können sie aber noch essen«, sagte Maja zum Trost. »Valentin hat sie notgeschlachtet und die Hälfte schon zum Räuchern weggebracht. Heute abend gibt es Ziegengulasch.«
Wir Barbaren.
Wir aßen unsere Freundin auf. Wir aßen ihr kleines Herz, ihre Lunge, ihre Leber und kamen uns wie Menschenfresser vor.
Robert aß nichts. »Ihr hättet sie eingraben sollen«, sagte er, »ich hätte ihr ein nettes kleines Grab mit einem Kreuz gemacht.«
Wochenlang aßen wir geräucherte Olga, und da geräucherte Ziege enorm zäh ist, hatten wir Gelegenheit, uns an sie zu erinnern, an das Nachthemd der Forstassistentin Jell, das sie auf der Leine angeknabbert hatte, und das ich ersetzen mußte, denn was soll eine Forstassistentin mit einem derart verkürzten Nachthemd; an die zarten Kohlrabipflanzen, die Olga aus Frau Lachners Garten gerissen hatte, und an Captain Stark, der Olga für eine Gemse gehalten hatte, aber das war ja nicht der einzige Irrtum, der ihm in der Jachenau widerfuhr.
Der Besuch Captain Starks fiel in die Zeit, als das IMT die Anklage gegen Baldur von Schirach und die Jugendorganisationen erhob.
Ein Auto in der Jachenau war eine Seltenheit, jeder Jeep erfüllte uns mit neugieriger Angst, ein Straßenkreuzer war eine Sensation.
»Sie kommen zu uns«, verkündete Robs, der als Späher auf dem Zaun saß. Es kamen: ein großer Amerikaner (Businessman, als Offizier verkleidet), ein kleiner dicker, der gut Deutsch sprach, und eine Sekretärin, die keinen Blick an uns verschwendete.
Alle gaben sich so todernst, wie es nur Amerikaner in offiziellem Auftrag sein können. Man sah sofort, es ging dienstlich zu, sie hat-

ten eine Schreibmaschine mitgebracht. Daraufhin verschwanden die Kinder, und Maja packte mißmutig die Pilze, die sie eben putzen wollte, zusammen, aber ich wußte, daß sie an der Türe horchen würde. Mister Stark verzichtete auf lange Einleitungen.
»Sie sind oft in Nürnberg!«
»Ja, sooft es mir möglich ist.«
»Sie besuchen dort Parties!«
Nein, leider, ich besuchte keine Parties, das Höchste was es für mich gab, war übriggebliebenes Rührei aus dem Frühstück, das täglich für die Zeugen des Zeugenhauses angeliefert wurde, oder schwarzgeschlachtete Würstchen aus dem »Goldenen Stern«.
Aber Mister Stark gab nicht auf.
Mit dem geschulten Blick eines Hypnotiseurs, den man ihm sicher auf der Intelligence School beigebracht hatte, starrte er mich an und sagte ganz langsam: »Sie haben ein Liebesverhältnis mit dem Ankläger Thomas Dodd!« Auf jede andere verrückte Frage war ich gefaßt gewesen, aber nun konnte ich nur lachen.
»Ich kenne gar keinen Mister Dodd.«
Er holte eine Fotografie aus der Tasche. Mister Dodd sah famos aus, beinah wie Vittorio de Sica.
»Geben Sie zu«, sagte Stark, »daß Sie Dodd bestochen haben, damit er die Anklage gegen Schirach nicht erheben soll?«
Langsam begriff ich, was sie wollten.
Ich sagte ihm, daß ich keinen Offizier des Gerichts kenne. Mister Stark hatte für alles gesorgt, er holte eine Bibel heraus, legte sie auf den Tisch und sagte: »Schwören Sie.«
»Auf die Bibel?«
»Ja, legen Sie eine Hand darauf.«
Ich beschwor, kein Liebesverhältnis mit Thomas Dodd zu haben, und auch, daß ich keine Parties zu besuchen pflegte.
Dies alles wurde dem Langen übersetzt, die Sekretärin tippte den ganzen Unsinn fehlerfrei ab, und alle unterschrieben. Mister Stark drängte zur Abreise, man erwartete ihn auf Schloß Stein bei Nürnberg. Der Besuch verabschiedete sich und schien sehr froh darüber, daß ich ein so tugendhaftes Leben führte.

»Robs, bring die Herren zum Auto.«
Maja war empört, nicht nur, weil sie mit ihren Pilzen hatte verschwinden müssen, sondern auch darüber, daß ich mir diese Fragen hatte gefallen lassen.
»Ich hätte sie einfach rausgeworfen«, sagte sie. Maja war in allem viel konsequenter; auch legte sie europäische Maßstäbe an die Manieren der Sieger. Da kam Robert zurück, wir hörten den Wagen abbrausen.
Er hielt zwei Dinge in seinen Händen und legte sie triumphierend vor uns hin. Die Bibel und den Lippenstift. »Die Bibel ist von dem kleinen Dicken«, erklärte er, »und der Lippenstift von der hübschen Dünnen!«
Oh, Amerikaner, Bibel und Lippenstift!
Nun besaßen wir also wieder eine Dünndruckbibel, und die Sekretärin, die so tat, als bemerke sie uns nicht, hatte doch gesehen, daß mir ein Lippenstift fehlte, und sie hatte reagiert wie eine richtige Frau.
Und das ist einer jener lächerlichen Gründe, warum ich allem zum Trotz immer wieder Amerika liebe.
Anfang Mai 1947 ließ der damalige Sonderminister Loritz die Frauen der im Nürnberger Prozeß Verurteilten verhaften. Der amerikanische Bildreporter Daniel de Luce, später Chef der AP für Deutschland, hatte eben die Pressekonferenz, die Loritz in München abhielt, besucht, nun wollte er gleich eines dieser Naziwomen fotografieren und fuhr zu diesem Zweck in die Jachenau.
Wir waren inzwischen in ein Zimmer eines großen Bauerngasthofes übergesiedelt und eigentlich glücklich; wir hielten uns Hühner, sägten und hackten unser Holz, und da wir mehrfach in unser leerstehendes Haus eingebrochen waren (Angelika konnte gut durchs Kellerfenster schlüpfen), besaßen wir wieder Kochtöpfe, Bilderbücher, Kissen, Decken und sogar meine alte Rolleiflex, die wir geschickt versteckt hatten. So konnte ich arbeiten, wenigstens etwas. Ich fotografierte neugeborene Babys oder tote Bauern im Sarg, oder ganze Familien auf der Ofenbank sitzend. Die Bezahlung erfolgte in Landesprodukten.

In unserm kleinen Garten hatten wir Tomaten und Salat und eben jetzt im Mai Mais angebaut. Man ließ uns in Frieden, und es bestand eine Möglichkeit, Baldur im Nürnberger Gefängnis zu besuchen.
Da kam Daniel de Luce und wollte uns fotografieren. Das machte mich schon mißtrauisch, und er sagte mir auch, warum er uns fotografieren wollte. »Sie werden heute noch verhaftet«, sagte er, »gehen Sie in die britische Zone, die Anordnung gilt nur für Bayern.«
Nun wäre es ja wohl das einzig Gescheite gewesen, sofort wegzufahren, irgendwohin, aber statt diesem freundlichen Rat zu folgen, kochte ich Kaffee für die Besucher, denn ein Besuch, der uns nicht anschrie und nicht in unseren Sachen nach verbotenen Dokumenten oder irgend etwas Belastendem suchte, war etwas ganz Erfreuliches, außerdem hatte ich ein gutes Gewissen; es fiel mir keine böse Tat ein, ich wollte mich nicht von den Kindern, von dem kleinen Garten und von diesem kleinen primitiven Zuhause trennen, kurz, ich war töricht.
Die Amerikaner fuhren ab, und nun merkte ich, daß der elektrische Kocher die Strapaze des Kaffeekochens nicht überstanden hatte, die kleinen Glühdrähte waren durchgebrannt und nicht mehr wie gewöhnlich mit einer Pinzette zu reparieren; so ging ich ans andere Ende des Dorfes, zu einem ehemaligen Ritterkreuzträger, der dort eine Reparaturwerkstätte unterhielt.
Das heißt, ich wollte gehen, denn plötzlich hielt ein Auto neben mir, ein Mann sprang heraus und hielt mich fest, er zeigte mir keinen Haftbefehl, er zog mich ins Auto; aber nun wußte ich genau, welchen Fehler ich gemacht hatte, indem ich geblieben war, und nun tat ich das Dümmste: Ich riß mich los und lief weg. Immer noch hatte ich den elektrischen Kocher in der Hand, der Polizist lief mir nach, ich fiel, er riß mich hoch, zerrte mich am Haar und zog mich am Kleid ins Auto.

Das war ganz und gar keine schöne Szene, jede Frau wird wütend, wenn man ihr Haar rauft. Sie ließen mich nicht aussteigen, um Maja zu benachrichtigen, ich wußte nur, daß Richard zum Froschfangen an die Jachen gegangen war, ich hatte weder Zahnbürste noch sonst etwas bei mir, der Kocher war in dem Handgemenge verlorengegangen. Wir kamen im Tölzer Gefängnis an, die Frau des Gefängnisaufsehers half mir das zerrissene Kleid nähen, rief die Kinder an, bat sie um Wäsche und was man sonst braucht, wenn man mehrere Monate ausbleibt.

»Sie kommen in ein Lager«, sagte sie, »jeden Tag werden hier Frauen eingeliefert, ich bringe Sie in eine Zelle zu Frau Funk.«
Tatsächlich, da saß Luise Funk, die Frau des ehemaligen Wirtschaftsministers und Reichsbankpräsidenten Walter Funk; im ersten Nürnberger Prozeß hatte man ihren Mann zu lebenslanger Haft verurteilt.
Auch Luise Funk hatte man schnell aufgegriffen und hergebracht.
»Wunderbar, daß wir wenigstens zusammen sind. Es kann ja nur ein paar Tage dauern«, meinte sie.
»Irrtum«, sagte ich, »diesmal dauert's lang.«
Einige Tage später wurden Luise Funk und ich mit zwei Mann polizeilicher Bewachung in das Internierungs- und Arbeitslager Göggingen bei Augsburg gebracht; es war das ehemalige Lager für russische Fremdarbeiterinnen der Messerschmittwerke. Unser Einzug war komisch. Luise trug das karierte Dirndl, in dem man sie bei der Gartenarbeit aufgegriffen hatte, und sie behielt auch den bayrischen Strohhut auf. Ihre ganze Sorge galt einem kleinen Hund, den sie hatte zurücklassen müssen – und sie bestand zu Recht, wenig später war er tot.
Frau Funk wollte wissen, wie das Lager sei, und sie erhielt eine kurze ehrliche Antwort:
»Total verwanzt.«
»Was ist es?« fragte sie zurück. Der Mann wiederholte. Sie sah mich an und meinte. »Er macht doch Spaß.« Aber er machte gar keinen Spaß, eine Nacht später wußten wir es.
Doch zuerst einmal wurden wir registriert, denn was wäre ein Internierungslager ohne eine ausgedehnte Registratur – einfach nichts. Man fotografierte uns, Fingerabdrücke wurden genommen, wir

wurden in verschiedenen Räumen von verschiedenen Leuten die seltsamsten Dinge gefragt, schließlich erhielten wir eine nette gelbe Karte, die uns zum Betreten des Frauenlagers berechtigte, denn sonst hätten wir ja gar nicht hineingedurft.
Der Weg führte durch das Männerlager, eine richtige Barackenstadt mit Kirche, Sportplatz und Badeanstalt, aber ohne jeden Busch. Eine glühendheiße Sonne, ein weißer, staubiger großer Platz, auf dem die tausend Männer jeden Abend antreten mußten.
»Das ist ja die Fremdenlegion«, sagte Luischen. Aus den kleinen braunen Baracken kamen einige Männer auf uns zu. »Um Gottes willen«, rief Luise, »die sind ja nackt!« Aber hier trog Luisens Phantasie, es waren Männer des Afrika-Korps in ihren kurzen Hosen mit nackten Oberkörpern, völlig braungebrannt, Tropenhelm auf dem Kopf, im dritten Sommer in Gefangenschaft.
Ich beschloß sofort: Auf irgendeine Weise muß ich in den Besitz eines solchen original afrikanischen Tropenhelmes kommen, und wenn ich mich verpflichte, dafür täglich Strümpfe zu stopfen.
Einige nahmen Luisens kleinen Koffer ab, stellten sich vor – Verbeugung, Handkuß, Reichskanzleimanieren, alles ein bißchen komisch, es waren Staatssekretäre aus dem Auswärtigen Amt, Bankdirektoren, Rechtsanwälte darunter, Bekannte aus unserer untergegangenen Welt, zuletzt bei irgendeinem Empfang getroffen. Wir waren also nicht bei Menschenfressern gelandet; die Männer in den zerfledderten Khaki-Uniformen versprachen, abends »an den Zaun« zu kommen und Weißbrot herüberzuwerfen, ja, heute abend gäbe das Afrika-Korps ein kleines Konzert.
Es hörte sich an, als wären wir zu einem vergnügten Aufenthalt in einem Ferienlager eingetroffen.
Sie brachten uns zum Tor und klingelten. Eine Aufseherin öffnete.
Wir waren im Käfig, in einem richtigen großen Käfig mit Holzzaun und Stacheldraht.
Wir bewohnten eine der fünf niedrigen Baracken, 110 Frauen und acht Säuglinge – insgesamt 1000 Frauen waren im Lager. Wer klettern wollte, konnte ein Oberbett haben, also eine Holzsteige mit Strohsack – drei Liegestellen übereinander. Man drückte uns einen

Strohsack in die Hand, und nun lernte ich etwas ganz Neues: Man muß einen Strohsack vollstopfen, so sehr es nur geht, sonst liegt man in kürzester Zeit auf dem Holz; macht man sich die Arbeit leicht, indem man nur wenig von dem schmutzigen kurzen Stroh in den Rupfensack füllt, so büßt man es hart. Ein sauberer Strohsack mit richtigem frischem Stroh muß ein Genuß sein. Später ertauschte ich mir eine rote sowjetische Marinedecke. Sie roch nach Tabak und Soldaten und wurde als Schmuck an die Wand genagelt. Nun hatten wir einen Sowjetstern mit Anker in allen Ecken. Zunächst aber war Luischen ohnmächtig geworden, die Neugierde der vielen Frauen, die sich eine »Prominente« ansehen wollten, und der Anblick eines riesigen Kübels Bohnensuppe, der eben von zwei massiven weiblichen Furieren in kurzen Hosen angefahren wurde, lösten eine Migräne aus. So erfuhr ich von der Existenz einer Krankenbaracke.

Die Krankenbaracke war kühl und weiß, in einem Raum mit vier Frauen lag Emmy Göring, man hatte sie auf einer Bahre ins Lager transportiert, sie hatte einen heftigen Ischiasanfall. Emmy in Gefangenschaft sah aus wie eine der geraubten Germaninnen auf den Bildern in Schullesebüchern. Die blonden Zöpfe fest geflochten, Zorn im Gesicht. Ich mußte an ihren Besuch in Wien zurückdenken, 1943. Nach einer Aufführung von Raimunds »Bauer als Millionär«, in der Hermann Thimig den Fortunatus Wurzel spielte, trafen wir uns in Walczocks »Sacra mentum« einer rotgepolsterten Spezialität des Wiener Stadtkrugs, einer Art Chambre séparée für Politiker. Der Komponist Schmidseder spielte, dann setzte sich Göring ans Klavier und phantasierte irgend etwas aus dem »Freischütz«. Görings waren vergnügt, Hermann hatte sich bei Hiess am Kohlmarkt eine fliegerblaue Ledermappe gekauft und zeigte sie uns. Auch eine Flasche Parfüm von Jean Desprez, das er nur hier bekam.

Aber Baldur hatte die beiden aus einer bestimmten Absicht heraus in das abgeschlossene Samtkabinett gelockt: Hier konnte er ganz offen zu Göring sprechen.

»Die Politik läuft schief«, sagte er, »und der Krieg ist verloren, wenn wir so weitermachen. Wir müssen etwas unternehmen, sonst wird man uns später die Schuld geben.

Ich stehe mit der Jugend zu Ihnen, die Luftwaffe ist stark, und überall sitzen Männer, die sofort zum Widerstand bereit sind, allein ist jeder von uns hilflos. Wir müssen uns zusammenfinden. Sprechen Sie noch einmal unter vier Augen mit Hitler, sieht er denn nicht ein, es muß etwas geschehen!

Denken Sie an die hoffnungslose Situation der Stadt Wien im Falle einer Südostverteidigung. Sie haben als Reichsmarschall immer noch die Möglichkeit, etwas Entscheidendes zu tun, und man erwartet, daß Sie es tun.«

Göring sah ihn nicht überrascht an, nur ein wenig traurig, als höre er öfter solche Klagen, dann holte er eine seiner edlen Zigarren heraus, reine Import natürlich – Romeo und Julietta –, drückte lange daran herum und zündete sie an, ganz langsam. Er lehnte sich weit in den roten Stuhl zurück und sah uns an –

»Hitler allein sprechen, wie stellen Sie sich das vor. Ich sehe ihn doch überhaupt nicht mehr allein, Bormann ist dauernd um ihn. Wenn ich könnte, bei Gott, ich wäre längst selbst bei Churchill. Glauben Sie denn, daß mir dieser verfluchte Laden Spaß macht!«

Emmy waren alle politischen Gespräche zuwider, und dieses besonders. Das Theater war ihre Welt, sie wollte, daß sich der Vorhang öffnete und die Welt ordentlich und richtig und gerecht war, sie wollte glücklich und geliebt sein und die Menschen beschenken. Sie preßte ihre weiße Hand auf Hermanns Mund und sagte:

»Wir wollen nicht mehr davon reden, es wird alles wieder gut werden.« Und da sie eben noch die Freischützmusik im Ohr hatte, rief sie lachend: »Schieß nicht, Max, ich bin die Taube!« Die kleinen Omeletts wurden gebracht und die Spiritusflamme darunter entzündet; es zischte, als der Kirsch darübergegossen wurde.

Und es wurde nicht mehr davon geredet.

Und nun lag da Emmy auf dem Stroh. Die Strohsäcke in der Krankenbaracke waren mit Drillich überzogen. Es hatte eben eine Szene gegeben, weil sie Hermanns Bild in Uniform aufgestellt und wie einen kleinen Altar mit Blumen umgeben hatte. Das gefiel dem Lagerleiter nicht, und als er es wegnehmen wollte, wurde Emmy böse wie eine Löwin, der man das Junge rauben will.

Ganz schnell erzählte sie, daß Hitler auch sie und Edda zum Tod verurteilt habe, ihre ganze tragische Geschichte, seit sich Hermann am 7. Mai am Zeller See in weißer Uniform und mit Marschallstab in Ike Eisenhowers Hand begeben hatte und sie weinend auf einer Landstraße in Tirol zurückgeblieben war.
Die Mitbewohnerinnen des Krankenzimmers hörten interessiert zu; endlich hatten sie ein hohes Tier vor Augen, und auch sie wollten ihre Odyssee loswerden, eine alte Frau weinte vor sich hin: Drei Söhne in Rußland gefallen, der Schwiegersohn in Landsberg gehenkt – aber immer noch glühten ihre ausgeweinten Augen, wenn sie von der »Kampfzeit« erzählte, als sie die SA mit Essen versorgt und die ersten Fahnen für die NSDAP genäht hatte. Jeder, jeder sah nur das Unrecht, das ihm nun selbst widerfuhr, und keiner sah die Ursache.
Inzwischen aber kehrte Frau Funk ins Leben zurück. Sie hatte diese langen Ohnmachten, seit sie bei einem Staatsbesuch in der Türkei bei Atatürk von wildgewordenen Schimmeln aus dem Wagen geschleudert und durch die Luft gewirbelt worden war. Nur Sauerbruchs Kunst war die Heilung des mehrfachen Schädelbruchs zu danken.
»Und nun muß ich Kaffee haben«, sagte sie, alle mußten wir Kaffee haben, ich bekam einige Tauschobjekte in die Hand gedrückt. Die kleine Krankenschwester konnte im Sterilisationsapparat Wasser heißmachen, und ich lernte schnell den »Schwarzen Markt« kennen. Alles konnte man kaufen oder tauschen, hochprozentigen Himbeergeist, ausgezeichnete amerikanische Schlafmittel in kleinen Zellophanhülsen, ja für einen Fotoapparat konnte man echten Whisky bekommen – die Amerikaner holten sich SS-Männer als Fahrer, und diese wiederum ertauschten von ihren neuen Herren den Whisky gegen Ferngläser oder Uhren. Alles war sehr teuer und hatte seinen Preis, der wie auf einer richtigen Börse täglich wechselte. Besser war es, sich Hershy-Milk-Schokolade und Palmolive Soap durch Arbeit zu verdienen, aber auch das war schwer, geschenkt wurde einem nichts.
Jeder Gefangene hat Mitleid mit sich selbst. Er ist böse auf die Men-

schen, weil sie ihn einsperren, und gleichzeitig bös auf den lieben Gott, weil der es zuläßt. Auch das Beten wird nach einiger Zeit, weil erfolglos, aufgegeben. Man tut sich selbst leid, weil eben niemand da ist, dem man leid tun könnte.

Mir ging es nicht anders. Aber schließlich wurde mir diese Haltung zu langweilig.

Ich fand in einer Illustrierten ein sogenanntes Bilddokument, durch die Erfindung der Fotografie einer gnädigen Vergessenheit entrissen. Die Unterschrift sagt: »Jüdische Opfer der Gestapo in einem Sammellager.«

Im Hintergrund stehen gefangene Männer, und vorne sieht man sechs Frauen und vier Kinder. Ihre Gesichter und ihre verzweifelten Gesten zeigen, daß sie sich gnadenlos dem Untergang preisgegeben wissen.

Es sind ganz einfache Frauen, nicht die Frauen von »Börsenspekulanten und Schiebern«, vielleicht sind es Polinnen, Jüdinnen aus Frankreich, denen niemand ein Heldenlied schrieb. Eine Frau kniet im Vordergrund, ein kleiner Junge drückt sich hinter den Arm eines Babys, das unverständig die Szene betrachtet. Die andern Frauen schreien, und obwohl man das Entsetzliche, das sie mitansehen müssen, nur ahnen kann, weiß man, daß das gleiche Schicksal die kleine Gruppe unabwendbar selbst erwartet. Einem weinenden kleinen Mädchen fällt eine blonde Locke in die Stirn. Bald kannte ich alle auf dem Bild genau, trotz des groben Rasters des Zeitungspapiers, ich kannte die Kleine mit der karierten Decke und die Frau mit dem Kopftuch, die vor Entsetzen die Augen schließt, denn ich hatte das Bild an die Wand neben meinem Strohsack geklebt.

Es half mir, meinen eigenen Schmerz nicht mehr zu fühlen.

Die eigentliche Strafe lag hier nicht so sehr im Eingesperrtsein, sondern in einem besonders straffen Kurs von Neonazismus, denn jeden Abend konnte man die alten Kampf- und Trutzlieder hören, und wer gerade dabei war, sich von den verhängnisvollen Lehren der vergangenen zwölf Jahre zu lösen, der konnte es kaum, denn er hatte keine Möglichkeit, Neues kennenzulernen und die falsche

Meinung zu revidieren. Ich machte dem amerikanischen Lagerleiter, Mister St., den Vorschlag, an einem der Kulturabende, die in der großen Halle im Männerlager stattfanden, doch ein Programm nur mit dem zu füllen, was wir Nazis verboten hatten, also: Zweig, Musik von Ravel und Debussy und Tschaikowskij. Nun, meinte ich, sollte man den in ihrem eigenen Unrecht verharrenden Internierten zeigen, seht, so ist das andere, das ihr verboten habt, das ihr nicht leben ließt, hört es euch einmal an.
Aber Mister St. hatte nicht das geringste Interesse daran, den Nazis Kultur oder amerikanische Literatur näherzubringen – und so wurde eben wieder Kolbenheyer gelesen – Strafe muß sein.
Mister St. bewohnte die Villa. Unter seinen Gefangenen befand sich der Mann, der früher Hitlers Schäferhunde dressiert hatte. Mister St. war in den Besitz erstklassiger Hunde aus Hitlers Zucht gekommen und hatte einen ganzen Wurf wolliger junger Schäferhunde im Garten, die nun täglich von Hitlers Abrichter erzogen wurden.
Mister St. gab uns, ohne es zu wollen, Anlaß zu außerordentlicher Heiterkeit.
Unter den SS-Mädchen, die man im letzten Augenblick des Krieges zwangsverpflichtet hatte, und die nun diesen Zufall mit jahrelangem Lageraufenthalt büßten, befanden sich mehrere Ballettschülerinnen, siebzehnjährig und schön, die Eltern lebten in Dresden, und deshalb waren für sie die Aussichten, nach Hause zu kommen, gering. Isabella, die langbeinige, die nur in Shorts auftrat und jeden Ami mit einem tiefen, sündigen Blick strafend ansah, Ellen, die eigentlich Carmen hieß, in Madrid geborene Tochter eines Francooffiziers, die nach zwei Jahren Lager alle Tricks raushatte, sich etwas zu beschaffen – so besaß sie Schere, Feile und roten Nagellack, machte für eine Camel Maniküre, die sie mit einem Kuß auf die Fingerspitzen abschloß –, Ellen besaß einen Büstenhalter aus Golddraht, den sie anzog, wenn sie ihre selbstausgedachten Tänze vorführte, mit dem kleinen ernsten Gesicht so dünn und zierlich, daß sie »Gespensterfrühstück« – das war eine Sonderration Butter und Milch – bekam, als die Rote-Kreuz-Kommission das Gewicht der Minderjährigen prüfte.

Aber die Schönste war doch Judith, die wir so genannt hatten, weil sie so schwarzlockig und alttestamentarisch aussah. Sie war einfach zu schön, um eingesperrt zu werden. Das fand auch Mister St. Sie wurde zum Verhör gerufen.
Wurde man zum Verhör bestellt, halfen alle solidarisch, man konnte Wimperntusche, eine frische Bluse oder einen Lippenstift bekommen, man konnte von Emmy Göring einen schwarzen Mantel, der von Balmain stammte, haben, denn unter Umständen entschied ein Verhör über die Freiheit.
Wer zum Verhör ging, bekam eingeschärft: »Heul bloß nicht! Schrei lieber, aber heul nicht!«
Aber Judith, unsere Schönheit, würde bestimmt nicht heulen.

Sie sah großartig aus, als sie losging, in einem knappen Pullover aus aufgetrennter Amiwolle. Nach dem Verhör kam sie wieder, packte ihren lächerlichen Kram und sagte: »Ich habe es satt, hier zwischen den Ratten, ich will eine Badewanne, ich will essen, ich will leben! Lebt wohl, Kinder!«
Später schickte sie ihre Wäsche mit der anderen schmutzigen Amiwäsche herunter ins Waschkommando, und wir konnten ihre erstaunlichen Nachthemden bewundern. Fast hätten wir Judith vergessen, wenn nicht eines Tages Mister St. für mehrere Tage auf eine Inspektionsreise gefahren wäre und sie dagelassen hätte.
Während er nun mit den anderen Lagerleitern seine Erfahrungen austauschte, denn in allen Teilen Deutschlands gab es Frauenlager mit Tausenden von Frauen, telefonierte seine Gefangene ein bißchen herum. Sie telefonierte im Auftrag des Lagerleiters mit einem Möbelspediteur. Judith war ein kluges Kind und wußte genau, was sie wollte, auch wußte sie, wie man sich Benzin verschaffte, kannte Wert und Aufenthaltsort von Zigaretten ebenso wie den der Dienststempel und Papiere.
Der Spediteur kam und verlud auf ihr Geheiß die gesamte Einrichtung der beschlagnahmten Villa. Auch Mister St. persönliches Eigentum ließ sie dazupacken, und als das Haus ausgeräumt war, setzte sie sich neben den Fahrer und hieß ihn, in Richtung Ostzone

abbrausen. Da man nichts mehr von ihr gehört hat, wird sie wohl in Dresden gelandet sein.
Bald darauf wurde Mister St. versetzt.

Über die Tätigkeit der Frauenschaft hatte ich mich lustig gemacht, seit ich gesehen hatte, wie auf ihre Veranlassung hin eine kleine Negerpuppe, aus »rassischen Gründen«, aus dem Schaufenster einer Spielwarenhandlung hatte entfernt werden müssen, und nun unterstand ich einer blonden, geschäftigen rundlichen Frauenschaftsleiterin, die einfach ihre Führerinnenstellung gewechselt hatte und Lagerleiterin unter amerikanischem Kommando geworden war.
Nun umgab sie auch noch Märtyrerglanz. Sonst hatte sich nichts geändert.
Sie teilte uns ein, in Waschkommando, Bügelkommando, Küchenkommando, ernannte zwei Studienrätinnen zu Adjutantinnen, und ich sehe sie noch mit ihren kurzen blassen Beinchen in der schwarzen Satinhose, mit Trillerpfeife uns zum abendlichen Appell heranpfeifend. Da standen wir nun, alphabetisch geordnet:
Sie verlas die Namen, und wir mußten einzeln vortreten und unsere Namen hinausschreien. Ein Amerikaner stand dabei und sah sich belustigt diesen seltsamen Zug von Frauen an, hier hatte das Schicksal alles bunt zusammengetrieben: Fränkische Bäuerinnen, Wehrmachtshelferinnen, die Frauen der gehängten Minister, Denunziantinnen, die aber erklärte Feindinnen der Partei waren, eine Jüdin, die eine Abteilung im KZ geleitet hatte und sich nun mit Kartenschlagen etwas Geld verdiente, eine Russin, die in Berlin fürs OKH gedolmetscht hatte, eine winzig kleine Souffleuse. Brave dicke Nürnberger Metzgermeisterinnen, die in ihrem politischen Betätigungsdrang so weit gegangen waren, eine Kasse der Frauenschaft zu verwalten, die Frauen der in Dachau und Mauthausen gehenkten SS-Männer, die man ans Radio holte, wenn die Meldung der vollzogenen Hinrichtung durchgegeben wurde, Lagerpersonal aus den verschiendensten KZs, Prostituierte, die man nicht im Gefängnis unterbringen konnte, ein Trupp Homosexueller, die man nach ihrer Befreiung aus dem KZ wieder eingefangen hatte und die sich nachts

im Waschhaus herumtrieben und von den Wachen mit dem Wasserschlauch daraus vertrieben wurden, und zwischen all den traurigen Gestalten der Sportwartinnen, Mädelführerinnen, Nachrichtenhelferinnen – jung und schön.
Aber das Traurigste waren die Neugeborenen, die als »Internierte Babys« registriert waren, für die täglich ein Kübel dünner Milch angeliefert wurde. Sechsunddreißig Babys, im Lager geboren, als ich ins Lager kam, waren es noch acht. Die Mütter, meist SS-Soldatinnen oder Blitzmädel, die Väter meist amerikanische Soldaten, in einigen Fällen Neger, Lagerwachen aus den ersten Wochen der Dachauer Lagerzeit. Die jüngsten waren wenige Wochen alt, schliefen in leeren Kartons, die größeren lernten laufen. Die Natur kümmerte sich nicht darum, ob Platz da war – die Kinder wurden geboren, schrien, waren blaß und elend und wurden doch geliebt.
Das einzige gesunde, hübsche Baby war Barbara, sie wurde an einem Herbsttag in der hölzernen Kirche getauft, die von der SS errichtet worden war, es war ein kleines Fest. Mein Taufgeschenk war eine leere Coca-Cola-Flasche mit einem richtigen Schnuller.
Es gab Liebesgeschichten und richtige Verlobungen mit den Männern hinter dem Stacheldraht und Ringtausch durchs Gitter. Eine Krankenschwester liebte einen Arzt des Männerlagers, sie hatte eine Chance, ihn morgens zu sehen, wenn sie die Urinproben der Krankenabteilung zur Untersuchung in die größere Krankenstation im Männerlager hinübertrug. Aber soviel Urinproben gab es ja gar nicht. So wurde die Lagerkontrolle täglich mit Kamillentee getäuscht.
Es gab Männer, die mit Drahtscheren den Stacheldraht durchschnitten, ein Mädchen zu umarmen, Männer, die einen ganzen Tag eingesperrt in einem Spind verbrachten, weil keine Möglichkeit des Rückzugs bestand.

Wer weiß, was ein »Nachtappell« ist?
Ein Nachtappell spielte sich folgendermaßen ab:
Eine laue Sommernacht, wie geschaffen, um Mozarts Kleine Nachtmusik im Freien zu hören. Aber wir schlafen, zwölf weibliche We-

sen verschiedensten Alters, in einem Barackenraum. Holzroste, wie man sie zum Dörren von Obst verwendet, darauf ein Strohsack, darauf die »Internierten«.
Plötzlich Sirenen, Pfiffe, Scheinwerfer und (das Wichtigste ist die überfallartige Abwicklung) schnelles Öffnen des Lagertores, und herein braust mit heulender Sirene, wie die Feuerwehr, die Military Police.
Der Lautsprecher verkündet: Waffenappell! »Messer, Nagelscheren, Feilen weg«, rufen die erfahrenen Internierten, die den Betrieb seit Jahren kennen.
Du lieber Himmel, meine Nachbarin, die Frauenschaftsleiterin, hat sich eben heute ihren Gurkenhobel von zu Hause schicken lassen, weiß Gott, warum; wir reißen schnell die beiden Messer aus dem Holz und stecken sie in eine Wandritze, auch für die Nagelscheren finden wir ausgezeichnete Verstecke. Nun kann der furchterregende Mitternachtsappell beginnen, wir hören sie schon näherkommen. Einige von uns haben erschreckte Gesichter, weiß wie Zeitungspapier, die Jüngeren hatten ihre Haut zur nächtlichen Schönheitspflege mit Öl eingerieben und – New Look war noch nicht bis zu uns gedrungen – das Haar mit selbstgemachten Lockenwicklern aufgedreht. Auch unsere Nachthemden waren von verwirrendem Schnitt, ich trug ein altes Frackhemd meines Schwiegervaters, das auf irgendwelchen Irrfahrten zu mir gelangt war, Hemdbrust und Manschetten waren immer noch ein bißchen gestärkt, sicher hatte er darin einst den Großherzog begrüßt; die SS-Mädchen sahen in ihren riesigen Männerpyjamas wie Clowns aus, die alten Bäuerinnen schliefen meist in ihren Unterröcken, nein, es war niemand in Gefahr, sein Herz zu verlieren.
Nur Emmy Göring sieht prachtvoll aus, wie Gretchen im Kerker, mit ihren festgeflochtenen Zöpfen.
Nun stehen sechs Mann vor uns, weiße Koppel, weiße Gamaschen, weiße Taschenlampen, sie stochern ein bißchen in der Kiste, die unser Küchenschrank ist, herum und beginnen dann von einer Liste unsere Namen abzulesen, und (vielleicht weil es Nacht ist, oder als eine Verbeugung vor dem Ewig-Weiblichen) sie rufen uns beim

Vornamen auf – und wir sagen, wie die kleinen Schulmädchen: Johanna, Benigna, Doris, Germana – – – – –
Als ihre Stimmen im nächsten Raum schnarren, springen wir mit Gelächter auf unseren Strohsack. »Das also sind die Amerikaner«, sagte Emmy Göring. – »Nein«, antwortete die Sportstudentin, »das waren bloß die Amis.«
Irgend etwas Neues gab es immer. So bekamen wir eines Tages einen Stapel gebrauchter und mehrfach gewaschener Ami-Unterwäsche geschenkt. Wir hatten die Möglichkeit, schwarz zu färben, und schneiderten uns daraus, was einige Jahre später die Sartre-Mädchen in den Pariser Existentialistenkellern trugen: ausgeschnittene Pullover und enge lange Hosen, dazu trugen wir (unter »wir« meine ich natürlich nicht das ganze Lager, sondern uns, die wir Spaß an neuen, selbstausgedachten Dingen hatten) Stoffschuhe, die wir mit einer dicken Tapeziernadel selbst nähten, sie waren flach wie Ballettschuhe, da wir ja keine Absätze machen konnten.
Aus Taschentüchern nähten wir uns Büstenhalter und winzige Höschen, die wir tief an den Hüften zusammenknoteten, und erfanden so ganz für uns den Bikini, denn hinter den Baracken, am Rande einer aufgelassenen Ziegelei, hatten wir uns ein Geviert, den Blicken unsichtbar, geschaffen, in dem wir sonnenbaden konnten. Auch die Haare schnitten wir uns gegenseitig mit einer Büroschere, wer der Schere mißtraute, band sich das Haar zum Ponyschweif zusammen. Eines Tages kamen gefangene Frauen aus der britischen Zone. Man hatte sie kahl geschoren und auf die nackte Kopfhaut Hakenkreuze gemalt. Dann hatten sie sich zu einem Haufen zusammenkauern müssen und dienten so den Soldaten als Zielscheibe, auf die sie herunterpinkelten. Billy erfand eine Wollperücke. Sie strickte eine dünne Wollmütze und zog eine Menge bunter Wollfäden durch die Maschen, so entstand eine lustige Frisur, bis das Haar nachwuchs. Eben jene Billy, die an einem Novembernachmittag nach Polen ausgeliefert wurde, es ging so schnell, daß sie ohne Abschied verschwand.
Eines Tages dachte sich die Lagerleitung etwas besonders Originelles aus. Ein »Arbeitstrupp« sollte zu Reinigungsarbeiten in den Zoo

geschickt werden. Unter den »top ranking« war ich die jüngste, auch hatte Luischen Gallenanfall und Emmy Ischias, so daß allein ich die Naziprominenz vertreten durfte. Vor Freude, am nächsten Tag Trambahn fahren und die Stadt und die Menschen und Tiere sehen zu dürfen, konnte ich kaum schlafen. Im Morgengrauen zogen wir los. Zwanzig Frauen und Mädchen in Hosen und Stiefeln. Manche hatten vorsorglich große Reisigbesen mitgebracht, so daß wir wie Hexen aussahen, die eben zu ihrem Blocksbergritt starten, zwei grünuniformierte Wächter kommandierten uns, zählten ab, als wir ein- und ausstiegen, und das übrige Publikum wich vor der seltsamen Herde zurück.

Ich wurde zum Reinigen des Affenhauses eingeteilt und fegte treu und brav Affenmist, Papier, fand eine Nickelbrille – die wohl einem neckenden Besucher geklaut worden war –, während die Affen aus einem kleinen Stall interessiert zusahen, aber auch die Zoobesucher sahen zu, als es Nachmittag wurde.

»Was machen Sie denn da?«

»Sie sehen, wir reinigen die Käfige.«

»Warum denn?«

»Zur Strafe. Weil wir Nazis waren.«

Und nun behandelten uns die Besucher wie richtige eingesperrte Affen, sie fütterten uns, eilten heim, holten Butterbrote und Äpfel oder irgend etwas Eßbares – es war das Hungerjahr 1947 –, steckten uns Geldscheine und andere kleine Geschenke zu, einer stellte sich als Bäckermeister vor und stopfte einen ganzen Laib Brot durchs Gitter. Und wir als eingesperrte Affen, wir nahmen ohne Stolz, dankbar für jede Zärtlichkeit, alles an. Ein Zoowärter gab mir einen leeren Sack, und ich brachte die Beute glücklich durch die Lagerkontrolle.

Aber natürlich erfuhr der Lagerleiter von den Sympathiekundgebungen, und das lag gar nicht im Sinne des Erfinders, er hatte die Reinigungsaktion als Buße für besonders renitente »Internierte« gedacht, als Strafe für freche, unbotmäßige Briefe, die hinausgeschmuggelt wurden, als Strafe für das »Nichtgrüßen von Wachpersonen« und so weiter.

So blieb es denn bei dem einzigen Tag im Zoo. Zu schade. Es war mein bester Job in diesem Sommer.

Nach einigen Tagen im Lager wußten wir, daß an eine Entlassung nicht zu denken war, man konnte uns nicht eher entlassen als die Hunderte von Frauen, die seit Monaten und Jahren hier lebten, und die doch nur winzige Ränge innerhalb der Partei gehabt hatten, oder irgendeinem Irrtum oder einer Schikane die Haft verdankten. Wir mußten warten, bis eine Spruchkammerverhandlung gegen uns in Gang gesetzt war, und dazu mußte man erst eine Anklage konstruieren, Belastungszeugen suchen, oder irgendwelche Vorwürfe erheben. Denn das war der Sinn der Spruchkammerverhandlung, sie mußte zum Entzug des Eigentums berechtigen – man stellte sich unter unserem Vermögen riesige Werte vor, oder man dachte, wir seien Ungeheuer, die in einer Untergrundbewegung arbeiteten und die man durch Enteignung und Verarmung unschädlich machen müsse.

Emmy Göring wird sich an den Sommerabend erinnern, als sie weinend mit Luise Funk auf dem Strohsack saß, in ihrem prächtigen rosa Nachthemd. Es war eine dieser Mittsommernächte, die kaum dunkel werden, ich hatte noch in der »Villa« Wäsche abgeliefert und beim Heimweg frische Hollerblüten abgerupft. Nun wollte ich eben meinen Schlafgenossinnen ein Rezept für gebackene Hollerküchel erklären. Aber da saßen sie und weinten, wie zwei kleine Mädchen, die man ausgeschimpft hat.

»Was ist denn los?«

»Der Lagerleiter war da, hat einen Mordskrach gemacht, er sagt, wir tragen nachts Abendkleider, und das ist verboten.«

»Unsinn, wann denn, bei unsern Parties mit Pfefferminztee vielleicht?«

»Ja, drei Herren von der Lagerverwaltung waren hier.«

»Das ist nur eine Ausrede«, sagte ich, »ausgerechnet in unserer Baracke, wo die schönsten Blitzmädel sind, und da haben sie nach Abendkleidern gesucht!«

Emmy besaß wirklich ein über die Maßen schönes Nachthemd, aber es war ihr einziges, und da sie eine Hamburgerin und Sauberkeitsfanatikerin ist, wurde das Hemd jede Woche mindestens dreimal gewaschen, auch das war kompliziert; da sie es niemand im Waschhaus anvertraute, mußte sie es selbst waschen. Dazu hatte sie eine reizende kleine Waschschüssel, blank, wie aus hellem Silber. Die Schüssel war die untere Hälfte einer Büchse für amerikanische Trockenkartoffeln und ein Geschenk, das sie aus dem Männerlager erhalten hatte. Das lange Nachtgewand aber war zu groß für die kleine Schüssel, so schnitt sie es jedesmal in der Mitte durch und nähte es dann nach dem Bügeln sorgfältig wieder zusammen.

Dieses Hemd also hatten die Herren von der Lagerverwaltung gemeint. Luischens beanstandetes Gewand war ein original japanischer Bademantel, den sie von mir auf dem Tauschweg erworben und den einst Colin in Bangkok gekauft hatte. Schließlich überzeugte ich die beiden, daß es ganz unsinnig sei, sich darüber aufzuregen, aber schon nahte ein neuer Besuch. Diesmal hatten sie einen jungen Amerikaner mitgebracht, und nun kamen sie meinetwegen. Bei mir war es nicht das Abendkleid, sondern mir sagte der Herr Lagerleiter klipp und klar, daß ich nie mehr mit »gnädige Frau« angeredet werden würde. Ich mußte lachen, denn erstens war es mir völlig egal, und zweitens wäre niemand auf die Idee gekommen, uns in unserem Aufzug so zu titulieren.
Da standen also meine lieben deutschen Landsleute, sahen ernst und finster auf mich herab und sagten, keine von uns würde mehr dieser herrlichen Anrede teilhaftig.
»Na, wenn schon«, sagte ich, »es ist mir völlig egal, es ist mir sozusagen schnuppe.«
Vielleicht hatten sie gedacht, daß ich einen Schreikrampf bekommen würde, sie waren ein bißchen enttäuscht. Der amerikanische Kontrollmann lernte Deutsch, er hatte nicht recht verstanden, er wollte wissen, was schnuppe ist. Die Herren überlegten, womit sie schnuppe übersetzen sollten, aber sie fanden nicht das Richtige, der junge Amerikaner holte seinen Notizblock heraus und notierte ordentlich: *schnuppe*.

Männliche Kontrollbesuche waren selbstverständlich. Fast täglich wurden wir von Beamten des Sonderministeriums besichtigt oder von amerikanischen Kontrollkommissionen wie wilde Tiere angestarrt, aber eines Tages kam eine Frau: die Kriegskorrespondentin der »New York Herald Tribune«, Marguerite Higgins. Ihr journalistischer Ruhm war sogar in unsere Welt gedrungen. Sie sah wirklich reizend aus, bis heute habe ich nicht vergessen, was sie trug: ein rotes Kleid und einen schwarz-weißen Pepitamantel. Ihr honigfarbenes Haar glänzte, sie hatte einige lustige Leberflecken auf klarer Haut, und sie roch herrlich.
Wir hatten uns im Sommer Barfußlaufen angewöhnt, aber nun schlüpften wir schnell in unsere einzigen allerbesten Schuhe, damit wir nicht so winzig und unscheinbar waren, verschwendeten den letzten Rest Puder an unsere Nasen und starrten das Wunderwesen aus dem glücklichen Land der Sieger an.
Maggi war sehr gründlich und besah sich alles, die Mulattenbabys, Emmy Göring, die drei in weißen Kitteln angetretenen Lagerärzte, die lesbischen Mädchen aus dem KZ Auschwitz, die als besondere Kuriosität vorgeführt wurden (eine kleine Dicke mit Schimpansengesicht und eine große Knochige, die Pfeife rauchte und dafür ein eigenes Tabakfeld unterhielt). Frau Rudolf Heß mit ihrem langen Haar, einem Wanderprediger nicht unähnlich. Die Russin wurde vorgeführt, sie machte sofort einen Knicks und zeigte eine der Blechdosen, die sie voll Kunstfertigkeit hämmerte und mit Motiven versah, als wären sie aus Silber. Eine eifrige Frauenschaftsleiterin schilderte dem Besuch die Größe unserer Ratten und die Kunststücke der schlauen Tierchen, wenn sie an unsere Vorräte wollten. Maggi ließ sich übersetzen und empfahl DDT. Eine Epileptikerin wies ihre Wanzenstiche vor, aber das war auch nicht besonders interessant. Wir baten, zu erwirken, daß wir Zeitungen zu lesen bekämen oder Bücher, oder einen Film sehen dürften. Wie einer Abgesandten des großen siegreichen Amerikas schilderten ihr die Frauen Not und Unrecht, daß sie nun seit Jahren festgehalten seien, unfähig ihren Familien zu helfen, ohne Geldmittel, einen Rechtsanwalt zu bezahlen, aber es war wieder einer der vielen Irrtümer: Das junge

Mit Goebbels in der Loge der Wiener Staatsoper.

Gerhart Hauptmanns 85. Geburtstag wurde in Wien gefeiert. An dieser Feier nahm auch Richard Strauss teil.

Tischordnung zu einer Einladung Hitlers in der Reichskanzlei in Berlin.

Mädchen war nicht gekommen, um deutsche Probleme zu studieren, sie wollte nur einen Artikel über »Wives of German Nazi Chiefs in Concentration Camps« schreiben.
Um irgendeinen Nutzen aus dem hohen Besuch zu schlagen, wollte ich ihn zu den Toiletten locken. Sie bestanden aus zwanzig runden Löchern, die nebeneinander in ein langes Brett geschnitten waren, Trennwände gab es nicht, Wasser gab es nicht. Das Internationale Rote Kreuz hatte gegen diese Abart von Hygiene protestiert. Erfolglos. Nun mußte die Korrespondentin an diesen scheußlichen Ort dirigiert werden. Sie öffnete die Tür. Schwärme von Fliegen surrten ihr entgegen. Sie schauerte bei dem Anblick. Das war für eine Amerikanerin undenkbar. Ich bat, sie möge genehmigen, daß Trennwände eingezogen würden. Oh, es lebe die amerikanische Civilization! Sie genehmigte es, sie hielt sich das Taschentuch vor die Nase und nickte und sagte: »Das muß sein.«
Aber nun hatte sie herausbekommen, daß ich das Wife eines War Criminals war.
»Sagen Sie mir etwas, das ich General Clay sagen kann.«
»Er soll uns nach Hause gehen lassen«, sagte ich, »wir sind nichts als dumme, übriggebliebene Frauen – General Clay soll Frieden mit uns machen.«
Aber, weiß der Himmel, vielleicht haben wir uns falsch verstanden, oder mein privater kleiner Friedensappell paßte nicht in die große Politik.
Wenige Tage später wurde ich zur Lagerleitung befohlen, da lag die neueste Nummer der New York Herald Tribune, Titelseite-Bild: Marguerite Higgins und ich – und darunter stand: Henriette von Schirach droht General Clay.

Es war verboten, mit den gefangenen Männern über den Zaun weg zu sprechen, aber natürlich standen jeden Abend Hunderte von Menschen auf jeder Seite, denn die Männer kamen in die Welt, sie arbeiteten meist in Außenkommandos, erwischten Zeitungen und sprachen mit Amerikanern, außerdem hatten sie Weißbrot, soweit sie amerikanisch verpflegt wurden.

Wir mußten die Wäsche der Männer in großen Waschküchen waschen. Berge von Wäsche. Wer sich zum Waschen meldete, bekam mehr Brot und einmal in der Woche eine Zuteilung an Wurst und Butter. Die Möglichkeit, mich selbst und meine Wäsche in heißem Wasser zu waschen, verlockte mich, ich wurde Waschfrau 5 im Waschkommando. Ich habe seitdem großen Respekt vor Waschfrauen, es ist eine schwere Arbeit, allein einen nassen schweren Arbeitsanzug auf den Tisch zum Bürsten heben, ist schwer, und Bürsten macht müde, ich war am ersten Tag so zerschlagen, daß ich mich nur auf meinem Strohsack zusammenrollen konnte, aber ich hielt durch; und da wir so ausgezeichnete Wäscherinnen und außerdem so billig waren, schickten uns die amerikanischen Offiziere ihre Wäsche zum Waschen, so sahen wir die ersten Ringelsocken und waren entzückt. Major Hänsgen wollte sich davon überzeugen, daß die Nazis auch arbeiteten, er kam ins Waschhaus, ich wurde ihm vorgeführt. Ich trug ein amerikanisches Unterhemd als Bluse, Rock aus kariertem Bettzeug, das Haar mit ausgeliehenen großen Haarnadeln hochgesteckt.

»Na, wie fühlen Sie sich«, fragte er, »immer noch top ranking?«

»Sehr sauber, Herr Major!«

Eine Kassenverwalterin der NSV bügelte mit Andacht Uniformblusen, und wenn wir die gebügelte Wäsche ablieferten, konnten wir über eine blühende Wiese gehen. Man hielt wohl den Waschkorb für eine Fluchtbehinderung und ließ uns ohne Bewachung gehen. Wohin hätten wir auch fliehen sollen, die meisten von uns waren ja froh, Essen zu bekommen und eine Art Dach überm Kopf zu haben, wenn es auch das Regenwasser durchließ und immer wieder mit Stücken von Dachpappe ausgeflickt werden mußte.

Doch die Nachrichten von zu Hause waren beunruhigend, Richard hatte sich zum zweitenmal den gleichen Arm gebrochen, und nun war er krumm zusammengewachsen, »wie ein Bogen«, schrieb Angelika, das sollte operiert werden; man versprach mir Urlaub, wenn ich ein Röntgenbild beibrächte, das den krumm zusammengewachsenen Arm zeigte. Viel bestürzender aber war die Nachricht, die an einem heißen Mittag durch den Lagerlautsprecher kam:

Die sieben gefangenen Hauptkriegsverbrecher Heß, Raeder, Funk, Neurath, Dönitz, Speer und Schirach sind heute auf dem Luftweg in die Festung Spandau bei Berlin verbracht worden.
Das war das Schlimmste, was passieren konnte, die Amerikaner hatten sich genau an das Potsdamer Abkommen gehalten, das vorsah, daß die überlebenden Gefangenen unter Viermächtekontrolle stehen sollten.
Nachmittags kam der amerikanische Gefängnispfarrer Achtermann zu uns, er schilderte uns den überraschenden Abtransport: »Wir haben ihnen eine Menge Zigaretten und Schokolade ins Flugzeug gepackt, auch Wolldecken und für jeden einen Pullover, aber weiß der Himmel, ob man es ihnen in Spandau gibt, alle langsam erworbenen Erleichterungen des Nürnberger Justizpalastes fallen weg, es wird sehr hart werden.«
Er hat nicht übertrieben.
Der Sommer ging zu Ende, zum drittenmal schon schnitten wir den Mangold, eine bittere Spinatsorte, die Herr von Schwerin immer wieder auf dem einzigen Gemüsebeet aussäte, nächtlicherweise ab, um ihn in einem kleinen Tiegel zu kochen und schnell zu essen (denn eigentlich war es ja verboten, aber wir waren hungrig nach irgend etwas Grünem), und immer noch hatte man keine Anklage gegen uns erhoben, vierzehn Tage lang wurden durch das Radio Belastungszeugen gegen mich gesucht, kein einziger hat sich gemeldet.
Inzwischen war die neue Brauseanlage fertiggestellt, wir wurden in Trupps von hundert ins Männerlager geführt, von weiblichen Wachtposten bewacht, und durften uns waschen. Nie hätte ich ohne diese Anlage erfahren, wie viele verschiedene Typen von weiblichen Körperformen es gibt, wie viele verschiedene Arten von Busen, Beinen, Schultern, wie viele verschiedene Techniken des Waschens. Auch Massagebürsten konnte man ertauschen, aus den großen Besen, die man zum Reinigen der Kanonenrohre benutzt hatte, wurden enorm feste Bürsten geschnitten, und wir rubbelten uns die Haut, bis sie rot war.
Ja, je länger das Eingesperrtsein dauerte, desto sorgfältiger mußten

wir an uns denken. Wir mußten gesund bleiben – wir durften nicht dick werden – wir mußten noch ein ganz kleines bißchen nett ausschauen. Die einzige Stelle, die uns zu Hautcremes verhelfen konnte, war die Krankenbaracke, sie verfügte über amerikanische Vaseline und Olivenöl, Lebertran. Daraus konnte man schon etwas machen, und solange es den wunderbaren Dr. Kleebinder gab, gab es etwas für die Haut. Ja, er tat noch mehr, hatte er Zeit, so entfernte er Muttermale, Leberflecke, verschönte Ortsgruppenleiter und hätte sich eine ausgezeichnete Abteilung für kosmetische Chirurgie aus dem winzigen Untersuchungszimmer gemacht, wenn man ihn nur gelassen hätte. Dr. Kleebinder verdanken wir es, daß wir nicht verdreht und hysterisch wurden. Er wurde sogar mit Emmy fertig, wenn sie nächtelang weinte. Doch nahmen die Krankheiten zu – nur die Krebskranken wurden ins Augsburger Krankenhaus gebracht.

Eine ausgezeichnete Verdienstmöglichkeit winkte, Blutspender wurden gesucht, man bekam Butter, Fleisch, Wein und durfte einen Tag im Krankenhaus verbringen, lauter verlockende Aussichten, viele meldeten sich, aber zuerst nahm man die Männer. SS natürlich. Doch schon nach wenigen Tagen kam ein Verbot, man wollte nicht harmlose Bürger mit dem Blut der SS infizieren. Weiß Gott, was dabei herauskommen mochte, und auch unser Blut wollte man nicht mehr. Nein, niemand mehr wollte uns, wir waren nichts als ein bißchen Strandgut, das am Ufer lag, und das man aufhob oder liegen ließ.

Wir hören die Sonntagspredigten, manchmal den Vortrag eines Anthroposophen.

Eine Frau, die in Indien war, hält Yogavorträge, und wir probieren den Lotossitz.

Mehr aber hilft Osbornes Gleichnis von den zwei Fröschen: Zwei Frösche fallen in einen Topf voll Sahne. Der eine sieht seine Situation als so verzweifelt und hoffnungslos an, daß er sich hinlegt und stirbt. Der andere wehrt sich, strampelt und strampelt und versucht immer wieder, sich aus dieser scheußlichen Situation zu befreien

und zur Oberfläche durchzustoßen, um aus dem Topf herauszukommen.
Er tritt und tritt, und – siehe da, sein unentwegtes Bemühen hat sich gelohnt: Aus der Sahne ist infolge seiner andauernden Bewegungen Butter geworden – er ist gerettet.
Im Männerlager starb ein Flüchtling aus Böhmen. Man hatte seine ganze Familie erschlagen und seine Söhne lebend verbrannt, nur er, der alte Bauer, war übriggeblieben, er starb an keiner Krankheit, er hörte einfach auf zu leben. In der Lagerschreinerei schnitten sie ihm einen Sarg zurecht, man holte eine Bäuerin aus der Tschechei, um ihn hineinzulegen, sie nahm mich mit, und wir suchten irgend etwas, worauf wir seinen Kopf legen konnten – aber es gab nichts als ein paar Fichtenzweige. Der alte Mann sah aus wie ein Stückchen böhmisches Land. Die Bäuerin spitzte umständlich einen Bleistift, dann schrieb sie auf die Innenseite des hellen Sargdeckels, »Auf Wiedersehn Christian Kolowat«, grad so, als solle es Christian Kolowat lesen, wenn er am Jüngsten Tag die Augen öffnete.
Das Lager war von hohem Stacheldraht umgeben, es war der gleiche Stacheldraht, hinter dem die jungen Russinnen gelebt hatten, die hier zwangsweise hatten arbeiten müssen. Mit etwas Phantasie konnten wir uns in ihre Sehnsüchte, Gedanken und Wünsche einfühlen.
In gewissen Abständen standen Wachttürme mit uniformierten, bewaffneten polnischen Posten. Einer der Posten rief uns immer wieder ein Wort zu, das wir erst nicht verstanden, aber als ich deutlich hinhörte, verstand ich: »Nazischwein!«
Immer wieder das eine Wort, nichts weiter.
Nun wollte ich aber denjenigen kennenlernen, der uns da so sinnlos beschimpfte, ich kletterte auf den Turm, und was ich da oben traf, war ein armer Kerl, ein blaugefrorener junger Bursch, der sich freute, daß ihn jemand da oben auf seinem kalten Turm besuchte. Und ich bekam heraus, warum er immer Nazischwein schrie: Er konnte nicht viel mehr Deutsch, und man hatte ihm gesagt, das da unten sind Nazischweine, und weil es so kalt und so langweilig war, wollte er mit der Menschenherde da unten in einen Kontakt kom-

men, und so rief er hinunter, und wir schauten hinauf, und genau das wollte er.
Er war arm und einsam wie wir, er lebte in einem Lager und wußte nichts von seiner Heimat.
Ich machte ihm deutlich, daß ich Krakau kannte, Krakau im Schnee, eiskalt, Marienkirche und Tuchlauben, aber ich sagte ihm nicht, daß ich beim Generalgouverneur Frank zu einem Abendessen geladen war, in der Wawelburg, mit Lachs aus der Weichsel, Kerzenlicht in vielarmigen Silberleuchtern und Feuer im Kamin der Wasa und einem Gastgeber, der versuchte, lustig zu sein, und seine Todesangst enthüllte, als er plötzlich sagte:
»Mir hat heute mein Astrologe gesagt, meine Sterne stehen schlecht, ich werde einen gewaltsamen, furchtbaren Tod haben . . .« Das sagte ich dem jungen Polen mit dem blaugefrorenen Gesicht nicht.
Es wurde kalt, und wir brauchten Öfen. Nur Soldaten konnten diese wunderbaren kleinen Dinger bauen. Sie bestanden aus leeren amerikanischen Büchsen und aus Benzinkanistern, Ofenrohre wurden aus Blech gebogen, und tatsächlich brannten sie, sie rußten und knatterten, und wenn es sehr kalt wurde, rissen wir die Holzgestelle unserer Betten kaputt und verheizten sie. Das Feuer regte uns an, Kaffee zu kochen. Sven Hedins Schwester hatte mir aus Stockholm ein Paket mit Trockenfleisch und Kaffee geschickt, aber der Kaffee war nicht gemahlen – eine Kaffeemühle fehlte in unserem Haushalt, man lieh sich als Ersatz von einer Internierten (sie hatte ein Heim des Lebensborns geleitet) eine schwere alte Kanonenkugel aus. Wie sie in den Besitz dieses Monstrums gekommen, war uninteressant, das Ausleihen kostete eine Zigarette (natürlich amerikanische), und nun begann unsere mühsame Arbeit, die Kaffeebohnen wurden zwischen eine Serviette gelegt und die Kugel darauf hin- und hergerollt, bis sie zu Staub gewalzt waren, gleichgültig wie lange es dauerte, wir hatten ja Zeit.
Einmal in der Woche betrat Hauptmann Wiedemann – früher Kriegskamerad Hitlers, sein Adjutant, dann Generalkonsul in San Franzisko und später sein Feind – das Lager. Jener Hauptmann

Wiedemann, der vor dem Krieg auf Bitten der Prinzessin Hohenlohe von Lord Halifax in England empfangen worden war.
Damals wollte er in London einen Besuch Görings vorbereiten, ja, es sah so aus, als würde eines Tages Halifax mit Hitler zum Buckingham Palace fahren.
Jetzt hatte er das Latrinenreinigungskommando unter sich, dazu trug er Handschuhe, und er erledigte sein delikates Geschäft mit diplomatischem Geschick.
Wir hatten eine Kirche, ähnlich den amerikanischen Holzkirchen aus der Pionierzeit, und die Gottesdienste waren stark besucht, sowohl die evangelischen als auch die katholischen. Man konnte das Abendmahl nehmen, und ich nahm es, eigentlich nahmen es alle.
Unter den gefangenen Männern befanden sich ganze Musik- und Spielmannszüge, wie im Krieg übten und spielten sie. Einmal wurde das ganze Frauenlager in die große hölzerne Halle, die rund tausend Menschen faßte, eingeladen. Das Augsburger Städtische Orchester hatte die Instrumente geliehen, die Musikanten trugen tadellose weiße Jacken, saßen auf einer Bühne und wir Zuhörer wie in einem Theater auf langen Bänken. Der amerikanische Kommandant war eingeladen und wurde mit »Sentimental Journey« begrüßt, es war eines der ersten amerikanischen Lieder, die wir hörten, aber auch alle neuen Schlager konnten sie, ja, sie spielten alles, vom Walzer bis zum Jazz, sie klapperten mit leeren Konservenbüchsen dazu, und wir klatschten im Takt mit, es war großartig, die Halle bebte vor Begeisterung. Da ging das Licht aus.
Das Elektrizitätswerk mußte für eine Weile abschalten. Für tausend Gefangene wäre es nur ein Handstreich gewesen, die Wachen zu überrennen und auszubrechen, das ganze Lager war dunkel, auch die Wachttürme und Tore.
Der Lagerleiter, der kleine nervöse Herr Saalfeld, rief nach einer Taschenlampe, aber wer sollte schon eine Taschenlampe bei sich haben?
Eine fröhliche Unruhe kam auf, die Männer kletterten über die Bänke und setzten sich im Dunkeln neben die Mädchen.
Da kam aus der Dunkelheit die Stimme des Dirigenten:

»Kameraden, wenn ihr ganz ruhig bleibt, spielen wir im Dunkeln für euch weiter, ihr dürft euch wünschen, was wir spielen sollen!«
Es wurde ganz still –
»Was sollen wir spielen?«
»Heimat, deine Sterne.«
Und nun spielten sie mit Geigen und Bratschen und allen Instrumenten Werner Bochmanns Lied, die Hymne einer verlorenen Generation, in allen Variationen, einige summten mit, und kaum einer wußte, daß der Mann, der den Text dazu schrieb, sich im KZ selbst den Tod gegeben hatte.
Das Lied hielt alle in Bann, bis das Licht wiederkam. »Komisches Volk«, sagte der Amerikaner, als wir an ihm vorbei wieder in die Baracken geführt wurden. »Durch ein Lied sind sie zu dressieren.«

Und nun wurde es Winter, eines Morgens deckte der Schnee allen Schmutz, das leere Gemüsebeet und unsere Barackendächer sauber zu. Da es immer noch keine Aussicht auf Freilassung gab, wurde eine Theatergruppe zusammengestellt, wir spielten Max Mells »Apostelspiel« und Einakter von Ludwig Thoma, einer schrieb einen Sketch »Internierungslager in zwanzig Jahren« – wenn die Internierten mit langen Bärten ihre Verwandten begrüßen.
Manchmal kam Edda. Edda ist ein reizendes Geschöpf, auch die Wachtposten konnten sich ihrem Charme nicht entziehen, und Mister St. wurde höflich.
Edda wußte genau, was geschah und geschehen war:
»Mutti, können sie dich auch zum Tod verurteilen?«
»Nein, Edda.«
»Wie ist denn das eigentlich, ist Nazi so was wie evangelisch oder katholisch, ist man das von Geburt, ist man es immer?«
»Nein, Edda, frag nicht mehr, sag mir lieber etwas auf, etwas, das ihr auswendig gelernt habt.«
»Ja? Den Chamisso?«
Da stand Edda, runzelte ihre hohe runde Stirn, schloß für einen Moment die Augen und begann, während sie ihren Teddy fest im Arm hielt:

Ich träume als Kind mich zurück.
Und schüttle mein greises Haupt.
Der BDM entfaltete seine segensreiche Tätigkeit, indem er Christbaumschmuck und Engel aus Goldpapier herstellte.
Ja, wir fanden uns damit ab, Weihnachten auch noch hier im Käfig zu verbringen.
Da kam plötzlich mein Name durchs Radio, meine Verhandlung war angesetzt. Ich bekam eine weibliche Polizistin zugeteilt und fuhr nach Tölz.
Die Aufseherin war ein junges Mädchen in alter Soldatenuniform, umgeschnalltes Koppel, Dienstmütze, gefärbte Amihosen. Als wir im Zugabteil saßen, nahm sie die häßliche Kappe ab, packte sie in den Koffer und schüttelte ihre Locken und lachte, wie man in Wien lacht, heiter, ohne Schwere: »Ich bin nämlich aus Sievering!«
Ach, Sievering, wo der Flieder blauer und früher als irgendwo anders blüht, wo man abends zwischen den Weingärten Musik macht, wo die kleinen Weinbeisel »ausstecken«, wo Kahlenberg und Leopoldsberg grüßen – o Sievering.
Wir saßen in dem kalten schmutzigen Eisenbahnabteil mit schweren Stiefeln an den Füßen und waren nun eigentlich in Wien, das Rattern des Zuges klang wie Walzermusik. Auch die kleine Wienerin hatte ihren Mann verloren: »Ich bin ja keine richtige Polizistin – nur eine Hilfspolizistin, bis ich eine richtige Arbeit finde.«
Neben uns saßen Nonnen. Aber auch sie waren in einem Gespräch, sie lachten und waren glücklich, ihre ältlich-blassen Gesichter waren vor Freude rosigrot.
Sie hatten eben eine große Spende erhalten und konnten nun ein Heim für heimatlose Kinder einrichten.
Das Leben fing wieder an, die Überlebenden hatten die furchtbare Erbschaft auf sich genommen, wie Christophorus trug Deutschland sein Schicksal durch einen reißenden Strom – jeder von uns versuchte seinen Fuß auf ein Ufer zu setzen.

# X

## DER EINZIGE ANKLÄGER

Die Spruchkammerverhandlung ging in einem Eßsaal des ehemaligen HJ-Heimes in Bad Tölz vor sich. Der Saal war vollgestopft mit Menschen, bei Verhandlungen gegen Frauen erwartet man immer Sensationen. Man hofft, daß sie ohnmächtig werden oder zu heulen anfangen. Heulen darf ich nicht, ich bekomme dann eine rote Nase und sehe komisch aus. Der öffentliche Ankläger und die Beisitzer nehmen an dem langen Tisch Platz. Rechts, an einem Tischchen, sitzt mein Rechtsanwalt, der mir immer dann Zeichen gibt, wenn ich aufzustehen habe. Er macht dazu eine schwebende Bewegung mit den Händen, zum Beispiel jetzt, als Ankläger und Beisitzer den Saal betreten. – Ich sitze auf einem Stühlchen der ganzen Reihe gegenüber, die Anklageschrift in der Hand. Die Anklage lautet auf Nutznießerschaft, Nazipropaganda und Bereicherung.

Doch sehe ich dafür recht schäbig aus; mein Rock ist zu kurz, er wurde im Lager gefärbt und ist eingegangen, so bleiben meine Knie frei, denn auch die weißen Wollstrümpfe sind zu kurz. Nur mein Pullover ist prima. Bonbonrosa, direkt aus New York.

Nun habe ich die Gelegenheit, mir stundenlang die Herren anzusehen, die mir gegenübersitzen, ich kann mir dabei denken, was ich will, und das tue ich auch. Mein Anwalt schiebt mir einen Zettel zu, auf dem die Namen der Beisitzer zu lesen sind: Knochenburger, Windeis, Janker und Rehbock. Die meisten sehen aus, als wären sie falsch ernährt, leberkrank, hypochondrisch, kreislaufgestört. Nur ein Spitzbart mit listigen Augen macht eine Ausnahme und blickt munter um sich, er hat seine Galakluft angelegt und sieht aus wie Kaiser Franz Joseph bei einem Besuch am Wolfgangsee.

Es wäre nicht hübscher gewesen, wenn auch Frauen unter meinen Anklägern gewesen wären, nicht hübscher, aber fairer und logischer. Denn das war das Sonderbare der Situation: Seit ich denken konnte, hatte ich Männer in Uniformen gesehen, beinahe alle Männer, die ich kannte (und wenn ich sie nicht persönlich kannte, so kannte ich sie durch die Fotos meines Vaters), waren Politiker. Ich hörte Reden, Lieder, Schlagworte, ob ich wollte oder nicht. Und schließlich sah ich, wie eine einseitig männliche Politik zur Katastrophe führte.

Man muß keine Frauenrechtlerin sein, um zu wissen, daß die Welt nicht nur aus Männern, sondern aus Männern und Frauen und Kindern besteht. Setzte man aber nur die leisesten Zweifel in das Gelingen der großen Pläne, dann wurden die Männer, wenn sie nicht überhaupt bitterböse wurden, sehr überlegen. »Das verstehst du nicht«, sagten sie. »Du bist nur eine Frau. Weißt du nicht, daß dein Gehirn um einige Gramm leichter ist als ein männliches Gehirn? Hast du vielleicht schon eine Frau gesehen, die ein Genie, ein großer Politiker oder ein großer Feldherr oder sonst was Großartiges war?«

Nein, wahrhaftig, ich hatte keine gesehen, und die große Maria Theresia war schon so lange tot.

»Du bist ein kleines Schaf«, sagten die Männer, »kümmere dich um deinen Garten, deine Kinder, deine Hunde – sie wurden ganz freundlich –, überlasse uns das andere, wir machen das schon richtig. Wir übernehmen die Verantwortung.« Und dann folgte ein ganz großer Donnerschlag, ungefähr so wie im Burgtheater, wenn es dunkel und plötzlich aus dem Palast das Haus des armen Fischers gezaubert wird.

Als ich den ersten General nach dem Donnerschlag wiedersah, trug er statt der Uniform Drillich, er war unrasiert, verschlampt und grantig. Schnitzte Kochlöffel und stellte sich ganz langsam wieder auf die Produktion kleiner Holzpanzer um.

Und nun sah ich meinen öffentlichen Ankläger wieder den Triumph des Stärkeren aufführen, obwohl er doch ein wohlgenährter Stabszahlmeister gewesen war, sozusagen des Teufels Kassierer.

Es hätte nur einen einzigen Ankläger geben dürfen. Eben schob er sich zur Tür herein. Er war als Zeuge vorgeladen. Eines seiner Hosenbeine war hochgesteckt, denn es gab noch keine Prothesen, so hatte er sich eine Art Hüpfen angewöhnt. Aber das Hüpfen war es nicht, was die Zuschauer im Saal so erschreckte und vor ihm zurückweichen ließ. Er hatte kein Gesicht. Der Krieg hatte es ihm heruntergerissen, als wäre es eine Maske. Das lidlose Auge versuchte mir zuzublinzeln. An manchen Stellen war fremde rosa Haut angewachsen, die jetzt im Dezemberfrost glühte. Es war Richard, einer der Verwundeten aus dem Wiener Lazarett.

Daß ich ihn – und mit ihm eine Hölle – kennenlernte, begann mit einer verbotenen Autofahrt in Wien, 1941. Das Fahren im Dienstwagen war gewöhnlich für Frauen verboten, aber Baldur war verreist, und der Wagen fuhr leer in die Stadt, es war also eine läßliche Sünde, ihn zu benutzen. Wir wollten eine Aufführung von Hermann Bahr im Josefstädter Theater sehen.

Wir sahen sie nicht. Denn der alte, routinierte Fahrer der Stadt Wien raste am Schwarzenbergplatz geradewegs in eine fahrende Tram.

Wir kamen in die Unfallstation des Allgemeinen Krankenhauses. Mamsie hatte ein paar Rippen gebrochen, Ma wurde genäht, und als wir sauber verbunden auf der Bahre saßen, kam Professor Schönbauer und sagte: »Wollen Sie mitkommen? Wir haben da einen Soldaten, der heute nacht sterben wird, er hat in München studiert.«

Er führte mich über den Hof zu einer Baracke. In dem kleinen Raum, den man für die Sterbenden reserviert hatte, lag ein Fetzen Mensch. Er war in Kursk mit seinem Panzer auf eine Mine gefahren, ein Bein riß es ihm ab, der ganze Mann brannte. Sein Kopf war eine einzige vereiterte Wunde. Nase, Lippen und Ohren waren abgerissen, man hatte ein Auge entfernt und überlegte eben, ob man das andere auch herausnehmen sollte, oder ob er in der Nacht stürbe.

Ich versuchte in der Verwüstung des Gesichts – auch das Augenlid war weggerissen – eine Iris zu erkennen, eine kleine, farbige Iris. Ich fragte, ob er sich etwas wünsche, und dabei dachte ich, lieber Gott, laß ihn sterben. Doch der Totenkopf antwortete hell und

fremd, denn er hatte ja keine Lippen, und jeder seiner Zähne war zu sehen: »Ja, ich würde gern Brahms hören – die Walzer.«
Und dann wollte er wissen, wie es in München ausschaue, auf der Uni, und was sonst auf der Welt los sei, denn er war achtzehn.
»Ich sehe schauerlich aus«, sagte er, »man will mir keinen Spiegel geben, aber in der Stirnlampe des Augenarztes habe ich mich sehen können, und trotzdem will ich nicht sterben, ausgerechnet in Wien will ich nicht sterben.«
Und er starb nicht. Er ertrotzte sich Lebertransalbe für seinen verbrannten Körper. Er blieb allein in der Sterbekammer, da niemand den Geruch des Eiters lange ertragen konnte. Ich umgab den entzündeten Augapfel mit Kamillosansalbe, und das Auge wurde erhalten.
Wir fütterten ihn monatelang durch einen Gummischlauch. Und wir spielten Brahms auf einem Koffergrammophon. Den Walzer in As-Dur.
Das also war die letzte Station der Helden, die man von den Titelblättern der Illustrierten kannte; ihre Ritterkreuze lagen nun in den Schubladen der Nachttischchen. Ich begriff, warum mich Professor Schönbauer hierhergeführt hatte. Er wollte, daß ich das Elend sähe, daß ich auch die andere Seite kennenlerne.
Diese elende Sterbestation hatte man einem jungen jüdischen Arzt überlassen, hier mußte er nicht Angst haben, von Parteifunktionären entdeckt zu werden – ich habe in all den Jahren dort auch keinen gesehen. Der Arzt hatte eine besondere Diät für Schwerverbrannte entwickelt, ich habe sie oft mit ihm gegessen, auf dem Fensterbrett sitzend; er zeigte mir auch, wer sich außer den Soldaten noch in der Baracke befand:
Eine Greisin aus Ottakring, im Streit von ihrer Nachbarin mit Petroleum übergossen und angezündet, lag nun da wie die leere Hülle einer ausgeschlüpften Libelle; ein Kind, ohne Haut, im Wasser lebend, und ein junges Mädchen, dessen Bett von den übrigen durch eine desinfizierte Matte getrennt war, seltsam schön, dem Lepra-Ausschlag zum Trotz.
Doch ich will zu Richard zurückkehren, zu Richard, der, wieder zu-

sammengeflickt, in meiner Verhandlung sitzt und uns alle anklagt. Doch er kann mit seinen neuen, fremden Lippen keine Anklage vorbringen, und so bleibt es beim öffentlichen Ankläger.
Er ist ein schlechter Ankläger, ich selbst hätte mich viel besser angeklagt. »Warum waren Sie in Paris?« fragte er, wobei er sicher sündige Nachtlokale im Sinn hatte. Ich an seiner Stelle hätte gesagt: Sie waren doch in Paris, als Gast der französischen Jugend; Sie haben sich von Fernand de Brinon Parfüm schenken lassen und mit den Franzosen im Belle Aurore gefrühstückt, und die Franzosen haben an Ihren guten Willen zur Verständigung geglaubt, aber später waren Sie ganz einverstanden mit dem, was Hitler mit den Franzosen anstellte, nicht wahr?
Und wenn Ihr Mann schon so ein großartiger Jugendführer des Großdeutschen Reiches war, warum haben Sie sich nicht darum gekümmert, daß die Kontakte der Verständigung nicht abrissen? Warum haben Sie alles, was geschah, in blöder Demut hingenommen? Das hätte mich getroffen, denn ich warf es mir selbst vor.
Statt dessen stocherte der Ankläger witzlos in meiner Vergangenheit herum. In einem anonymen Brief war ihm mitgeteilt worden, daß ich in Preßburg Brathühner gegessen hätte. Und anstatt nun zu schweigen oder zu sagen: Nein, ich habe in Preßburg nur Bircher Müesli gegessen, wurde ich zornig und sagte: »Ja, es stimmt, ich habe in Preßburg sogar ganz ausgezeichnete Brathühner gegessen.«
Es waren die besten mit Mais gefütterten Hühner der Slowakei. Das ganze Preßburg bestand doch damals nur aus kleinen Mahlzeiten; es war Hitlers Trick, aus der Slowakei ein kleines Musterland zu machen, das er vorzeigen konnte. An jeder Straßenecke standen Verkäufer mit heißen Würstchen und Schaschlik. Auch das Burgtheater gastierte dort mit größtem Vergnügen, und Preßburg hieß damals gar nicht Preßburg, sondern Freßburg.
Doch Hitlers Geschenke waren teuer, und teuer hat auch die Slowakei dafür bezahlt, daß sie selbständig wurde.
Nach dem Zusammenbruch ließ die Beneschregierung den Führer der Slowaken, Professor Tuka, hängen. Wenige Jahre vorher hatte

er uns in seiner Preßburger Wohnung eingeladen. Sein Hobby waren barocke Kirchen, und er sah auch einem Gelehrten weit ähnlicher als einem Politiker. Sein Haar war weiß und lang, sein Anzug wie der eines amerikanischen Quäkers.
Auch Tiso – Monsignore Dr. Josef Tiso, der erste Präsident der selbständigen Slowakei, war ein Gelehrter, »ein Pfäfflein«, wie Hitler sagte.
Mit Tiso fuhren wir durch die Slowakei – bis Kriegsende waren dort 2000 Kinder aus bombenzerstörten Gebieten untergebracht –, und der dicke kleine Pfarrer erzählte uns während der Fahrt die naiven Sagen. Bei einer Burguine läßt er halten und schildert, daß hier ein Blaubart ganz abscheulicher Art gehaust habe, der »in Jungfrauenblut badete«, er möchte, daß wir die Slowakei als ein wildromantisches Land in Erinnerung behalten.
Als wir durch die sauberen kleinen Dörfer fahren, Tiso vorneweg, stehend, knien die Bäuerinnen vor ihm nieder, immer wieder muß er aussteigen, segnen, Kinder streicheln und Geschenke entgegennehmen.
In seiner Landpfarre sind wir zum Abendessen eingeladen, das Haus ist blitzsauber, flach, und unsere ganz hungrige Karawane hat darin Platz. Eine niedliche runde Köchin serviert auf bunten Tellern. Sie hat ihre roten Locken mit Wasser glattgestrichen, aber durch die Aufregung und die Wärme der Kerzen, die die bunte Tafel zitternd erhellen, kringeln sich die Löckchen und umrahmen ein Engelsgesicht. Es gibt Gulasch und Fisch und große Scheiben Speck, der in Paprika umgedreht wurde, heißen Zwiebelkuchen und Zwetschgenknödel und, klar und duftend, den Slibowitz.
Als sich gegen Kriegsende die Partisanen der Landpfarre Tisos bedrohlich nähern, revanchieren wir uns für seine Gastfreundschaft. Tiso wohnt in unserem Haus. Täglich fährt er, um die Messe zu lesen, in die Michaelerkirche.
Noch einmal geht der Kelch an ihm vorüber.
Er kann zurückkehren, doch nur, um sein furchtbares Schicksal um so sicherer zu erwarten.
Am 18. April 1947 wird er in Preßburg hingerichtet. Kurz vorher

schreibt er im Gefängnis des Preßburger Landgerichts nieder: »... ich verspreche euch, daß ich den allmächtigen Gott bitten werde, daß er die slowakische Nation und ihren Kampf segne ...«
Doch auch der »kommende Mann« der Slowakei, slowakischer Gesandter in Berlin, Dr. Matus Cernak, sollte für sein Land sterben. An einem Sommerabend des Jahres 1955 zeigt der bayrische Fernsehfunk die durch eine Bombe zerfetzte Schalterhalle einer Post in München-Schwabing. Der Empfänger des Päckchens, in dem sich die Bombe befand, liegt tot zwischen den Trümmern. Es ist Cernack, der damals eine reizende Frau und einen kleinen Sohn hatte. Spät und geheimnisvoll hat ihn die Schwarze Hand des Panslawismus erschlagen.

Aber nun will der Ankläger unbedingt wissen, wo ich Baldur von Schirach kennengelernt habe. Er klopft mit dem Bleistift auf den Tisch: »Na, wird's bald?«
Wenn er es schon so genau wissen will, muß er gestatten, daß ich die Schellingstraße heraufbeschwöre. Das ist eine geradezu lächerlich uninteressante Straße in München. Kein historisches Haus, nicht die kleinste Besonderheit, die es wert wäre, im Baedeker erwähnt zu werden. Und doch ist diese Straße eine Hauptschuldige des Nationalsozialismus, wenn man sich ein bißchen mit ihrer Vergangenheit beschäftigt. Die obere Hälfte, der Ludwigstraße zu, ist völlig unschuldig. Die Antiquare Wölfle und Kitzinger hielten ihren geistigen Schätzen die Treue und versteckten die verbotenen Bücher in den hinteren Buchreihen.
Aber bei der Nummer 50 hatte mein Vater ein Haus; als wir Kinder waren, schloß sich daran ein Garten an, und dort stand ein Kulissenhaus. Hier wurden Filme gedreht – diese grotesken Streifen mit grellgeschminkten Schauspielern, die meist gar keine waren und die heute noch in komischen Szenen so eilig über die Leinwand huschen und uns amüsieren. Vater war Regisseur, Kameramann und Produzent zugleich – das Drehbuch hatte er sowieso im Kopf –, und manchmal klebte er sich zu meinem Entzücken auch selbst einen Schnurrbart an und spielte mit.

Einmal drehte er einen kleinen Film, in dem abwechselnd eine ganz arme und dann eine ganz reiche Familie auftreten mußte. Vater trommelte seine Freunde zusammen, sie stellten die Familie dar, ich war das Kind, einmal zottig und elend, dann wieder gewaschen und schauerlich elegant mit einer Handtasche, als die Familie den Haupttreffer gezogen hat. Hier entstand »Die Sintflut«, ein Film, in dem es ausdauernd regnete, und der ein Fragment blieb. Tolle Szenen mit Stuart Webbs wurden auf unserem Hausdach gedreht. Emil Jannings drehte »Peter Hergartz«.

Auch Jahre später, als die erste »Geschäftsstelle der NSDAP« hier einzog, erinnerte noch manches an ein Filmatelier. So entstammte die Schalterhalle einer Dekoration aus der Erfolgszeit des »Cabinett des Dr. Caligari«, doch jetzt kamen aus den expressionistischen Spitzbogen keine Gespensterhände heraus, sondern die ehrenwerte Soldatenpranke des pensionierten Hauptmanns Österreicher, die das Beitragsgeld der allerersten Parteigenossen entgegennahm.

Vaters Werkstätten waren nebenan, hier fotografierte er Hitler, mit und ohne Mütze, im Straßenanzug und im Frack. Hitler sieht dabei aus, als würden im nächsten Augenblick Kaninchen aus dem Zylinder springen. Hier stand »Hauptmann Göring«, jung und schlank und schön, auf seinen schwarzen Stahlhelm hatte er sich ein weißes Hakenkreuz malen lassen, und neben ihm Karin, seine erste Frau, die Schwedin.

Karin nahm mich mit nach Berlin. Ich wohnte bei den Görings in der Badenschen Straße, und obwohl es doch eine kleine Etagenwohnung war, lud Göring häufig Gäste ein, Prinzen von Preußen und den Prinzen von Hessen, Freunde aus Schweden, wo er Vertreter einer Fallschirmfirma war, Großindustrielle, die sich für den Reichstagsabgeordneten interessierten. Ich lernte Prinz Louis Ferdinand kennen, ehe er nach Amerika ging, und einen jungen englischen Journalisten, Sefton Delmer, der mich in einen Club mitnahm und mir erklärte, was ein Cocktail ist.

Karin war ungewöhnlich anziehend und Hermann ein geborener Gastgeber, er rührte die Mayonnaise und stellte die Bierflaschen

kalt, und ich durfte aufbleiben, bis der letzte Gast gegangen war, denn ich schlief auf der Couch.
Sie nahmen mich mit nach Großkochberg, das ist ein Theaterchen aus der Goethezeit, in der Nähe von Weimar. Thomas fuhr mit, Thomas Graf Rosen, Karins Sohn aus erster Ehe, Göring steuerte, und wir hatten alle lederne Fliegerkappen auf, um uns vor dem Wind zu schützen. Und dort spricht eine Schauspielerin im weißen Kleid einen Prolog, und der Ehrengast Göring erhält einen Blumenstrauß. Die Schauspielerin heißt Emmy Sonnemann. Sie verneigt sich und verschwindet wieder. Ihr großer Auftritt liegt ein paar Jahre später. Vieles muß noch geschehen, ehe Emmy in Hermanns Leben tritt . . .

Ja, für viele, die später die Welt mit ihren Namen und Taten erschrecken werden, ist die Schellingstraße der Mittelpunkt. Allerdings kümmert sich noch niemand um sie, und ihre Namen sind ganz uninteressant. Wer würde schon hinter dem schmächtigen Diplomlandwirt mit dem Zwicker irgend etwas Hintergründiges vermuten? Er heißt Heinrich Himmler, züchtet Kaninchen und eine »nichtfliegende neue Hühnerrasse« und fährt einen lächerlich alten gelben Dixie. Rosenberg erscheint, blaß und fast scheu, er spricht baltischen Dialekt: »Rosenberj.«
Ein ehemaliger Gutsinspektor heißt Martin Bormann, manchmal kommt der Lehrer Julius Streicher aus Nürnberg. 1946 sehe ich ihn für einen Augenblick wieder, hinter dem Gitter im Nürnberger Gefängnis, und da fällt mir eine schauerliche Sache ein.
In jenen frühen Jahren trug Streicher ein Amulett bei sich, das er gern herumzeigte. Ein kleiner silberner Rabbiner, um dessen Hals eine goldene Schnur gewunden war. Eine fränkische Silberarbeit aus dem Mittelalter.
Doch 1946 sieht Streicher selbst wie das kleine schauerliche Spielzeug aus, das ihm einmal so gut gefiel, und das er wie eine Prophezeiung in der Tasche trug.
Rudolf Heß kauft gegenüber im Reformhaus »Lukutate«, ein Mittel, das die Lebensdauer von Elefanten verspricht, Heß nimmt seine

Gesundheit ernst. Als er uns kurz vor seinem Englandflug in Wien besucht, bringt er einen Koch mit, und der Koch wiederum bringt ein Töpfchen Spinat mit, geheimnisvoll zubereiteten Spinat.
Einige hundert Meter von der »Geschäftsstelle der NSDAP« entfernt befindet sich die »Osteria Bavaria«, damals Hitlers Lieblingsaufenthalt. Ein kühles kleines Weinhaus mit einem in pompejanischem Rot gemalten Höfchen, das mit römischen Kacheln und Mosaiken geschmückt ist, und einem »Tempel«, das heißt einer Nische mit zwei Säulen davor, die immer eifrig für Herrn Hitler freigehalten wird. Hier lebte die andere Seite von Hitlers Zwitterwesen.
Kam Herr Hitler, setzte er dem kleinen Marmorlöwen, der Wasser in ein Brünnlein spie, seinen grauen Velourshut auf, bat die eventuell vorhandenen Damen an seine Seite, begrüßte die Kellnerin Ella mit Handschlag. »Ja, Herr Hitler, natürlich ist der Tempel immer für Sie reserviert.«
Er bestellt Tomatensuppe, Mehlspeisen, Fachinger Wasser, interessiert sich dafür, was die andern am Tisch bestellen, und erzählt – eben ist er von Berlin zurückgeflogen – von Hugenberg, mit dem er eine Unterhaltung hatte. »Na, der Knabe sieht ja aus wie der gestiefelte Kater, sehen Sie, so:« – er dreht eine Speisekarte um, und Brückner muß ihm einen Bleistift reichen, denn Blei und Portemonnaie hat er nie bei sich. Er zeichnet einen strammen kleinen Kater mit Hugenbergs Gesicht, zieht ihm schwarze Stiefel an und versieht ihn mit einem kleinen Dolch. Er kritzelt gern, aber immer werden es Männergesichter, finstere, drohende Profile, oder wirre Bäume, aus deren Laub Soldatengesichter schauen.
Mittags wird die Osteria von Studenten besucht, »Studentenmenü im Abonnement ermäßigt«, abends kommen Professoren, Autoren des Simpls und Schauspieler der Kammerspiele, auch Dr. Manfred Curry, der die Menschen in Klimatypen einteilt, parkt seinen hellblauen Rennwagen hinter Hitlers Mercedes. Hier ist Herr Hitler völlig unbeachtet, es ist ihm recht, hier wird das gewaltige Pfauenrad der Popularität nicht in Gang gesetzt.
Manchmal kommen die Schwestern Mitford an den Tisch, sie sind

hellblond und tragen himmelblaue Pullover, Hitler erklärt, warum die Engländerinnen den hellen Pfirsichteint haben: durch den Regen, durch den englischen Regen, durch die Spaziergänge im englischen Regen, er sagt das mit der Bestimmtheit eines Fachmannes. Politische Gespräche gibt es kaum im Tempel, auch über Astrologie wird nicht mehr gesprochen, seit ihm die Astrologin Elsbeth Ebertin, die er bis dahin regelmäßig aufgesucht hatte, grandiosen Aufstieg und ebenso tiefen Sturz prophezeite, auch das jäh abfallende »r« seines Namenszuges hat sie tragisch gedeutet.

Oft kommt er nach dem Besuch der Oper noch hierher, Schauspiel bedeutet ihm wenig, nur als er Billingers »Rauhnacht« mit Käthe Gold sieht, rührt es sein Inntaler Herz. Er bedauert, daß wir keine Dramatiker haben, neidet den Engländern Shakespeare und den Österreichern Grillparzer. Aber in der Oper kann er seine Phantasie spazierenführen, vielleicht haben ihn, bewußt oder unbewußt, die »Meistersinger« mit dem Jubel, dem Nürnberger Marktplatz, dem Fahnenschwingen angeregt, den Reichsparteitag nach Nürnberg zu legen, so wie ihn die Römer anregten, Standarten zu entwerfen, die doch in unserer Zeit gar keinen Sinn mehr hatten, wie er den alten Offiziersgruß, durch das Hochklappen des Visiers entstanden, durch Cäsars Gruß ersetzte, so, wie ihm beim Bauen immer der Pergamonaltar vorschwebte – so daß die Münchner, das Vorbild erkennend, das Haus der Kunst den »Bahnhof nach Athen« nannten.

Er beschäftigte sich schon damals mit dem Raketenantrieb für Flugzeuge, auch die Idee der V 2 hat sich früh in seinem Kopf festgesetzt. Als er später die Herstellung der V 2 befiehlt, wird er pathetisch: »Hiermit starte ich die Weltraumschiffahrt, den Flug zum Mond, auch die Eroberung des Mondes wird kommen, und künftige neuartige Kriege werden im Weltenraum stattfinden, die liebe alte Erde wird verschont bleiben!«

Aber er ist sicher, daß auch in der Tiefsee erstaunliche Wunder auf ihre Entdeckung warten, wenn die Zeitungsenten vom Tatzelwurm oder von der Seeschlange in den Illustrierten auftauchen, wird er ganz zornig. »Sicher gibt es Seeschlangen, sicher leben in den unbekannten Tiefen die seltsamsten, von keines Menschen Auge je gesehenen Tiere, warum also nicht Seeschlangen?« Bezweifelte das einer am Tisch, setzte er sich leidenschaftlich für die Existenz von Seeschlangen ein. »Denken Sie nur, man wollte von einem Stern aus die Zoologie der Erde erforschen, man überfliegt also die Erde mit einem gewaltigen Angelhaken, na und, hängt nach dem Flug kein Elefant dran, ist damit bewiesen, daß es auf der Erde keine Elefanten gibt?«

Er konnte sich richtig hineinspinnen in eine seiner Phantasien; so gab er sich mit dem größten Vergnügen Mitteilungen über das versunkene Vineta hin, sie durften nur seine eigene Theorie nicht stören. Einmal kam Göring und erzählte von einer Robbenjagd, an der er teilgenommen hatte. »Wie kann man nur auf Robben schießen«, sagte Hitler, »sie sehen doch so menschlich aus«, und schon stellte er eine Theorie auf. »Vielleicht ist hier die Verbindung vom Tier zum Menschen zu suchen«, und schon bohrte er sich in der Idee fest: »Kein Arzt kann Ihnen sagen, wozu wir Mandeln haben, vielleicht sind es die verkümmerten Kiemen aus unserer Fischzeit. Nun leben wir nicht mehr im Wasser, und sie sind sinnlos geworden.« Er führte die Gestalten der Melusine, der Magelone und der schönen Lau an, die alle – halb Mensch, halb Tier – mit einem Fischleib im deutschen Märchen erscheinen, als Erinnerung an früheste Menschheitsentwicklung.

Hitler hatte einen seltsam großen Kopf, einen – wie man in Bayern sagt – »Quadratschädel«. Er hatte nicht den kleinen runden Kopf Albin Skodas, der ihn in dem Film »Der letzte Akt« darstellt. Viel eher hatte er Richard Billingers österreichisches Haupt, doch mit seltsamen Erhebungen über den Augenbrauen, der derben Nase, die oft boshaft und raffiniert spitz wurde, und den großen Augen, deren häufig erwähnter magnetischer Zauber wohl mit Basedow zu erklären ist und die nicht hellblau waren, sondern dunkel wie nasse Veilchen und im Zorn fast schwarz wurden.

Wie »hitlerisch« er auf alles reagierte, fiel mir ein, als ich 1955 den Film »Liebelei« wiedersah. Der Filmklub hatte zu einer Wiederaufführung eingeladen, der Regisseur Max Ophüls war da, Martine

Carol, die eben ihre Lola-Montez-Rolle beendet hatte, und – unverändert jung – Luise Ullrich, Olga Tschechowa, Magda Schneider, und nun rollte das Meisterwerk ab und entzückte wieder, nach Jahrzehnten. Das tragische Ende des Liebespaares wird durch ein sinnloses Duell heraufbeschworen. Als Hitler seinerzeit diesen Film sah, verbot er sofort jedes Duell, und einige Jahre später, als Baldurs Adjutant Krutschinna den Journalisten Roland Strunk im Duell erschoß, kochte er vor Wut.

Nun ist es so, daß man in jeder Altersstufe die Dinge anders sieht, und manches sieht man einfach nicht. Wir waren jung und hatten noch nichts Böses erlebt, wir sahen an Hitler nur das, was uns gefiel. Als man die Gedichte des jungen Studenten Baldur von Schirach als Anklage gegen ihn hervorholte und verlas:

Ich war ein Blatt im endenlosen Raum,
nun bist Du Heimat mir und bist mein Baum,

lachte ein Journalist und sagte, man solle uns nun alle an diesem Baum aufhängen. Erklären kann man das nicht, Baldur suchte die blaue Blume der Romantik im Irrgarten der Politik, aber ihm fehlte der Faden der Ariadne, der ihn hätte herausführen können.

Und wenn ich hier versucht habe, für einen Augenblick den frühen Hitler zu beschwören, so, um das Täuschende seiner Verwandlung zu zeigen; der späte Hitler war dem frühen so unähnlich, wie eine Rauhnachtsmaske dem Baum nicht mehr gleicht, aus dem sie geschnitzt wurde.

Es gab zwei Hitler, den mitreißenden Revolutionär, der uns verhexte, da wir zu jung und zu ehrgeizig waren, und es gab den Dilettanten, der durch Menschenverachtung, Starrsinn und Selbstgerechtigkeit die revolutionäre Einsicht zunichtemachte.

Ohne darüber gesprochen zu haben, dachten Baldur und ich ähnliches, als wir nach der Katastrophe das Unbegreifliche zu begreifen suchten. Baldur hat es auf einer Schreibmaschine niedergeschrieben, die man ihm in einem der vielen Gefängnisse einmal zur Verfügung stellte: »Wie das Bildnis des Dorian Gray hat sich auch das Bild Hitlers furchtbar verändert. Am Ende hätte sich der zweite Hitler im Porträt des ersten nicht wiedererkennen können, wenn es sich nicht mit ihm verändert hätte. Wie dem Dorian Gray war ihm dieses Bild verhaßt. So wollte er zum Schluß sich selbst zerstören, indem er die ganze Heimat mit ihren Männern, Frauen und Kindern zur Vernichtung trieb. Wenn er in der letzten Sekunde seines Lebens die Möglichkeit besessen hätte, mit sich alles Lebendige auszulöschen, ich glaube, er hätte es getan, um dieses entsetzliche Bild zu zerreißen, das in der Vorstellung der Menschheit von ihm entstanden ist . . .«

Auch die Druckerei des »Völkischen Beobachters« befand sich in der Schellingstraße. Hitler wollte eine Zeitung, so groß und auffallend wie die englischen Blätter. Er bestand darauf, daß der Kopf in Versalbuchstaben gedruckt wurde (er haßte die Schwabacher Letter); oft stand er vor der stampfenden Rotation, um das erste Exemplar in Empfang zu nehmen. Papier ist geduldig und Druckmaschinen auch: 1945, nach einer monatelangen Pause, in der keine rechte Zeitung erschien, druckt man auf den gleichen VB-Maschinen, auf einem Papier hochmütiger Qualität, die »Neue Zeitung«. Die erste Nummer erscheint am 18. Oktober 1945: der Kopf besteht wieder aus den altrömischen Großbuchstaben des VBs, Herausgeber ist die amerikanische Militärregierung. Wir lernen neue Namen kennen: die Chefredakteure Hans Wallenberg, Hans Habe, Kendall Foss, es ist eine wirklich »neue«, moderne Zeitung, und das Feuilleton ersetzt vielen eine ganze Bibliothek . . .

Immer noch die Schellingstraße. Jetzt nähere ich mich dem Eckhaus mit der Redaktion des »Akademischen Beobachters«. Es sieht aus, als wäre es der Phantasie des Zeichners Saul Steinberg entsprungen (die Bomben haben es glatt wegrasiert). Ich denke zurück.

Frühling 1930: Wir sind Studenten, nationalsozialistische Studenten – vielleicht war es die »Lust am Untergang«, die die gutbürgerliche Jugend zu einem Bund zusammenschloß –; wir brauchen eine Zeitschrift, ein kleines Heft, das wir für außerordentlich interessant und wichtig halten. Gedrucktes Schild an der Wohnungstür, »Redaktion«, denn die Wohnung gehört einer hageren und freudlosen Witwe, die besonders um den Ersten herum beunruhigend in Erscheinung tritt. Im Büro steht ein mächtiger Schreibtisch, mehrfaches Opfer des Gerichtsvollziehers und ebensooft im Triumph von der beschämenden Marke befreit (Druckkosten der Druckerei Schaaf) – darüber ein Stich: Napoleon mit fliegender Fahne, und ringsum eine Ansammlung verschiedener Stühle. Hier lassen die jungen Mitarbeiter ihren ernstgemeinten Unsinn auf die erstaunte Menschheit los. Hier wird Stefan George gelesen, über Talhoffs Totenmal diskutiert, der »Cornet« bei Kerzenlicht vorgetragen und Ernst Jünger zitiert. Es treffen sich die Übermütigen, mit preußisch kurz geschnittenem Haar, die Tragischen, die Spengler verehren, Künsberg mit dem Rittergesicht, Karlchen Ruff, Haley und Schmauser, die immer angepumpt werden, Quex, der blasse Graf Rödern, Hill, Ruth aus Bremen und ich. Aus den Zusammenkünften werden Versammlungen. Flugblätter, deren Sinn mir längst entfallen ist, werden vom Monatswechsel gedruckt und von uns auf den Stufen der Uni verteilt, genau da, wo Jahre später die Geschwister Scholl ihre mutige tödliche Botschaft in den Lichthof herabflattern ließen.

Die weiblichen Mitglieder des NSDSTB wurden zu ehrenamtlichen niederen Dienstleistungen verwendet, sie durften die Zeitschrift – in Streifband verpackt – mit Adressen versehen.

Eines Tages rannte ein junger Mann in hellem Anzug die Treppe herauf, den Yankee Doodle pfeifend; er war eben aus Amerika zurückgekommen, er war der Chef, Herausgeber und Redakteur, der Führer des Studentenbundes, Redner bei den Astawahlen und eigentlich stud. phil., dreiundzwanzig Jahre alt, Baldur von Schirach.

Quex und ich wurden losgeschickt, in der hohen Messingkanne sollten wir bei »Mutter Engel« in der Türkenstraße Kaffee holen, Apfelkuchen und Schlagrahm, und bald saß die ganze Bande auf Schreibtisch und Stuhllehnen, und Baldur erzählte von New York . . .

Und als mich jetzt, nach siebzehn Jahren, der öffentliche Ankläger fragt, was ich mir denn dabei gedacht habe, als ich Baldur von Schirach heiratete, bleibe ich ihm die Antwort schuldig. Hätte ich sagen sollen, ich habe ihn einfach geliebt und es sei mir ganz gleichgültig gewesen, welchen Beruf er hatte – und mochte es der verrückteste Beruf der Welt sein –, er würde mich doch nicht verstanden haben. Der Ankläger will keine Liebesgeschichte hören, er will »Material«.

»Aber zum Donnerwetter, Sie werden sich doch etwas dabei gedacht haben, als Hitler 1933 an die Macht kam!«

Zurückschalten zum 30. Januar 1933:

Ich bin neunzehn. Habe eine winzige kleine Tochter und liege in einer Münchner Klinik. Gern hätte ich das Baby, dem Fluß zuliebe, Isar genannt, doch die Schirachs heißen seit Jahrhunderten Benedikt oder Benedikta, und so wurde es Angelika Benedikta getauft. Eine Schwester hat das Baby geholt, es schläft zusammen mit den anderen Neugeborenen.

Es ist Nacht. Ich stehe auf, um eine Orange zu essen und das Fenster zu öffnen. Eine Januarnacht wie von Felix Timmermans, eine ganze Welt voller Schneekristalle, auch der viereckige Klinikhof und die Sonnenuhr gegenüber. Ein Hauch scharfer Kälte dringt herein und zerstört den Geruch von Rosen und Desinfektionsmitteln. Doch die Schneeluft bringt auch einen Duft von Föhn und Schneeschmelze aus dem Gebirge mit, und eben das macht mir bewußt, wie glücklich ich bin: Ich habe ein Baby und kann es sogar allein baden, ohne daß es mir aus den Händen rutscht, das Baby hat eine Menge hübscher kleiner Jacken und Hemden und einen hellblauen Mantel, denn natürlich wurde ein Sohn erwartet. Baldur hat es zwar nur einen Augenblick gesehen, denn er reiste kreuz und quer durch Deutschland, und an eben diesem 30. Januar sprach er in einer Versammlung in Herford in Westfalen. Aber im Februar wollen wir zum Skilaufen in die Hohen Tauern, er hat es mir fest versprochen.

Plötzlich höre ich Musik, Singen, Rufen; ein ferner, beunruhigender Lärm aus den Straßen.

Ich klingle. Die Nachtschwester kommt und schaltet das Blaulicht an. Mit ihrer Flügelhaube sieht sie nun wie eine himmlische Erscheinung aus. »Schwester Maurella, was ist denn los draußen?« Maurella weiß es. »Irgend etwas ist geschehen«, sagt sie, »eine Revolution oder eine nationale Erhebung, der nette Herr Hitler, der

Sie besucht hat, ist Reichskanzler geworden. Wir haben seine Rosen ganz nah an die Madonna in der Taufkapelle gestellt. Mutter Oberin läßt für ihn beten. Wir beten alle für ihn, für ihn und Deutschland.«
»Sicher das Beste, was man tun kann, Schwester Maurella.« Maurella nickt auf eine reizende Art, sie knipst das Blaulicht aus und schließt unbeschreiblich sanft die Tür.
Hitler an der Macht! Ich sagte es vor mich hin. Das würde unser Leben verändern, Baldur würde irgendein großes Tier werden, und Vater würde dauernd mit Hitler unterwegs sein; sicher würden wir nach Berlin ziehen ... Was auch geschehen würde, langweilig würde es nicht werden, wenn es auch im Augenblick ganz still und dunkel war.
Die Geschichte hatte ein neues Kapitel begonnen und Glück und Unglück ihren Lauf.

Als mein Ankläger fragte: »Wie kommt Richard Strauß dazu, sich für Sie einzusetzen, dieser Sache werde ich auf den Grund gehen! Ich habe in Erfahrung gebracht, daß Sie ihm in Wien bewirtschaftete Güter zugeschanzt haben«, verwandelte er sich in den Ochs von Lerchenau.
Natürlich nur für mich. Ich kniff die Augen zu und sah ihn mit Spitzenjabot und seinen Kniehosen, ich hörte Rosenkavaliermusik in dem muffigen Verhandlungsraum, und ich half, »der Sache auf den Grund zu gehen«. Er liegt weit in der Vergangenheit. Als Baldur noch ein kleiner Junge ist, führt sein Vater, der Rittmeister, Gardekürassier, Kammerherr, Generalintendant Carl Baily Norris von Schirach, am Weimarischen Hoftheater Strauß-Opern auf. Der Komponist und seine junge Frau Pauline sind zum Tee in dem hübschen Haus in der Gartenstraße, dem gleichen Haus, in dem sich heute die sowjetische Kommandantur befindet. Während die Großen über Elektra sprechen, schauen Franz Strauß, der Bubi heißt, und Baldur Briefmarkensammlungen an.
So fing es an, Herr Ochs von Lerchenau!
Die Weltgeschichte macht einige Kurven, es ist einige Jahrzehnte später, wir befinden uns in Wien, und es ist wieder ein kleiner Junge

da, er heißt, Strauß zuliebe, Richard, und Strauß schenkt ihm eine Geige. Das Baby ist zu klein zum Geigenspielen, aber auf all unseren Fluchtwegen und Umzügen verläßt ihn die Geige nicht ... Und mitten in Wien, in der Jaquingasse, steht das Haus der Familie Strauß. Hier wohnen Richard Strauß und Pauline, Bubi und Alice, und zwei Jungen, die Enkel. Es ist Krieg.

Natürlich hätte Richard Strauß in die Schweiz gehen können, die ganze Welt hätte ihn aufgenommen, aber er hat einen bayrischen Dickschädel von seiner Mutter, die aus München stammt und Pschorr heißt.

Er liebt Wien, und Wien verläßt man nur, wenn es sein muß. Es ist die Zeit der großen Knappheit. Strauß braucht Milch, um gesund zu bleiben, einfache, gewöhnliche Milch aus der Kuh.

Jedoch – es gibt keine Zusatzkarten für Genies, also auch für Strauß keine Milch. Sein Haus in der Jaquingasse ist schwer zu heizen. Man kann keine Noten schreiben, wenn man kalte Finger hat. Sollte also Richard Strauß die Musik, die in seinem Kopf steckte, nicht niederschreiben, weil seine achtzigjährigen Finger zu kalt waren? – ich weiß nicht, wie mein Ankläger entschieden hätte.

Plötzlich verstehe ich auch, wieso mein Ochs so wohlinformiert ist. Strauß hatte in seiner musikantischen Schrift, mit der er ganz klein und ganz groß schreiben konnte, einige Karten an mich geschickt, so zum Beispiel:

»Sehen wir uns in Berlin, am 13. Juni (1942) bei der Erstaufführung meiner Jugendsünde ›Guntram‹; ich wohne beim Gesandten von Mandschuko, der mich freundlichst eingeladen hat. Empfehlen Sie mich bitte Ihrem Gatten; ich würde ihn gern wiedersehen.

Ihr verehrungsvoll ergebener ...«

Das war ungefährlich, aber eine andere Nachricht hieß: »Ich danke Ihnen für Ihre Hilfe, ohne sie hätte ich nicht weiterarbeiten können.« Bei Verhören, die Captain Becker von der Garmischer CIC durchführte – »durchführte« klingt so ordentlich, in Wirklichkeit schmiß er alles durcheinander und suchte immer nach Schnaaaps –, fielen ihm diese Karten und Briefe in die Finger. Er hielt sie mir tri-

umphierend unter die Nase: »Ein hübsches Fressen für einen CIC-Offizier, das werden Sie zugeben.«
Es war wirklich ein hübsches Fressen, er gab es an den Kriegskorrespondenten Klaus Mann weiter. An Klaus, den Sohn des verehrten Thomas Mann. Thomas Mann und Baldurs Vater waren in Lübeck zusammen zur Schule gegangen, in einem der Schuljungen in den »Buddenbrooks« hat er ihn porträtiert. Später hatten Thomas Mann, Richard Strauß und Carl von Schirach zusammen Skat gespielt. Aber Gott weiß, warum, heute reizte es den Sohn Klaus Mann, dem alten Richard Strauß eins auszuwischen. Er hatte Strauß in seinem Garmischer Haus interviewt. Dann startete er eine Radiosendung gegen ihn und verlas die Briefe. So waren sie zu Ohren meines Anklägers gekommen.
1944 feierten wir in Wien den achtzigsten Geburtstag von Richard Strauß.
Hitler hatte gratuliert, Goebbels in einem Fernschreiben an die Reichsstatthalterei verschiedene Verbote losgelassen – so sollte man vermeiden, mit Alice zusammenzutreffen. Alice, die Schwiegertochter, blonder und blauäugiger als die meisten Germaninnen, ist »Nichtarierin«. Ein Wort, das mir heute, da ich es niederschreibe, komisch vorkommt, das aber 1944 dem Wort Todesurteil gleichkommen konnte. Nach Goebbels' Anweisungen sollte auch verhindert werden, daß sich Strauß in seinen Äußerungen an seinem Geburtstag gegen die Regierung wende, auch in spaßhafter Form wolle man das nicht hören; es war bekannt, daß Strauß seinem Ärger auf diese Weise Luft machte. Man hatte völlig recht mit der Vermutung. Im Rathaus war das Festbankett. Ein Redner löste den andern ab.
Sie rühmten den Meister und sein Werk. Dann sprach er selbst.
»Die Engländer«, so begann er, »pflegen sich in ihren Toasten kurz zu halten. Meist sagen sie nur zwei Worte: ›The King.‹ So sage ich denn ........«
Es wurde ganz still.
Der Meister wartete noch einen Augenblick, kostete das Warten aus, besah sich die Tafelrunde.

Dann fuhr er, das Glas hebend, fort ». . . die Philharmoniker.« Baldur ließ Strauß zum Geburtstag einen Dirigentenstab anfertigen. Entwurf Professor Josef Hoffmann. Geschenk der Stadt Wien. Ein hübsches Ding aus Ebenholz, an der Spitze funkelt ein Diamant. Warum? Weil Strauß immer sagte: »Beim Dirigieren kommt's aufs Spitzel an.«

Im Jahre 1949 begegnete mir der Stab wieder. Dr. Franz Strauß nahm ihn aus einer der Vitrinen des weißen Wohnhauses in Garmisch, wo er neben Ehrenbürgerbriefen und Geschenken lag. Die Filmkamera surrte und nahm die kleine Szene auf, denn wir waren eben dabei, einen Film über Strauß zu drehen, ein paar hundert Meter historisches Zelluloid.

Richard Strauß macht es Spaß, weder das Kabelgewirr noch das grelle Licht stört ihn. Er hat in seinem ganzen Leben keinen Tonfilm gesehen, und auch diesen wird er nicht sehen, denn er stirbt, während der Film in Geiselgasteig geschnitten wird. Für diesen Streifen spielt Strauß den Schluß der Oper Daphne auf seinem Flügel und läßt sich im hellblauen Wagen des amerikanischen Militärgouverneurs von Garmisch, Mister Garlock, nach München fahren, um dort den Schluß des zweiten Aktes Rosenkavalier zu dirigieren.

Das Prinzregententheater ist leer, bis auf das Philharmonische Orchester und uns, zehn Leute, die wir mit dem Film zu tun haben.

Das Haus ist dunkel, nur die Jupiterlampen bilden einen hellen Kreis um Strauß, als er sich durch das Spalier der Musiker zu dem hohen Dirigentenstuhl begibt. Es entsteht ein zärtlicher Jubelsturm, die Philharmoniker klopfen mit ihren Geigenbögen an die Instrumente, minutenlang wirbeln die Trommeln.

Wir alle wissen, daß er zum letztenmal hier steht. Mit schleppendem Rauschen hebt sich der Vorhang.

Es ist nun wieder ganz der Kapellmeister, als der er hier begonnen hat. Die Tonkamera nimmt seine Worte auf:

»Meine Herren, wir beginnen!«

Die Bühne ist nur durch barocke Kerzenleuchter erhellt. Der Ochs von Lerchenau tanzt den Walzer, selig und pfiffig, derb und zärt-

lich. Er stampft mit dem Fuß auf und hält das gefüllte Glas grüßend dem Meister entgegen.
Der Film schließt mit einer Szene im Garten.
Strauß geht auf die Kamera zu. Man spürt die seidige Zartheit der Haut. Die blauen Augen zwinkern mißtrauisch, denn eine Menschenherde steht ihm gegenüber.
Plötzlich bleibt er stehen.
Es ist genau die Stelle, an der ein paar Wochen später die Urne mit seiner Asche stehen sollte.

Und auch den 80. Geburtstag eines anderen großen Mannes begehen wir in Wien.
Es ist der 15. November 1942, Gerhart Hauptmanns 80. Geburtstag; wir feiern ihn in unserm Haus in Grinzing mit einem Frühstück, zu dem auch Richard und Pauline Strauß eingeladen waren, und sicher noch eine Menge anderer Gäste.
Es begann damit, daß Rosa mit dem Omnibus nach Preßburg, in die Slowakei, hinüberfuhr und dort auf dem Markt Hühner kaufte.
Es gab Kaviar, Hühner und Fogosch. Fogosch, ein Fisch aus der Donau, war am leichtesten zu beschaffen.
Schon einige Tage vorher war Baldur nach Breslau gefahren, um Hauptmanns abzuholen.
Goebbels wollte den Geburtstag nicht gefeiert wissen, aber Baldur bestand darauf; in den Tagebüchern Goebbels' kann man die Empörung, die er darüber empfand, nachlesen.
Sie kamen ziemlich vergnügt in Wien an, auch P. M. Padua war dabei, er hat das letzte Porträt Hauptmanns gemalt, so wie er auch Strauß gemalt hat.
Hauptmanns wohnten nicht im Hotel. Im Palais Pallavicini am Josephsplatz hatte man für sie eine kleine Wohnung eingerichtet, ein etwas altmodischer, aber geradezu raffiniert ausgesuchter Fleck, um acht Tage Wien zu genießen, ganz still und doch mitten in der Stadt.
Eigentlich ist das Palais ein Museum für historische Musikinstrumente, alle Arten von Baßgeigen und zierlichen Spinetten begegnen

dem Dichter auf seinem Weg ins Schlafzimmer. »Ich bin ja auch so ein historisches Instrument«, sagt er. Dem Berliner Verbot zum Trotz spielten die Wiener Theater seine Stücke. Mir ist nur noch der Besuch des »Florian Geyer« im Burgtheater in Erinnerung, Ewald Balser in der Titelrolle. Bei dem Wort:
Wie fing sich der Handel so glücklich an,
und wie schrecklich ist er ausgegangen –
faßt Hauptmann Baldurs Hand ...
Beim Geburtstagsessen sind wir vergnügt. Auf dem langen Tisch liegt der weiche Damast, der schon auf Kaiser Franz Josephs Tisch lag, und auch sein Silber mit dem Habsburger Monogramm ist Hauptmann zu Ehren aus der Silberkammer geholt worden.
Leider hat keine Filmkamera die Unterhaltung zwischen Strauß und Hauptmann notiert, ihr Lachen, als sie sich einer Geschichte erinnern, die fünfzig Jahre zurückliegt, und bei der es um Tantiemen ging.
Nach dem Essen gehen wir hinüber ins Teezimmer, ein Raum in Ockergelb, mit einer langen, chintzbezogenen Bank, die Platten der Tische davor sind mit Pergament bespannt. Kerzen brennen, um das Novembergrau auszuschließen. Hier gibt es Mokka, doch Hauptmann hat sein Rotweinglas mit herübergebracht. Er erklärt uns, geradezu medizinisch, weshalb er Rotwein brauche. »Er erwärmt mein Gehirn, ich brauche für diese müde Maschine da oben Anregung. Längstvergessenes fällt mir ein, Rotwein zaubert es herauf – eine Begegnung mit Fontane vielleicht, oder den Tag, an dem ich den Ketzer von Soana begann.«
Außer dem Wein schenkte ihm die Stadt Wien ihren Ehrenring, ein bißchen monströs, aber fein gearbeitet. Der Dichter besieht ihn sich ganz gründlich, dann nimmt er ihn aus dem weißen Lederkästchen und steckt ihn mir zum Spaß an den Finger und sagt, »jetzt sind wir verlobt!«
Ein paar Jahre später finde ich in einer Zeitung Hauptmanns Bild wieder. Es zeigt ihn in seinem Haus in Agnetendorf im Gespräch mit dem sowjetischen Oberst Sokoloff, der sich für Hauptmann einsetzte, als er die Feindschaft der Polen zu spüren bekam.

Doch seinen letzten Wunsch kann auch er ihm nicht erfüllen. Hauptmann wird nicht im Park des Wiesensteins begraben werden. –

Mein Ankläger will auch wissen, wie das mit den Festen gewesen sei, mit jenen großartigen Festen der Nazis.

Mit dieser Frage bringt er mich geradezu in Verlegenheit. Es wurden viel zu wenig Feste veranstaltet, und es ist geradezu verdienstvoll, Sommerfeste in Gärten zu veranstalten, oft sind sie die einzige Erinnerung, die bleibt, wenn alles andere vergessen ist. Man überlegt, was ein Panzer kostet, und halte die Kosten für ein Sommerfest dagegen – aus purer Sparsamkeit wird man für Feste sein.

»Denken Sie nur zurück«, sagt der Ankläger.

Ein Gartenfest bei Rudolf Heß fällt mir ein. In seinem Haus in Harlaching. Ich erinnere mich nur an dieses Fest, weil große gelbe Lampions in den Bäumen hingen und General Haushofer durch den Sitz seines Stuhles gebrochen war. Beides hatte uns amüsiert. Ich zog ihn heraus. Er revanchierte sich dafür, indem er mir vom kalten Büfett Würstchen mit Kartoffelsalat eroberte. Er erzählte von einer Flußfahrt in Japan, die er mit Stefan Zweig unternommen hatte. Aber meine Gedanken bleiben nicht bei dem Fest. Das Schreckliche ist gegenwärtig.

Ich sah Haushofer zum letztenmal an einem blauklingenden frostigen Januartag des Jahres 1946, als mich Philip Flynn, der Feldgeistliche des IMT, zum Hartschimmelhof nach Pähl, wo Haushofer lebte, mitnahm. Haushofers Frau war Jüdin, seinen Sohn hatte man in ein KZ gesperrt, kurz vor der Befreiung erschoß man ihn auf der Flucht, in seinen Händen fand sich ein Bündel Gedichte, die Moabiter Sonette. Doch nun wollten die Amerikaner General Haushofer als Kriegsverbrecher anklagen, in seiner Zeitschrift »Geopolitik« fand sich Material, das zu einer Anklage geeignet erschien. Er wäre ein sehr dekorativer Angeklagter gewesen, wenn ihn nicht ein Schlaganfall bewegungsunfähig gemacht hätte. Er lag auf einem schmalen Diwan in seinem Schlafzimmer im ersten Stock des einsamen Gutshofes, er hatte es sich so eingerichtet, daß er gerade zum

Das glanzvolle Berlin wurde zu einer zerstörten Stadt. Vor der Ruine des Reichstags Schirachs Sohn Klaus, der seinen Vater in Spandau nach Jahren besuchen durfte.

November 1944. Die Wiener Staatsoper ist durch Bomben vernichtet.

Colin Ross verläßt die Reichskanzlei. Er hatte Hitler vor dem Kriegseintritt der Vereinigten Staaten gewarnt. Er weiß, daß seine Mission scheitern wird.

Unser Urfelder Haus über dem Walchensee war einst König Ludwigs Jagdhaus. Im April 1945 erschoß sich hier Colin Ross und seine Frau.

Fenster hinaussehen konnte, auf zwei Eichen, zwischen denen ein Madonnenbild stand.
Das Licht fiel auf seine Hakennase und seinen kleinen weißen Schnurrbart, der ihn Knut Hamsun so ähnlich machte.
Ich wollte von ihm Hilfe für Baldurs Verteidigung – der Nürnberger Prozeß war in vollem Gang –, doch jetzt war er selbst gejagt, und die zwei Männer, die in der Küche saßen und so harmlos Zeitung lasen, waren deutsche Polizisten, die nur darauf warteten, ihn zu verhaften, wenn er transportfähig sein würde.
Eines Tages war es soweit, er konnte langsam gehen. Er bat, mit seiner Frau einen Abschiedsspaziergang durch seine Felder machen zu dürfen. Man dachte sich, der alte Mann kann doch nicht weglaufen, und ließ ihn gehen.
Er wollte auch gar nicht weglaufen. Im Gegenteil. Er erhängte seine Frau und sich selbst.

Anläßlich der Olympiade 1936 gab Ribbentrop ein Fest in seinem Berliner Haus.
In dem kleinen Diary, das Mamsie einst bei Wanamaker in New York kaufte und in das ich alles hineinschreibe, steht darüber: »11. August. Gartenfest bei Ribbi. Weißes Abendkleid, Abordnung englischer Frontkämpfer. An unserem Tisch Herr Henkell, Baron Coubertin (er meint, daß wir in drei Jahren Weltkrieg haben!), ein Arzt, der heute aus China kam. Fernsehübertragung der Wasserballspiele ausgezeichnet.« –
Und die Empfänge in der Reichskanzlei?
Weiße Einladungskarten mit dem geprägten Hoheitsadler: »Der Führer und Reichskanzler läßt bitten ...«
Riesenanfahrt von schwarzen Mercedeswagen. Schwarz und Mercedes war Ehrensache; als Baldur sich einen Horch kaufte, nahm es Hitler ärgerlich zur Kenntnis und schenkte ihm zum Geburtstag einen schwarzen Luxusmercedes, wie er ihn selber fuhr – allerdings begleitete Bormann den Wagen mit einem Brief, der ein Benutzen während des Krieges verbot.
Diener in weißen Jacketts, SS-Männer in Uniform öffnen den Wa-

genschlag, weisen den Wagen zum Parkplatz, die Gäste die Treppe hinauf.
Im Vorraum eine Art Herold, der mit seinem Stab aufklopft und die Namen der Gäste so laut ruft, daß Hitler, der am Eingang zum großen Saal steht, sie verstehen kann.
Man geht auf ihn zu, die Männer grüßen zackig, und die Damen bekommen einen klassischen Handkuß. Hitler trug, ehe er den Schwur tat, nur noch Uniform zu tragen, solange der Krieg auch dauere – einen Frack.
Nun ist man mitten drin im Gewühle. Diplomaten, Künstler, Offiziere, Schauspielerinnen, Politiker. Auf großen Tischen liegen die Tischordnungen, gedruckte Listen, aus. Hat man Glück, erwischt man einen General, der Hermann Hesse liest, oder einen Botschafter, der Rosen züchtet.
Der kleine, dicke, lustige Kannenberg, der auf Picknicks meisterhaft Ziehharmonika spielt und ein großer Gastronom ist, hat das Menü zusammengestellt. Die Speisenfolge ist nicht luxuriöser als bei irgendeinem Staatsoberhaupt sonst auf der Welt. Es wird flink und tadellos serviert, nur sanft klirren Teller und Gläser in das Sprechen und Lachen der Gäste.
Hitler kontrolliert alles mit den Augen.
Man hat oft behauptet, er sei ein »verschlampter Österreicher« gewesen, ach, er konnte preußischer sein als ein Preuße! Einmal sah ich ihn vor dem Essen die gedeckte Tafel kontrollieren. Die Gläser standen da wie Soldaten vor einer Besichtigung, und auch die Rosen in den kleinen Silbervasen hielten die Köpfchen ganz gerade.
Ich neckte ihn: »Sie inspizieren die Dessertlöffel?«
Er hielt die Hände auf dem Rücken und schritt die Front der Hufeisentafel ab. »Natürlich«, sagte er, »hier fängt sie ja an, die Ordnung.« Er sagte Ortnung, mit t. Einer der Diener ging hinter ihm, er hielt das lederne Steckbrett, in dem die Kärtchen mit den Namen der Gäste staken. Hitler wechselte zwei Kärtchen aus, setzte eines der wenigen jungen Mädchen, die eingeladen wurden, neben einen wichtigen Gast. Ortnung, wie oft habe ich ihn das Wort sagen hören!

Ortnung, das hieß nicht nur das genaue Parken der Wagen hintereinander –
Ortnung, das hieß »Die neue Ordnung«, die neue Ordnung Europas.
Ortnung, das hieß germanisieren, ausmerzen.
Ortnung, das hieß Stammbaum und Ahnenreihe, Liebe zur eigenen und Haß auf die andere Rasse.
Ordnung für die Germanen und Chaos für die anderen. Er wollte eine Tischordnung für ganz Europa machen, er wollte bestimmen, welches Land wo sitzen sollte.
Seine Ordnung, auf die Kunst übertragen, war die arme, nackte Wirklichkeit, die das Gras so grün malt, daß die Kuh es frißt.
Ordnung in der Dichtung hieß Anacker.
Ordnung in der Musik war ein zerhacktes Lied, beim Marschieren gesungen.
Er teilte alles ein, in saubere, mit dem Lineal gezogene Linien. Senkrecht und waagerecht. Vielleicht wollte er gar nicht, daß es ein Gitter werden sollte, aber plötzlich schob es sich zusammen, zu kleinen, engen Vierecken, und wer nicht hineinpaßte, war draußen.
Aber es waren nicht die Barlach, Nolde, Klee, Marc, Kokoschka, Werfel, Tucholsky, Polgar, Kästner, Kortner und Carl Zuckmayer, die ausgeschlossen waren, wir waren hinter Gittern, und wenn wir meinten, daß die anderen eingesperrt seien, verfielen wir dem gleichen Irrtum, dem Tiere im Käfig verfallen.
Die anderen waren frei, nicht wir.
Verspürte man Sehnsucht, die Musik der Welt zu hören, nicht nur die Lurenklänge der Germanen, dann mußte man sein Ohr dicht ans Gitter pressen. Und viele wollten durch das Gitter hören und sehen, aber es war so wenig, was durch Kriegsgeschrei und Bombenlärm zu uns in den Käfig drang.

Schließlich will der Ankläger erfahren, wie wir denn nach Wien gekommen seien. Er verliest Baldurs Ämter: Gauleiter und Reichsstatthalter in Wien, Reichsjugendführer, Oberbürgermeister von

Wien, Reichsverteidigungskommissar Wien. Dienstsitz im Palais am Ballhausplatz, im Rathaus und im Parlament.

Ja, wie war es denn gekommen?

Im Winter 1939 war Baldur als Freiwilliger eingerückt. Putzte in der Kaserne in Döberitz seine Stube, sein Gewehr und sein Koppel, robbte auf dem Kasernenhof herum und tat, als ob es ihm Spaß mache. Hitler wollte der Wehrmacht zeigen, daß »seine Leute« auch prima Soldaten abgäben, und weil die meisten Parteiführer zu alt, zu dick oder sonstwie zum Heeresdienst untauglich waren, sollte sich Baldur, als Jüngster der Führerschaft, »bewähren«.

Manchmal hatte er Samstagabend frei, dann traf ich den »Schützen Schirach« im Hotel Kaiserhof und bürstete die kleinen grauen Kragen, die man in die Feldbluse knöpft, im Waschbecken des Hotelzimmers, denn Wäsche waschen, das tat er nicht gern. Da aber das Schicksal seltsame Einfälle hat, sollte er später im »Allied Prison Spandau« jahrelang mit Albert Speer die Wäsche der Mitgefangenen waschen . . .

Baldur also diente unter Hauptmann Lindow in Döberitz, bekam eine Schießbrille, Bauchwärmer, Soldbuch und Erkennungsmarke, wurde geimpft und zur Berichterstattung beim »Obersten Kriegsherrn« in die Reichskanzlei zum Abendessen eingeladen.

Hitler begrüßte uns in seiner Bibliothek, ich glaube, es war der Trakt, der aus der Hindenburgzeit stammte, Bücherschränke bis zur Decke, hinter Glas, große braune Ledersessel, die schon der »Alte Herr« benutzt hatte, über dem Kamin ein Bismarckporträt von Lenbach, das wir einmal als Geschenk der Hitlerjugend in einer Münchner Kunsthandlung gekauft hatten.

Hitler hatte eben ein Buch angesehen, es lag noch aufgeschlagen vor ihm, die Brille auf den offenen Seiten, denn immer, wenn er beim Lesen überrascht wurde, nahm er schnell die Brille ab. Aus purer Koketterie wollte er nicht, daß ihn jemand mit Brille sähe. Tatsächlich sah er damit auf eine beruhigende Art gemütlich aus. Er sperrte sie umständlich in ein Futteral, rieb sich die Augen und sagte: »Sehen Sie, ich brauche eine Brille, ich werde alt, und deshalb führe ich auch den Krieg lieber mit fünfzig als mit sechzig.«

Es war ein Fotobuch mit Bildern aus London. Eben waren die ersten Bombenangriffe auf England niedergegangen. Er blätterte in dem Buch: »Welche Wohltat, keinen Barock zu finden.« Dann klappte er es zu, als sei er zornig auf die gesehenen Bilder. »So etwas darf ich mir nun nicht mehr ansehen!«

Wir gingen in den Wintergarten zum Essen. Wie immer stellte ein SS-Mann das vegetarische Essen vor ihn hin. Hitler wäre ein folgsamer Schüler Gayelord Hausers geworden, denn er aß mit Bedacht und haßte es, dick zu werden, er war sicher, daß der Mensch der Zukunft schlank sein würde, »schon aus Gründen der Platzaufteilung in Flugzeugen und Autos«.

Auf allen silbernen Bestecken waren A und H graviert, in der Mitte der Adler. Auch die Bürsten und Nagelfeilen im Waschraum trugen diese Zeichen, und er wurde zornig, wenn man ihm meldete, daß wieder ein paar der kleinen gravierten Mokkalöffel, als Erinnerung mitgenommen, verschwunden waren. Was würde er gesagt haben, wenn er das Bild aus den Stars and Stripes hätte sehen können, das die strahlende amerikanische Offiziersfrau zeigte, die ihren heimatlichen Tisch mit seinem erbeuteten Besteck deckte!

Es wurde Frühling 1940 und der Schnee schmolz, darauf hatte man gewartet. Der Angriff im Westen begann. Nun dachte niemand mehr daran, daß wir einmal in einem vollgepackten Auto von Nancy nach Schlettstadt gefahren waren, erfüllt von dem Gedanken der deutsch-französischen Verständigung, die uns als das Wichtigste unserer ganzen Bemühungen erschien. Das war 1938. Baldur hatte mit Otto Abetz ein Telegramm verfaßt und in Schlettstadt zur Post gegeben, daß niemals mehr das Lied »Siegreich wolln wir Frankreich schlagen« von der HJ gesungen werden sollte . . . Und keiner dachte mehr an den blinden Führer der französischen Kriegsopfer, der uns in Paris begrüßt hatte, oder an den Besuch beim Sportminister, in dessen Vorzimmer die Stühle mit in Petit point gestickten Motorrädern standen, vergessen war die kleine Französin, die uns die lustigen blau-weiß-roten Fähnchen ansteckte, vergessen die Einladung an tausend junge Franzosen, einen Sommer in Deutschland zu verbringen, im »Jahr der Verständigung«.

Nun waren wir wieder Hunnen und wollten wieder siegreich Frankreich schlagen, wie es in jenem dummen Liede hieß.
Wie zum Hohn auf das, was wir zu tun vorhatten, marschierten wir in Paris ein. Mitternachts kam das Signal »Das Ganze halt!« durchs Radio. Es klang durch eine Nacht voller Glühwürmchen, Rosen und Hollunder blühten, anschließend wurden 50000 deutsche Gefallene und zwei Millionen gefangene Franzosen gemeldet. Am 21. Juni 1940 mußte die französische Abordnung im Salonwagen des Marschalls Foch im Walde von Compiègne stehend die Kapitulation Frankreichs unterzeichnen. Dann kam alles so schnell, daß man nicht mehr darüber nachdachte. Baldur kam aus Lyon. Braungebrannt und dünn in seiner Leutnantsuniform. Vor der Tür stand ein knallroter Rennwagen.
»Der Wagen muß sofort zurück nach Paris, zu Oberst Garski.«
»Was willst du zuerst?« fragte er mich, »ein Geschenk oder eine Nachricht?«
Das Geschenk war eine Flasche Mitsouko, und auch die Nachricht war von außerordentlicher Qualität: »Hitler hat mich sofort nach dem Waffenstillstand ins Führerhauptquartier bestellt, ich habe einen neuen Auftrag.«
»Amerika?« (Hitler hatte oft davon gesprochen, Baldur als Botschafter nach Washington zu schicken.)
»Wien. Reichsstatthalter in Wien. Hitler will einen neuen Mann in Wien haben, für die Jugendführung werde ich doch langsam zu alt, der Südosten interessiert mich, und in Wien kann ich mich mehr mit Kunst als mit Politik beschäftigen.«
Er zog einen Notizzettel aus der Tasche: »Viele Anweisungen hat er mir nicht gegeben, nur diese zwei Sätze habe ich beim Essen notiert: ›Arbeiterschaft und Künstler gleichermaßen wichtig nehmen‹ und ›Wien ist eine Perle, ich werde ihr die Fassung geben, die ihrer würdig ist.‹«
»Na, und du sollst jetzt in der Fassung arbeiten?«
»Ja, ich kann mir gar nichts Schöneres vorstellen, direkt von der Front an Metternichs Schreibtisch am Ballhausplatz!«
Ich gestehe, daß ich den ganzen Krieg vergaß bei der Vorstellung,

in Wien leben zu dürfen. Es kam uns ja gar nicht in den Sinn, daß wir als Vertreter des verhaßten Hitler auftraten, als Usurpatoren, als Eindringlinge. Ich hatte ja selbst einige Jahre vorher die wilde Melodie des Willkommen-Jubels gehört, mit der die Deutschen in Österreich begrüßt wurden, hatte mit eigenen Augen die Spruchbänder gesehen, die alle Straßen überspannten: »Österreich kehrt heim ins Reich!« Wir waren bis hinunter zu den Karawanken gefahren.

In Trofaiach waren die Hakenkreuzfahnen noch schreiend rot und neu, noch hatte sie kein Regen blaßgewaschen. Jedes Haus war geschmückt, oder man war eben dabei, Blumengirlanden anzubringen. Ein alter Mann stand auf einer Leiter und legte eben einen Blütenkranz um eine Madonnenstatue in einer Nische, die nun, ganz unschuldig, in den Kreis der Huldiger einbezogen war. Die kleine Szene blieb mir im Gedächtnis, obwohl ich die vielen feierlichen, von Böllerschüssen begleiteten Begrüßungen durch die Bürgermeister vergessen habe, denn im gleichen Augenblick drehte sich Baldur im Wagen um, uns zu sagen: »Wenn nur Österreich diesen Anschluß und diesen Jubel nie bereuen muß!«

»Bereuen?«

Warum bereuen, Österreich bekommt doch riesige Zuschüsse von Deutschland, um seine Wirtschaft anzukurbeln, allein die Theater erhalten elf Millionen im Jahr ... Die Straßen lagen voller Blumen, ein Teppich von Blumen, es knackte leise, wenn die Räder des Wagens darüberfuhren.

Und nun schrieb man Sommer 1940.

Das Infanterieregiment Großdeutschland hatte am 19. Juli den Dankgottesdienst in Notre Dame abgehalten. Baldur vertauschte die graue Montur mit einem Flanellanzug und fuhr mit dem langen blonden Willi Scholz, der aus Westfalen stammte und ein Jahr später im Osten fiel, im offenen zweisitzigen schwarzen Mercedes-Rennwagen nach Wien.

»Wir fahren durch bis Melk«, sagte er mir, »dort schaun wir uns die Klosterbibliothek an, und abends rufe ich an, vom Kobenzl aus –«

Doch leider befinden wir uns im Augenblick nicht auf dem Kobenzl

– obwohl ich das sehr bedaure, denn er ist einer der reizendsten Flecken dieser Erde –, sondern bei der Spruchkammerverhandlung in Tölz, und ich bezahle für die glückliche Zeit am Kobenzl.

Meine Aussagen befriedigen den Ankläger nicht. Er versucht, böse und entschlossen unversöhnlich auszusehen, ich überlege, was ihn wohl dazu bringen könnte, zu lächeln.

Doch gebe ich es auf, obwohl er mein Landsmann ist und nicht die elegant-raffinierte Sorte des Anklägers Herf, der als Gentleman verkleidet ist und mit einem parfümierten Tüchlein im Sakko blufft.

Auch mein Amsterdamer Protest bei Hitler kommt zur Sprache. Nun fragt irgend jemand, warum ich Hitler nicht getötet habe, wenn ich schon so oft auf dem Berghof war. Ich muß ihm der Wahrheit gemäß antworten, daß ich eine Abneigung gegen das Töten habe, sogar Mäuse lasse ich nach Möglichkeit aus ihren Fallen. Der Frager war im Krieg mit Gewehr und Pistole ausgerüstet, ich aber höchstens mit einem Obstmesser. Hat nicht gerade der Frager seiner Aussage nach schon immer gewußt, zu welchem Unhold Hitler sich entwickeln würde? Hätte also er, der Frager, nicht viel eher in Aktion treten müssen als ich?

Entlastungen werden verlesen. Peinlich, weil sie mir heraushelfen wollen und irgendeine Freundlichkeit anführen. Soldatenbriefe, Bericht der Stadt Wien, Briefe von Kasimir Edschmid, Hans Carossa und Waldemar Bonsels.

Bonsels schrieb seinen Brief auf einen Bogen der Mark-Twain-Gesellschaft, deren Präsident er war. Ein Beisitzer, ein zierlicher Greis, will wissen, was das ist.

Doch es öffnet sich nicht die Tür, um Huckleberry Finn mit seinem Sommersprossengesicht hereinzulassen, und auch die Biene Maja summt nicht durchs Zimmer, denn es ist Dezember. Ganz dicht an Weihnachten. Deshalb will man auch zu einem Schluß kommen, zu Weihnachten gelangt die Menschlichkeit immer etwas in Mode.

Wie dumm ich war, wie ungewitzt.

Ich hielt das Verfahren für eine faire Sache, bei der es um Schuld oder Nichtschuld gehe.

Es war simpel.
Es ging einfach darum, uns unser Haus zu nehmen, den Garten, die zugeschneite Himbeerhecke mit den Vogelnestern, die Schränke, Kochtöpfe und Bienenvölker, die Ecke mit dem Efeufenster.
Man sprach mich frei und zog einen festen Tintenstrich durch den Namen, der uns als Eigentümer auswies. Ich habe diesen Strich gesehen, er ist korrekt mit dem Lineal gezogen. Damit ist man zufrieden. Ich bin »frei«, muß nur noch einmal ins Lager zurück, den Entlassungsschein stempeln lassen. Immer sind noch Hunderte von Frauen eingesperrt. Auch Emmy Göring und Luise Funk bleiben in den Baracken zurück. Am Bahnhof will ich meine Armbanduhr verkaufen, denn ich habe meine Wiener Wachtpostin zum Essen eingeladen und muß nun mein Billett kaufen. Auf der Straße treffe ich auf eine Gruppe von Männern, die nach Schwarzhandel aussehen. Sie kapieren schnell und bringen einen schwarzen Amerikaner mit deutschem Geld an. Er zahlt in den schmutzigen deutschen Scheinen, die nur geringen Wert besitzen, ohne die man aber doch nicht leben kann. Das Armband geht nicht um das schwarze Handgelenk herum, der neue Besitzer steckt die Uhr in die Tasche, er hat schon drei andere Uhren um.
Am Abend komme ich nach Lenggries, zu spät für den letzten Bus, nur der Postschlitten geht noch. Ich darf mich mit auf den Kutschbock setzen, und nun bin ich froh, daß ich die Soldatenhose und die gefütterte Amijacke anhabe.
Es begann zu schneien. Seidenzart kamen die Nebel. Je tiefer wir in das Gebirge kamen, desto höher wurden die Schneewächten links und rechts der Straße, und schließlich fuhren wir in einer einzigen tiefen Schneerinne. An den Haltestellen standen Wartende und nahmen den Postsack in Empfang. Petern, Letten und Höfen hießen die Einöden. Wir sahen ihnen nach, als sie in die Häuser zurückliefen, hinter manchen Fenstern brannten schon die Kerzen am Christbaum.
Der Weihnachtsabend war der richtige Zeitpunkt, mein Gelübde zu erfüllen.
Obwohl ich mir einbilde, ein moderner Mensch zu sein, kalt-

schnäuzig und von Illusionen geheilt, habe ich vor dem Nürnberger Urteil ein Gelübde getan: »Wenn sie Baldur nicht hängen, dann schenke ich das Kostbarste, was ich besitze, unserer kleinen Kirche.«

Hätte ich Geld gehabt, hätte ich eine Kirche gestiftet, eine ganz moderne natürlich, mit heiteren Fenstern, wie sie Corbusier baut. So aber besaß ich nur die kleine Brücke, edel, aus Seide geknüpft. Sie war einst in Teheran gekauft und im Flugzeug hierhergebracht worden. Die Kinder hatten den kleinen Teppich mitgeschleppt, als sie das Haus verlassen mußten, und bei Haussuchungen rollten wir ihn schnell zusammen und warfen ihn aus dem Fenster, und Robs schleppte ihn in den Wald.

Dieser Teppich mußte also noch heute dahin, wo ich ihn haben wollte . . .

Der Schlitten bog um die letzte Kurve. Da lag unser Dorf. Viele Fenster waren hell.

Die Pferde hielten vor dem Posthaus. Sie stampften auf und schüttelten ihre Nüstern vom Schnee frei. Man legte ihnen eine karierte Decke um, die Glöckchen an ihrem Geschirr klirrten fröhlich auf.

Da standen die Kinder. Schneekristalle schmolzen auf ihren heißen Gesichtern, sie fanden es ganz selbstverständlich, daß ich am Weihnachtsabend nach Hause kam. Bei der Christmette lag der Teppich auf den drei Altarstufen. Vorher hatten wir ihn auf den Schnee gelegt und allen Staub herausgeklopft. Unser Pfarrer trägt derbe Stiefel, denn er muß nach der Mette in sein verschneites Pfarrhaus zurückmarschieren, die weiß-goldene Feiertagsstola reicht bis zu den Füßen. Grade als der Chor singt: »Jauchzet, ihr Hirten«, sehe ich, daß er auf dem Mittelteil des Teppichs steht.

## XI

## SCHAU HEIMWÄRTS

Neun Jahre nach Hitlers Tod kamen wir wieder auf den Obersalzberg, und nur durch den Zufall, daß sich Freunde, die wir wiedersehen wollten, in einem der Hotels dort eingemietet hatten. Ohne diesen Anreiz hätte keiner von uns Sehnsucht verspürt, den Berg wiederzusehen, der einmal so stark mit unserem Leben verbunden gewesen war.

Es war ein windiger und regnerischer Tag, wie sie im kühlen Sommer von 1954 häufig waren. Nur selten riß der Nebel auf und gab den Blick auf die Gebirgskette frei, einmal gerade an der Stelle, an der Hitler – aus Felszacken gebildet – das Profil Moltkes entdeckt hatte.

Wir tranken Kaffee im »Türken«, einem großen Gasthof, der seinen Namen von einer riesigen buntbemalten hölzernen Türkenfigur hat. Frau Johanna Morell kam mit und mein Vater, und beide wollten den Platz wiedersehen, an dem Hitlers Haus gestanden hatte, wenngleich der Weg, der heute dorthin führt, unangenehm ist, voll von Steinbrocken, die wohl von der Sprengung herrühren: Nach dem konzentrierten Bombenangriff, bei dem innerhalb von zehn Minuten der Berghof zerstört wurde, war ein Teil der Gebäude stehengeblieben – das wurde nach 1945, originellerweise durch Sprengungen, nachgeholt. Der ganze riesige Komplex war, um mit Hitlers Worten zu sprechen, »ausradiert«.

Wir standen auf der großen, ebenen Fläche, über die der Wind strich. Etwas Mauerwerk und Steine erinnerten daran, daß hier ein Haus gestanden hatte.

Hanni Morell ist die Witwe von Hitlers Arzt Professor Theo Morell. Der gutmütige, dicke Mediziner hatte schon den Kronprinzen behandelt, war als Schiffsarzt in Indien gewesen und gehörte schließlich zu Hitlers Troß. Er litt darunter, daß er nicht in seiner Kurfürstendammpraxis arbeiten konnte, und war erfreut, wenn man mit irgendwelchen Schmerzen zu ihm kam, denn das einzige, was ihm Spaß machte, waren Patienten.

Morell war, gelähmt, im amerikanischen Internierungslager gestorben.

Nun standen also Hanni und Vater auf der leergebrannten Stätte, die wie ein Hexentanzplatz aussah. Sie stritten sich über die Stelle des großen Kamins mit dem Tisch davor. »Hier«, sagte Hanni und zeigte auf eine kleine Ansiedlung von Brennesseln, »hier stand der Tisch, hier saß Theo, und hier saß ich.«

»Irrtum«, sagte Vater, »hier befand sich die Treppe, und hier«, er beschrieb einen Kreis mit einer Gerte, »hier stand der Tisch, an dem Hitler mit dem Herzog von Windsor und seiner Frau saß, als Hitler den Herzog fragte: ›Sind Sie Jäger?‹ – und er, seine Kamera hochhaltend, erwiderte: ›Jäger – nur mit der Leica!‹ und hier«, er ging weiter nach vorn, »hier begrüßte Hitler in der Silvesternacht 1940/41 das neue Jahr, das ihm den Sieg bringen sollte, mit einem Glas Sekt; er ließ das riesige Fenster öffnen, das sich lautlos in den Boden senkte, um lange in die Nacht hinauszuschauen.«

Sie waren beide ganz versunken in die Rekonstruktion des Hauses, und sie erschienen mir wie zwei Gestalten aus einem Theaterstück, die, nachdem längst schon Kulissen und Dekorationen verschwunden sind, nochmals erscheinen, wenn man das Stück schon zu Ende glaubt. Sie versuchen den Hergang des Dramas zu erläutern und einem verwirrten Publikum zu sagen, daß es nicht geträumt hat.

Hier stand tatsächlich ein Haus. Ein Haus mit Räumen für Riesen, mit Möbeln, die unmenschliche Maße besaßen, mit Tischen, an denen man sich ausnahm wie ein Liliputaner, und mit jenem »größten Fenster Europas«, das nachts wie eine große dunkle Fläche im Raum stand, nur in Septembernächten durch Sternschnuppen erhellt.

Und doch waren es keine Riesen, sondern leichtverletzliche

menschliche Wesen, die in dieser »Harmonie der großen Maße«, wie Hitler diese Schöpfung nannte, leben sollten.

»Weißt du noch«, sagte Vater, »als wir mal hier ankamen mit dem grünen Opel?« Ja, ich erinnerte mich noch. Man hatte mir eben die Zöpfe abgeschnitten, und ich war froh, die tägliche Flechterei los zu sein. Ich hatte einen gestreiften Pullover ohne Ärmel an, ich weiß das noch genau, ein Foto hat den Augenblick festgehalten. Da liegen drei junge Mädchen auf der Wiese vor dem »Haus Wachenfeld«, der Urzelle des späteren Berghofkomplexes. Rechts, das ist Geli. Hitlers Nichte, die Tochter seiner Stiefschwester. Geli war reizend, ich bewunderte sie, da sie so hübsche Kleider aus Wien mitbrachte, richtige Hüte trug, einen Silberfuchs von »Onkel Alf« besaß, sie benutzte französische Parfüms und war, obgleich derb, so doch auf die unwiderstehliche Art scharmant, wie sie Österreicherinnen zu eigen ist, vollbusig, ein wenig spöttisch und streitlustig, und, wie ich glaube, die einzige Frau, die Hitler liebte. Wollte Geli im Chiemsee schwimmen, war ihm das wichtiger als jede noch so wichtige Besprechung. Picknickkörbe wurden gepackt, und wir fuhren an den See, er selbst allerdings war nicht zu bewegen, ins Wasser zu gehen. Vermutlich konnte er gar nicht schwimmen, wenngleich er als Ausrede gebrauchte, Hoffmann könne ihn fotografieren, und ein Politiker in der Badehose sei schon von vornherein erledigt.

Als sich Geli später erschoß – Frau Winter fand sie erst am nächsten Tag, sie hatte sich mit Hitlers Pistole ins Herz getroffen –, änderte sich Hitlers Wesen. Nun war das zärtliche weibliche Element aus seinem Leben verschwunden, er wandte sich um so verbissener dem großen Ziel der Machtergreifung zu. Hitler allein wußte, ob verletzter Stolz, Eifersucht, unerfüllte Liebe zu dem jungen Arzt in Wien oder aber er selbst der Grund für Gelis Freitod war.

Das dritte Mädchen, das da im Gras liegt, zwischen mir und Geli, ist ihre kleine Schwester Friedl, und etwas entfernt von dieser Gruppe steht Anni Rehborn, die Meisterschwimmerin, herb und schön, mit einer Narbe, die ihre Nase kurz und unternehmungslustig macht. Sie hatte sich bei einem Sprung ins Wasser verletzt, der junge Dr. Brandt hatte sie operiert und dann geheiratet. Es ist der

gleiche Professor Karl Brandt, der später in Landsberg gehenkt wurde. Immer wieder versuchte man, die Todesstrafe von ihm abzuwenden, und immer wieder mußte er den roten Pullover der Todeskandidaten überziehen, bis man ihn schließlich doch hinrichtete, an einem Freitag. Ich mußte dabei immer an Anni denken, an diese schöne mutige Anni, die einmal mehrere Meter tief in den Walchensee tauchte, um meinen Ring wieder emporzuholen.
Im Hintergrund des Fotos sieht man Hitlers Wohnung, das Haus Wachenfeld. Ein Typ, von dem es in Bayern Tausende gibt. Gelis Mutter führte den Haushalt. Sie war tüchtig und herrschsüchtig, kochte viel zu gut. Als Hitler bemerkte, daß er zu dick würde, wenn er weiter diese ausgezeichneten Leberknödelsuppen, Mohnstrudel und Apfelkuchen, die sie ihm vorsetzte, äße, stellte er sich ganz auf vegetarische Kost um.
Das Haus war einfach eingerichtet, aber angefüllt mit Scheußlichkeiten, denn Frau Raubal stellte alle Geschenke auf, die Hitler von seinen Verehrerinnen erhielt. So gab es Dutzende von Sofakissen, auf die meisten war in kupferrotem und schwarzem Perlgarn sein Kopf gestickt. Er haßte diese Kissen, aber seine Schwester war mitleidlos, sie verschwanden erst, als der Haushalt größer wurde, ein Dienerehepaar die Leitung übernahm und Frau Raubal nach Wien zog.
Dieses kleine Haus Wachenfeld ließ er nie abreißen; auch als später Bormann das ganze Gebiet des Obersalzbergs in eine geschäftige Baustelle mit Kran, Bagger, Geröllhalden und Barackenlager für 5000 Arbeiter verwandelte, blieb es stehen, es wurde drum herumgebaut.
Genauso, wie Hitler der kleinbürgerliche Österreicher blieb, auch wenn er sich nach außen hin mit Macht und Großzügigkeit umgab.
Sooft man in den Jahren nach 1938 zu einem Besuch eingeladen wurde – diese Einladungen entsprangen jähen Entschlüssen, sie kamen Befehlen gleich, und man hatte ihnen sofort nachzukommen –, war etwas Neues dazugebaut worden.
Eine Kaserne oder ein Exerzierplatz für die Wache – und eine neue

Sperre, an der man die Ausweise vorzeigen mußte. Alles war »ausgerichtet«. Sogar die hübschen kleinen Bienenhäuser standen in sinnvollen Abständen im Wald, 20000 Vogelnistkästen wurden in den Wäldern, die nun zum Komplex Obersalzberg gehörten, angebracht. Nachmittags »fand ein Spaziergang statt«, wenn man den kleinen Weg zum Teehaus so nennen will.
Das Teehaus war ein heller Steinbau mit großen Fenstern, die nach Salzburg blickten. Ein runder Tisch im runden Raum, hübsche Reliefs an den Wänden. Meist schlief Hitler, dem starken Kaffee zum Trotz, während der Unterhaltung ein, das konnte zwanzig Minuten dauern, während deren sich die Diener in ihren kurzen weißen Jaketts, meist abkommandierte SS-Männer, auf Zehenspitzen bewegten.
Wachte er auf, tat er, als habe er nicht geschlafen, und griff die Unterhaltung genau an dem Punkt auf, wo sie steckengeblieben war. Man mußte verhindern, daß das Gespräch in ausgefahrene Geleise geriet. Fiel etwa das Stichwort »Jagd«, war Göring verloren, dann verspottete er ihn, schlug ihm vor, mit einem Speer ein Wildschwein zu erlegen, oder er amüsierte sich über die dressierten Falken im Braunschweiger »Reichsjägerhof«. Man mußte also versuchen, ihm neue Themen zuzuspielen. Man sagt also ganz unschuldig: »Und was machen Sie nach dem Krieg, Herr Hitler?«
Er schnappt zu.
Man merkt, daß er selbst schon lange darüber nachgedacht hat, er hat seine Pläne parat. In den letzten Jahren glaubt er selbst nicht mehr an den »totalen Sieg«, sondern nur noch an einen »Friedensschluß«, den er im gleichen Kaisersaal in Aachen abhalten will, in dem Winston Churchill im Mai 1956 den Karlspreis entgegennehmen wird. Dann kommt die »große Wachablösung«: Die heimkehrenden Frontsoldaten werden die daheimgebliebenen Parteifunktionäre ersetzen, so würde er zwei Fliegen mit einer Klappe schlagen, er mußte jetzt seine Gauleiter nicht an die Front schicken und würde sie doch nach dem Krieg mit einer guten Begründung loswerden.
Moskau? Was hatte er über Moskau gesagt? »Den Namen werde

ich auslöschen, und da, wo Moskau heute steht, werde ich ein großes Staubecken anlegen . . .«
Das Ende des Krieges wird in Berlin gefeiert werden, ja, Goebbels hatte in den ersten Kriegsjahren die Pläne für die Siegesfeiern schon fertig in seinem Kopf: Großer Einmarsch der siegreichen Generale und Ritterkreuzträger durchs Brandenburger Tor, Feiern auf allen Straßen und Plätzen. Es wird Freibier ausgeschenkt, aus Gulaschkanonen Essen an die Bevölkerung verteilt. Festaufführungen in allen Theatern – darunter eine grandiose Neuinszenierung der »Lustigen Witwe« –, und während Hitler in der Reichskanzlei einen Empfang für seine siegreichen Heerführer gibt, tanzt das Volk Walzer auf dem Wilhelmsplatz . . . Doch dies alles ist nur ein Ausschnitt aus dem Riesenprogramm, die Feiern werden die Olympiade 1936 weit in den Schatten stellen. Dann wird Europa mit einem großzügigen Straßennetz überzogen, moderne Wohnhäuser werden serienweise wie Volkswagen gebaut. Ein Gast schlug vor, besser doch gleich neue Städte anzulegen an neuen Plätzen, statt die zerstörten mühsam wieder vom Schutt freizumachen. Hitler hatte schon darüber nachgedacht: Das Schutträumen sei nebensächlich, nur eine Sache geschickter Organisation, das Wesentliche an einer Stadt bleibe das unterirdische Netz der Kanalisation, deshalb habe ja auch die Antike die Städte immer wieder an der alten Stelle errichtet. Er geriet in Feuer: »Sodann stelle ich mir vor« (ich schrieb mit und stopfte die vollgeschriebene Serviette in meine Tasche), »daß man den Start zum Wiederaufbau feierlich mit Musik begeht, es muß ein Rivalisieren der Städte sein, ich werde Prämien für die am schönsten wiederaufgebauten Städte aussetzen, und nach mehrjähriger Arbeit kann sich jeder der Beteiligten selbst eine Wohnung oder ein Haus verdienen. Die Schnellbauweise wird einen völlig neuen Baustil mit sich bringen.«
Berlin erhält seine Prachtstraße – Speer hat sie samt Kandelabern schon fertig entworfen. – Weimar und Nürnberg werden mit Mammutbauten ausgestattet, eine Partei-Universität kommt an die Ufer des Chiemsees, und Braunschweig erhält eine Akademie für Jugendführung (die meterhohen metallgetriebenen Figuren lagen

schon bereit, sie sollten auf ihrem Dach montiert werden). Der Richard-Wagner-Brunnen, den er der Stadt Leipzig schenken wollte, stand als Gipsmodell schon in einer Werkstätte in Kiefersfelden und wartete darauf, von Professor Hipp in Marmor ausgehauen zu werden. Die Stadt Königsberg, deren Namen die junge Generation heute nur noch wie etwas Fernes, Niegesehenes kennt, sollte eine prächtige Oper und ein »Ostmuseum« für alle im Osten geraubten Kunstschätze erhalten.

All diese Pläne waren nicht nur in Gehirnen erdacht, meist lagen sie, fix und fertig bis zur Türklinke ausgearbeitet, in den Schubladen von Hitlers Architekten.

Wir befanden uns auf dem Rückweg vom Teehaus, unterwegs blieb Hitler stehen, zeigte auf eine einsame Stelle auf Bergeshöhe: Dort soll man mich begraben. Da war sie wieder, die alte Germanensehnsucht. Wie Kaiser Rotbart wollte er im Berg begraben sein, der Untersberg war sein Kyffhäuser. Sein Bart würde in Marmoradern durch den Berg wachsen, Raben würden über dem Berg fliegen und krächzend verkünden, daß ein verzauberter Führer hier auf neuen Ruhm warte. Der Mythos Hitler. Und die ganze moderne Schnellbauweise für Wohnhäuser war vergessen. »Man soll nur nicht versuchen«, sagte er einmal zu Bormann, »mir ein Monument auf dem ›Königlichen Platz‹ zu errichten, womöglich hoch zu Roß auf einem lächerlichen Pferd wie ein bayerischer König. Ich werde schriftlich festlegen, daß das nicht geschehen darf . . .« Mit dem Monument wurde es ohnehin nichts. Wenige Jahre später war der plattenbelegte Boden des Königliches Platzes in München von Bombensplittern aufgerissen. Die beiden hohen offenen Säulenbogen mußten gesprengt werden, die Bronzesärge wurden eingeschmolzen, und die Namen der ersten »Blutopfer« der Partei, die man in feierlichem Fackelzug auf Lafetten, von Rappen gezogen, in einer Novembernacht hierhergebracht hatte, waren vergessen. Und genau dort, wo Hitler sein Monument befürchtet hatte, feierte ein Regiment von schwarzen Amerikanern seinen Jahrestag mit einer Parade. Schwarze Hände hoben blitzende Trompeten hoch, und es ertönte ein übermütiges Soldatenlied, und Kinder sausten mit ihren Rollschuhen über den Platz, der zu Hitlers Zeiten nur in würdigen Schritten überquert werden durfte, verboten für jedes Fahrzeug.

Die Kinder fanden die Trompetenmusik lustig. Sie wußten nicht, daß hier einmal Tausende von jungen Männern, als Hitlerjungen automatisch in die Partei übernommen, vereidigt wurden. Es waren bittere Schwüre, die sie Wort für Wort sprachen, bei denen es um Treue und um Tod ging, und die in vielen Fällen in schauerlicher Konsequenz auch gehalten wurden. Ich erinnere mich an eine dieser nächtlichen Feiern mit Musik und Fackeln, deren Nimbus sich ein Deutscher schwer entziehen kann – es sind dies die gefährlichen nationalen Schauspiele, durch die wir uns immer wieder selbst an die Kette legen. Aber jetzt schreiben wir das Jahr 1953 – ich stehe am Fenster des Amerikahauses, das dem Platz gegenüberliegt, und höre der Trompetenmusik zu.

Als Hitler das große weiße Haus in der Arcisstraße bauen ließ, besaß wohl niemand genug Phantasie, sich vorzustellen, daß es keine zehn Jahre später die Aufschrift »Amerikahaus« tragen würde.

Hier führte Hitler seinen Freund Mussolini stolz die Marmortreppen hinauf, der weiße Reiherbusch wehte vom Käppi des italienischen Staatschefs, von den steinernen Balkonen des Innenhofes hingen Blütengirlanden und Gobelins. Vorher hatten beide einen zackigen Vorbeimarsch vor dem Haus abgenommen. Die Abendsonne hatte ihre Gesichter mit Glanz überzogen. Ich sah sie mir an, sie standen auf einem geschmückten Holzpodest nebeneinander und glichen haargenau der Briefmarke, die nach einer Aufnahme meines Vaters hergestellt ist.

Einmal habe ich auch eine Fahrt auf den Kehlstein mitgemacht. Ich meine das steinerne Teehaus oben auf der Spitze des Berges, das Bormann bauen ließ. Man fährt vom Obersalzberg auf breiter Straße an steilen Abhängen entlang und durch Viadukte bis zu einem mächtigen Messingtor. Es öffnet sich, und man steht in einem langen hellerleuchteten Gang, der aus dem Felsen gehauen wurde. An seinem Ende befindet sich ein eleganter großer, neunzig Meter hoher Lift mit roten Lederbänken, der senkrecht durch den ganzen

Berg nach oben führt. Man steigt aus und steht in einem raffiniert ausgestatteten kleinen Burg-Gemach, in dem alles bereit ist, Gäste zu bewirten. Im offenen Kamin knistert ein Feuer, denn es ist kühl. Ein Adlerpaar schwebt über dem Haus.

Als Hitler einmal mit François-Poncet herauffuhr, fragte dieser: »Und wenn der Lift stehen bleibt?« – »Dann bleibt die europäische Politik stehen«, lachte Hitler.

Das Abendessen auf dem Berghof begann immer ziemlich spät, oft erst mitternachts. Jedesmal ließ sich Hitler die Tischordnung zeigen; und ich empfand es immer als etwas zu feierlich, wenn er seiner Tischdame den Arm bot, sie in das Speisezimmer zu führen. Nach dem Essen Handküsse an die Damen links und rechts, und die Prozession bewegte sich in das große Zimmer zurück, wo die zehn bis zwanzig Gäste um den Kamin saßen. Blondie, die Schäferhündin, wurde gerufen, Hitler kraulte ihr den Kopf, und es begannen diese endlosen Gespräche, die Hitler als Mittel gegen seine Schlaflosigkeit betrachtete, und denen man nicht entgehen konnte. Bormann war bei seinem Lieblingsthema, dem neuzuschaffenden Zeremoniell des Nationalsozialismus.

»Wir müssen in dieser Beziehung von der katholischen Kirche lernen«, sagte Bormann; »unsere gigantischen Parteiveranstaltungen müssen genauso nach einem strengen Zeremoniell aufgezogen werden wie große katholische Feiern. Nur so können wir der Kirche das Heft aus der Hand nehmen, das wird einer Kampfansage gleichkommen.«

Wie das im einzelnen aussehen sollte, wußte er selbst noch nicht, nur über die Massentrauungen hatte er sich schon Gedanken gemacht. Denn auch die Hochzeiten sollten rationalisiert werden, und selbstverständlich sollten sie nicht in einer Kirche, sondern in den besonders dafür ausgestatteten Standesämtern stattfinden. Man würde immer gleich fünfzig bis hundert Brautpaare auf einmal trauen, die Musikkapellen der Partei würden die Kirchenchöre ersetzen, und die ganze Veranstaltung würde den sogenannten »unauslöschlichen Eindruck« hinterlassen.

Mir jagte diese Phantasie einen Schauer über den Rücken. Dies Ge-

spräch war keine gute Einleitung für die Dinge, die ich heute mit Hitler besprechen wollte.
Es war während des Krieges verboten, Werke von Ravel, Debussy, Gounod, Tschaikowskij (um nur einige zu nennen) aufzuführen. Verzweifelt darüber bat mich Furtwängler, mich bei Hitler für ihre Freigabe einzusetzen. Ich sagte zu. Furtwängler ließ mir einige besonders gute Aufnahmen einpacken, und ich brachte die Platten auf den Berghof mit. Ich sagte Hitler, daß man in Wien ein Verbot, das sich auf Musik beziehe, nicht verstehen könne. Bereitwillig stimmte er meinem Vorschlag, sich die Aufnahmen einmal anzuhören, zu. Bormann legte die Platten auf. Hitler hörte sich die Nußknackersuite an, starrte aber auf das Grammophon wie auf einen Feind. Als das Italienische Capriccio jubelnd und lockend in dem großen Raum erklang, ließ er abstellen.
Nein. Es gefiel ihm nicht.
Mit der Freude eines Teufels knipste Bormann den Plattenkoffer zu. Er lachte, aber er lachte falsch. Die erste Runde hatte ich verloren. Aber ich hatte ja noch etwas viel Schwierigeres auf dem Herzen, das ich Hitler unbedingt sagen mußte.
Am Tag vorher war ich in Amsterdam abgeflogen. Freunde hatten mich nach Holland eingeladen. Zuerst wohnte ich im Amstelhotel am Fluß, da ich nicht glauben wollte, daß jede Nacht Fliegeralarm war. Ich bummelte durch die Straßen, sah Rembrandts Haus, kaufte, da es nichts anderes zu kaufen gab, große Ausschneidebogen und lange, bemalte Tonpfeifchen, besuchte eine kleine Insel, wo Männlein und Weiblein das Haar in der gleichen komischen Art in die Stirn frisiert trugen und wo die Kinder in breiten Schubladen schliefen, die tagsüber in die Schränke geschoben wurden. Jedoch das, was ich sah, war nicht das eigentliche Holland. Ich ahnte nicht, daß hinter einer Tapetentür oben in einem Amsterdamer Haus eine kleine verfolgte Anne Frank ihre stummen Anklagen in ein Tagebuch schrieb. Eines Nachts erwachte ich durch Rufen, Weinen, Schreien. Ich ging ans Fenster und versuchte zu begreifen, was sich da in der Dunkelheit ereignete. Langsam konnte ich erkennen, was vor sich ging. Da standen Frauen mit eilig zusammengerafften Bün-

deln, ein paar hundert Frauen hastig zusammengetrieben, ihr Weinen wurde von einer hellen Stimme unterbrochen, einer Kommandostimme. Sie rief »Arier zurückbleiben«. Zögernd nur bewegte sich der Zug von Frauen über die Brücke, mit einer furchtbaren Klage verschwand er im Dunkel.

Am nächsten Morgen wollte mir niemand Auskunft geben, nicht der Portier, nicht der Nachtkellner. Aber meine Freunde wußten Bescheid. Deportation von Jüdinnen, sagten sie. Wißt ihr das nicht?

Folgenden Tags war ich bei Seyß-Inquart, dem damaligen Reichskommissar für die besetzten Niederlande, eingeladen. Er zeigte mir den japanischen Zwerggarten, der zu dem Haus gehörte, das er bewohnte. Winzige Pagoden standen neben zierlichen Brückchen aus Ton, und jahrhundertealte knorrige Thujas waren nicht höher als ein Pekinese, der dazwischen spazierenging. Aber Seyß' kühl-höfliches Juristengesicht wollte mir auch keine Auskunft geben auf meine Frage nach den Deportationen, ja ich war froh, als der Teebesuch beendet und ich wieder bei meinen Freunden in dem Wasserschloß war. Hier trafen sich alle, die erbittert und hilflos Hitlers Maßnahmen zusehen mußten, der Schauspieler Will Dohm, Ingenieure der Flugzeugwerke und militärische Befehlshaber, die von der Sinnlosigkeit ihrer Aufgabe überzeugt waren.

Eben hatte man den Holländern die Radioapparate weggenommen und die Lebensmittelrationen erneut gekürzt, in Rotterdam hatte man Geiseln erschossen, weil einige hundert Liter Milch ins Meer geschüttet worden waren. »Wir machen einen Fehler nach dem andern«, sagte ein Besatzungsoffizier, »wir haben die freundlichen Holländer zu erbitterten Feinden gemacht.« Am nächsten Tag wurden in Den Haag die alten Alleen gefällt, um Panzersperren zu errichten.

»Wenn Sie noch mehr sehen wollen, kommen Sie mit, ich hole Sie morgen ab.« Der SS-Offizier sagte es. Am nächsten Morgen führte er mich in eine Schule; wir betraten ein Zimmer, auf den gelben Schulbänken lagen kleine Berge abgewetzter Eheringe und Edelsteine aller Art, nach der Farbe in Wildledersäckchen sortiert.

»Sie können zu lächerlichen Preisen Brillanten kaufen. Wollen Sie? Tadellose Steine, von Fachleuten sorgsam aus den Fassungen gebrochen, ich muß Ihnen nicht erklären, wem sie gehörten.«
Nein, er mußte mir nichts mehr erklären, und ich hatte nicht das geringste Interesse an gestohlenen Edelsteinen. Ich schämte mich nur, daß ich dastand. Natürlich hatten sie gedacht, daß ich käme, wie ein Leichenfledderer einzukaufen, denn der Preis war wohl das Allerunwichtigste bei diesem Geschäft; wichtig war nur, daß ich zu den Mächtigen gehörte, die man nicht zur Rechenschaft ziehen konnte für das, was sie sahen und taten. Aber auf wessen Befehl taten sie es?
»Du mußt es Hitler selbst sagen«, entschied M., »ich kann mir nicht denken, daß er es weiß. Wenn es auch durch Rundschreiben verboten ist, mit ihm über solche Dinge zu sprechen, versuche es, du bist eine Frau, und er kennt dich lange genug.«
»Ich schwöre es euch«, sagte ich, »ich werde es ihm sagen, gleich übermorgen, denn heute noch fahre ich ab.«
Dann brachten sie mich zum Zug. M. gab mir zwei Pakete – öffne sie erst während der Fahrt! Mein Abteil war voller Tulpen, gelben und roten. Unterwegs öffnete ich die Pakete, das eine enthielt ein Bild. Es stellt Tobias mit dem Engel dar, der Engel hält ein Tintenzeug mit einer Feder und Tobias einen Fisch, es ist ein frühes unsigniertes italienisches Bild mit rosa-schwarzem Hintergrund, es hatte mir gefallen, als ich das Haus betrat und es über einem Tisch hängen sah. Das zweite Paket enthielt Stoff für ein Kostüm, es war der hellblaue Stoff der Luftwaffe, aus dem Görings fliegerblaue Uniformen gefertigt waren, er bezog ihn aus Holland. Ich kam nie dazu, den Stoff zu verwenden, er fiel mit allem andren unter die Beschlagnahme ...
Zurück zum Berghof. Es ist der Abend des Karfreitags 1943, und ich muß meinen Schwur wahrmachen. Ich gestehe, daß mir der freundliche Diener Wünsche einen doppelten Kognak brachte – so ist der Mut zu erklären, mit dem ich Hitler gegenübertrat.
Doch er fing selbst an. »Sie kommen aus Holland?«
»Ja, und deshalb bin ich hier«, und nun sagte ich ihm, so, wie ich

es hier beschrieben habe, was ich erlebt, was meine eigenen Augen gesehen, was mich seine eigenen Offiziere zu sagen gebeten hatten. Zuerst einmal war er verblüfft, er sagte gar nichts. Auch die siebzehn Männer (ich habe sie gezählt) sagten kein Wort, und keiner sah mich an.

Nun wandte er mir sein Gesicht zu. Erst jetzt fiel mir auf, wie verfallen es war. Trotz der konzentrierten Vitaminnahrung erschienen mir seine Haut alt und seine Augen erloschen – die Dämonen fressen ihn auf, dachte ich, obwohl mir der Einfall selber ein wenig komich vorkam. Er sah mich an mit Augen, aus denen die Pupille verschwunden schien, nur ein totes Blau starrte mich an, vielleicht aber irre ich mich auch, und es war eine riesige Pupille, die mich anstarrte. Er tat mir leid, und gleichzeitig haßte ich ihn.

Langsam stand er auf. Und nun stand auch ich auf, nun hatte er sich gesammelt und schrie mich an: »Sie sind sentimental! Was gehen Sie die Jüdinnen in Holland an!«

Ich hatte Hitler hier schon einmal schreien hören, damals, während einer Lagebesprechung, die vor dem Abendessen stattfand, schrie er, daß der Lärm durch die Türen drang und wir erstarrten. Schreien war seine Waffe.

Und nun bekam ich die volle Kraft seiner Stimme zu hören. »Das sind alles Sentimentalitäten! Humanitätsduselei. Sie müssen hassen lernen . . .« Ich drehte mich um, ließ ihn schreien und lief die Treppe hinauf, die breite Treppe aus rotem Marmor mit den blankgeschliffenen Einschlüssen von Ammonshörnern, die den großen Raum von der Halle trennt. Ich sah nicht zurück, und ich wußte, ich würde ihn nie wiedersehen. Und ich wußte auch, wie das Gespräch unten weiterging, er würde mein »kosmopolitisches Geschwätz« verlachen, meine »Humanitätsduselei« verdammen, doch ich hörte in mir Gerhart Hauptmanns Stimme: »Die Welt wird nur durch die Menschlichkeit erlöst.«

Hinauf in unser Zimmer, das über Hitlers Schlafzimmer lag. Einer der Adjutanten lief mir nach. »Warum haben Sie das getan«, sagte er, »Sie haben ihn so zornig gemacht, fahren Sie sofort ab, gleich jetzt.« Baldur hatte bei den Fahrern in der Kantine gesessen, dort

konnte er seine Pfeife rauchen. Ich erzählte ihm von meinem Mißerfolg. Wir holten den kleinen Sportwagen aus der Garage und fuhren ab. Es war fünf Uhr früh, wir fuhren an den vielen grüßenden Wachen, die auch um diese Stunde hier standen, vorbei ins Tal.
Auf der ganzen Bergstrecke waren Arbeiter beschäftigt, Löcher für Sprengladungen in den Fels zu treiben.

Mir war klar, daß ich ihn herausgefordert und vor seinen Männern beleidigt hatte. Nie würde er mir das verzeihen, es nie vergessen, und obwohl ich eine unheimliche Angst vor der Zukunft verspürte, fühlte ich mich auf eine unbeschreibliche Weise frei. Dieser Mann war der Mittelpunkt unseres Lebens gewesen, er hatte unsere Arbeit bestimmt, die Stadt, in der wir lebten, und auch unsere Zukunft hing ganz von seinem Willen ab. Und nun wußte ich plötzlich, daß wir genau das Unrechte gemacht, getan, gewählt hatten. Das Flasche geliebt und das Falsche gehaßt.
Wir dienten einer bösen Sache und konnten doch nicht zurück, ohne alle unsere Freunde mit in den Abgrund zu reißen. Während der Fahrt sprachen wir kein Wort.
Ich wußte, dies alles würde untergehen, der ganze herrliche und doch so ungemütliche Bergpalazzo, mit seinen Bewohnern, seinen Marmorstufen, und sicher würde ich nicht davon ausgenommen sein, ich sah es klar und ohne Schmerz, alles würde untergehen, und die Musik der Götterdämmerung war wie dafür geschaffen.

Ein frühes Erlebnis fällt mir ein: Wir waren in Hitlers Geburtsort Braunau gewesen.
Ein Wolkenbruch ging nieder, und obgleich uns der Regen ins Gesicht schlug, wurde das Verdeck nicht geschlossen (auch in späteren Jahren blieb man dabei, es offen zu lassen). Eine Limousine galt als unheroisch, lieber ließ man sich blaufrieren – es hätte niemand gewagt, etwas dagegen zu sagen.
Und nun hielt der Wagen vor dem Haus in der Münchner Thierschstraße, in dem Hitler damals wohnte, und wir waren froh, daß er die Tür zu dem häßlichen dunklen Treppenhaus öffnete. Wir, das

waren Vater, dünn, lustig, immer zu einem Spaß aufgelegt, Maurice, der jüdische Franzose, Hitlers Fahrer und unser Freund, mit seinem dunklen romanischen Gesicht, und ich, unscheinbar, vielleicht zwölf Jahre alt, alles genau beobachtend, so daß es mir heute noch vor Augen steht.

Hitler lud uns ein, daß wir uns bei ihm trocknen sollten. Er bewohnte ein Zimmer des Hauses als Untermieter. Ein kleines, abscheulich möbliertes Zimmer. Nun holte er einen elektrischen Kocher aus dem Schrank, stellte Wasser auf und kochte Tee, brachte Rum und bot uns an, und alles geschah mit der Unbeholfenheit eines Junggesellen, der selten Gäste hat. Während wir uns trockneten, holte er Zeichnungen und Aquarelle hervor, um sie Vater zu zeigen. Bücher über die Malerei des neunzehnten Jahrhunderts, denn hier trafen sich ihrer beider Steckenpferde: Sie liebten Bilder – und in Vater fand er den idealsten Partner für seine Leidenschaft. Später zog er aus dem möblierten Zimmer in eine Wohnung in der Prinzregentenstraße. Das Haus steht heute noch. Es ist ein sogenanntes Herrschaftshaus, in einer gewissen langweiligen Pracht erbaut, ein großer grauer Steinkasten an einer sonnenlosen Ecke. Noch vielleicht ohne besondere Absicht, ist das Amt für Wiedergutmachung darin untergebracht.

Seit 1945 bin ich mindestens hundertmal das gekachelte Treppenhaus hinaufgelaufen, denn alles, was Nazis und vorher Nichtnazis weggenommen wurde, ist hier mit deutscher Gründlichkeit registriert. Der lange dunkle Gang in Hitlers Wohnung, sein Wohnzimmer und das kleine Zimmer, in dem sich seine Nichte Geli erschossen hat, sind heute vollgestopft mit Akten. Die ganze Wohnung riecht nach Papier. Meine Akten lagen in der Küche. Auf dem großen, unbequemen Küchenherd, auf dem vor zwanzig Jahren unser Hochzeitsmahl gekocht wurde, ich mußte also quasi die Suppe, die vor zwanzig Jahren gekocht wurde, auslöffeln.

Als ich in die Küche kam, um Bescheid über meine beschlagnahmten Möbel zu erhalten, saß da ein Aktenhüter und wärmte sich eben sein Mittagessen.

Dann versuchte ich, in Hitlers ehemaliges Wohnzimmer zu

schauen. Er war immer sehr stolz auf die dunklen schweren Möbel, seine ersten Gäste waren Siegfried und Winifred Wagner gewesen, aber nichts erinnerte jetzt an die Zeit vor zwanzig Jahren, an unseren Hochzeitstag an einem föhnigen Märztag des Jahres 1932. Eine Hochzeit ohne jedes Brimborium, ohne Gäste, außer meinem Vater und Bruder nur Ernst Röhm und Hitler.

An jenem Regentag, in dem möblierten Zimmer, gab er dem durchnäßten Mädchen noch ein Buch – eine Jugendausgabe von »Heinrich Schliemanns Ausgrabungen in Troja«. »Siehst du«, sagte er und zeigte auf das altmodische Foto Schliemanns, »du mußt dir nur seinen Bart wegdenken, und du mußt dir denken, daß er statt des Gehrocks eine Toga trägt, er ist ein Grieche, sicher haben Schliemanns Ahnen zur Zeit des Priamos in Griechenland gelebt, sicher ist es eine phantastische Rückerinnerung, die ihn den Schatz finden ließ.«

Er schenkte mir das Buch.

Als mich zwanzig Jahre später der öffentliche Ankläger fragte, welche Geschenke ich von Hitler erhalten habe, fiel mir der rote Leinenband mit dem goldgeprägten Titel wieder ein, aber ich erwähnte das Buch nicht, denn nicht das Ungeheuer Hitler hatte es mir geschenkt, sondern eben Herr Hitler, der oft zu uns kam oder mit Vater durch Schwabinger Antiquitätenläden streifte; ein Herr Hitler, immer im blauen Anzug mit hellem englischen Trenchcoat und breitem Velourshut.

Das war der eine Hitler, und es gab einen anderen, den ich erst später kennenlernte, als ich einmal in eine Versammlung im Löwenbräukeller mitgenommen wurde.

Schon der Einmarsch der Fahnen und Standarten in den mit Tausenden von Menschen angefüllten Saal war erschreckend und aufregend, schön und abenteuerlich.

Die Menschen standen auf und grüßten, die Musik spielte Preußens Gloria oder den Bayrischen Defiliermarsch, und durch die Schwaden von Dampf und Rauch bewegten sich die goldenen Adler der Standarten zum Podium, Ehrenwachen nahmen links und rechts Aufstellung, und nun stieg Hitler, der mit einemmal nicht mehr der freundliche Herr Hitler war, auf das brettergezimmerte Podium

und versuchte mit heiser österreichischer Stimme zu sprechen. Er genoß es, unterbrochen zu werden von einem Jubel, der aufstieg wie aus einem menschlichen Meer, das ihn anbetete, und dem er befehlen konnte.
Man hätte alles, was er sagte, auch leiser sagen können, aber er schrie; er schrie und gefiel.
Einmal sah ich ihn nach einer Rede, verfallen und blaß, erschöpft und völlig still, in seinem Uniformmantel, auf einen neuen Anzug und frische Wäsche wartend.
Baldur hat einmal eine Rede Hitlers in einem Gedicht festgehalten, das heißt, er hat einfach Hitlers eigene Worte in Strophen gefaßt:

Kann sein, daß die Kolonnen, die hier halten,
daß diese endenlosen braunen Reihn
in alle Winde wehn, zerspellen, spalten
und von mir gehn. Kann sein, kann sein . . .

Ich bleibe treu! Verlassen auch von allen,
trag ich die Fahne wankend und allein.
Mein Mund mag lächelnd irre Worte lallen,
doch erst mit mir wird diese Fahne fallen
und wird des Toten stolzes Bahrtuch sein!

Viele Jahre später, als sein Fahrer Kempka einen Bericht über Hitlers Tod gab, fiel mir dies frühe Gedicht ein. In der Hitze des überfüllten Saales am Anfang seiner großen Zeit sah er sich so, wie ihn Kempka im Frühjahr 1945 aus dem Reichskanzleibunker tragen sollte, um ihn im Hof mit Benzin zu übergießen und zu verbrennen, eingewickelt in die Fahne der Reichskanzlei, die man eingeholt hatte und die nun langsam und schwelend mit ihm verbrannte.

## XII

## WIEN, WIEN, NUR DU ALLEIN ...

»Und wenn mich die Wiener in die Hölle wünschen, ich liebe sie immer noch.« Diesen Ausspruch Baldur von Schirachs während des Nürnberger Prozesses hatte Gaston Oulman böse kommentiert, er hielt ihn für einen besonderen Trick des Angeklagten.

Aber er war ganz ehrlich gemeint. Und geht es mir nicht ähnlich? Obwohl nicht das kleinste Taschentuch in der Stadt mir gehört, werde ich immer das Gefühl haben, in Wien zu Hause zu sein – auch ohne Haus. Wien ist ja viel mehr als eine Stadt, es ist eine Liebeserklärung an das Leben, ein Beispiel für die Welt. Seht, so kann man bauen, so kann man musizieren, Theater spielen, malen oder kochen. Mit Wien braucht man sich nicht langsam zu befreunden, schnell, wie heuriger Wein nimmt die Stadt gefangen, das Lockende, Verspielte, Barocke liegt in der Luft.

Hitler sagte mir einmal, daß Wien »rassisch völlig wertlos« sei. Das ist wieder ein Beispiel für den ganzen Rassenunsinn, denn was Wien ist, kommt ja aus der Mischung! Hier mischten sich Slawen und Skythen, Vandalen, Germanen, Semiten, Burgunder und Goten, Franken und Thüringer. Und wie schön waren die Frauen am »wonniglichen Hof zu Wien«, am »Artushof«, an dem Walther von der Vogelweide sang. Wie schön sind die Wienerinnen mit blauen Augen zum schwarzen Haar, die stupsnasigen Mädchen mit den »slawisch breiten Backenknochen« und dem süßen Lachen, begabt zu Tanz und Spiel. Wer wollte ihre Stammbäume kennen, ihre flinken römischen Ahninnen, die sich mit germanischen Herrensöhnen mischten und deren verschollenes Bild in ihnen aufersteht ...

Alles braucht seine Zeit, das Gute wie das Böse, und nun ist die Frist um, der Abgrund, der mich von Wien trennt, ist zugeschüttet. Wenig fehlt an zehn Jahren. Wie leicht sich das schreibt: Zehn Jahre. Jedoch es sind dreitausendsechshundertfünfzig Tage und ebenso viele Nächte.

Ich kenne viele Gesichter Wiens, und keines kann mich erschrecken. Also auch nicht das Wiedersehen, auf das ich mich jetzt vorbereite. Ich kenne das brennende Wien in Qualm und Staub und Rauch, erfüllt von Sirenenlärm. Ich sah einen Berg verbrannter, durch die Hitze kindlich klein geschrumpfter Menschen, die man auf eine Wiese zwischen brennenden Häusern getragen hatte.

Ich erinnere mich des Jubels, als Hitler auf den Balkon der Hofburg trat und versuchte, zu der riesigen Menschenmenge, die auf dem Heldenplatz stand, zu sprechen. Minutenlang vermochte seine Stimme das Beifallsrufen nicht zu durchdringen. Es hob an in seltsamen Wellen, verebbte und schwoll wieder an, als käme es aus dem Mund eines einzigen Riesen. Ein kollektiver Rausch hatte uns alle erfaßt. Einzig ein stummer Gast stand unter den Begeisterten, der bronzene Prinz Eugen.

Ich kenne die überfüllten Lazarette Wiens. Neunzigtausend Verwundete lagen in der Stadt, und die Zahl wuchs mit jedem neuen Transport, der aus dem Osten kam. Ich sah, wie man die Verwundeten aus den Transportwaggons lud und die Läuse aus den fauligen Verbänden krochen. Nie werde ich den Geruch von Eiter und frischen Wunden vergessen, nie das überfüllte Treppenhaus des Lazarettes in der Börhavegasse. Jeder Fußbreit Boden war bedeckt. Man mußte über Bahren steigen, darauf lagen Frischoperierte und Sterbende, notdürftig mit papierenen Verbänden versehen. Nie werde ich die Wasserbettstation des Allgemeinen Krankenhauses vergessen, nie den gütigen, massiven Professor Schönbauer, nie die Todgeweihten, die Männer ohne Arme und ohne Beine, die Querschnittgelähmten und die hoffnungslos Verbrannten, die ihre letzten Tage im Wasser liegend verbrachten, da es nicht möglich war, ihre Wunden zu bedecken. Ich werde nie vergessen, wie der siebzehnjährige Ritterkreuzträger Leissner starb, nie die lezten

Augenblicke Leo Vermeers, des Holländers, der kein Wort Deutsch verstand. Kaum zwanzig Jahre alt, hatte Leo Vermeer aus Amsterdam den gleichen europäischen Traum geträumt wie viele Männer, die im deutschen Heer dienten. Da er zur Erfüllung dieses Traumes keinen anderen Weg sah, hatte er die Uniform der SS angezogen, hatte sich die Lunge zweimal durchschießen lassen und war langsam und furchtbar für seine europäische Sehnsucht gestorben. Da wir kein Wort miteinander sprechen konnten, hatte ich ihm ein kleines Bild einer holländischen Landschaft mitgebracht, weites Land mit Kühen von Paulus Potter. Er hielt es noch in der Hand, als die gegen jeden Tod gleichgültig gewordene Schwester langsam und ordentlich das weiße Tuch über ihn deckte.

Wie erstaunt mich Hitler ansah, als ich ihm vorschlug, mit mir eines der vielen Lazarette zu besuchen! In eines nur sollte er mitkommen, er sollte sich nur den Saal mit den fünfundfünfzig Männern ansehen, denen in Rußland beide Füße abgefroren waren. Das war der vergnügteste Saal, denn sie wußten sicher, daß für sie der Krieg zu Ende war. Aber weder Hitler noch ein anderer verspürte das geringste Interesse, sich die schwarzen, stinkenden Beinstümpfe anzusehen. Das ist ja auch kein erfreulicher Anblick; ich vermute, daß kein Politiker und kein General Spaß an solchen Dingen hat, und doch gäbe es keine heilsamere Lektion, als fünfundfünfzig Männer mit abgefrorenen Füßen zu sehen.

Im Garten des Lazarettes blühten Kastanien.

Viermal sah ich aus den rosagetupften Blüten Früchte werden, und jedesmal dachte ich, wenn sie reif aus der Schale springen, geht der Krieg zu Ende – ich muß nicht sagen, daß ich mich geirrt habe.

Und ich erinnere mich des bitteren Winters 1942/43, als der Krieg näherkroch, als Stalingrad fiel und die vielen Todesbotschaften kamen, denn die Stalingraddivisionen waren zum großen Teil Wiener.

Im Winter 1944 gab es keine Kohlen mehr, die Theater schlossen, und die Schaufenster waren nur noch mit verstaubten Attrappen gefüllt. Ein alter, zerlumpter Mann stand am Gitter, das den Heldenplatz umschließt. Er briet Kartoffelscheiben ohne Fett auf einem

Rost und verkaufte sie. Immer war er von Menschen umlagert, denn die rußigen Scheiben waren eine der wenigen Delikatessen, die Wien zu bieten hatte. Der alte Mann hatte seine natürliche Höflichkeit nicht preisgegeben, er war sich bewußt, mitten in der kaiserlichen Stadt seinen Stand zu haben.

Und ich kenne das süße Wien, wenn die Spitze vom Stephansturm wie ein Bündel Orchideen blitzt, kenne den blaßgelben Saal der Spanischen Hofreitschule, sah Oberst Podhayskie die Lipizzaner vorführen, die berühmtesten Pferde der Welt. Für Hermann Göring und Oberst Manteuffel wurde eine Vorführung gemacht, wir versammelten uns im Vorraum. Ich trug damals einen großen Hut von Roberta, ein bißchen verrückt, mit breiter Krempe, hellgrau mit riesiger Feder. Göring sah den Hut – als wir einen Augenblick allein waren, sagte er: »Ein wundervoller Hut, darf ich ihn einmal probieren?« Er setzte ihn auf, sah sich in dem großen Barockspiegel, war entzückt von seinem Spiegelbild und sagte: »Donnerwetter, ein richtiger Rubenshut!« Leider paßte er nicht zu seiner Uniform, so daß er ihn mir zurückgab, und wir lachten.

Dann begann die Vorführung. Die meisterlichen Reiter in weißer Wildlederhose mit rotem Frack ziehen mit Fanfarengeschmetter in stolzem Feierschritt auf goldgesattelten Pferden in den Reitsaal Fischer von Erlachs ein.

Nach altem Brauch ziehen die Reiter vor dem Bild des Bauherrn den Zweispitz zum Gruß.

Nach unverändertem Ritus vollziehen sich die Vorführungen. In der Levade vorspringend, ohne mit der Vorhand den Boden zu berühren, Croupade, Ballotade, Kapriole und Piaffe sind die Höhepunkte der Kür. Das matte Grau der Holzwandung gibt alle Farben frei, unter seidigem Pferdefell leuchten Sehnen und Muskeln. Ein Fest der Augen, ein Bild vollendeter Disziplin: die ernsten, gebräunten Männergesichter, die dunkelleuchtenden Pferdeaugen: Glanz und Wirklichkeit des Abendlandes!

Wir waren alle ganz still, als die Pferde den Reitsaal verlassen hatten. Oberst Podhayskie kam, bot aus einer Silberdose Zigaretten an, eine hübsche Dose! Er hatte sie vom Tenno geschenkt bekommen, als er ihm einen Lipizzaner nach Japan brachte. Auch als das Pferd alt war, ritt es der Kaiser immer noch, er konnte sich nicht davon trennen. Hitler kannte die Lipizzaner nicht, er mochte Pferde nicht, hielt sie für dumm und Reiten für eine sinnlose Beschäftigung.

Und nun steht jener verschneite Dezembernachmittag vór mir, kurz vor Weihnachten, mein Abschied von Wien. Ich hatte noch immer gehofft, Baldur könnte mit mir nach Bayern fahren in unser eigenes Haus. Aber er konnte die Stadt nicht mehr verlassen. Die Bombenangriffe kamen nun Tag und Nacht. Entweder war er im bedrohten Zistersdorf, das wegen seiner Ölquellen besonders gefährdet war, oder auf seinem Befehlsturm am Stadtrand.

Nein, er konnte die Stadt nicht verlassen. Unsere Kinder lebten in Bayern. (Es gab damals nicht mehr viele Kinder in Wien, die Kinderlandverschickung hatte sie außerhalb der Gefahrenzonen untergebracht.)

Seit die Kinder ausgezogen waren, bewohnten Adjutanten, Kriminalbeamte, Sekretärinnen und der Konsul aus Sofia, Dr. Rümelin, das große Haus. Rosa kochte für alle. Sie hatte ausgezeichnete Beziehungen zu einem Wachmann, der Schweinsohren markenfrei beschaffte.

Zum Abschied hatte ich ein paar Freunde zum Tee eingeladen. Unser großes Zimmer war zugleich Filmvorführraum. Hier hatten wir zum Ärger von Goebbels »Vom Winde verweht«, »Mrs. Miniver«, »Gulliver« von Walt Disney und auch einen russischen Film, »Maxim Gorkis Jugend«, vorgeführt. Wir hatten Wiener Schauspieler dazu eingeladen und damit, wie der Vorwurf lautete, »eine ungeheure Reklame für die Feindmächte gemacht«, denn – so argumentierte man ganz richtig – wie kann man England hassen, wenn man »Mrs. Miniver« sieht; es war Goebbels' Argument. Die amerikanischen Filme, die über Portugal nach Deutschland kamen, waren eine Art geistiger Schwarzhandelsware unter der Naziführerschaft. Sie waren ebenso begehrt wie ein neues Heft von »Vogue«. Als wir »Vom Winde verweht« in unserem Haus aufführten und die Wiener Prominenz dazu eingeladen hatten, kam ein wütendes Telegramm, der Film müsse sofort an die Reichskanzlei geschickt werden. Nun,

Jachenau 1947. Ein amerikanischer Soldat machte dieses Foto. Er wußte, daß die Frauen der in Nürnberg Verurteilten verhaftet würden. Eine Stunde später war ich im Gefängnis Tölz.

Spruchkammerverhandlung 1947 in Tölz. Die Anklage brachten Männer vor, die im Kriege Waffen getragen hatten. Sie hielten mir vor, daß ich Hitler nicht getötet habe.

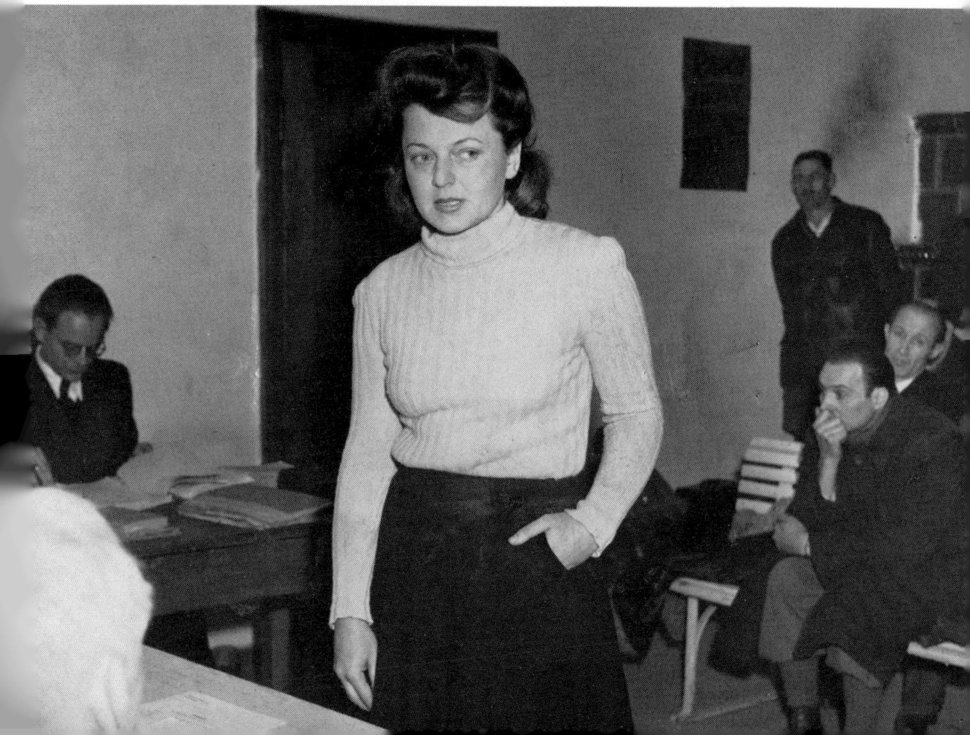

Der Weg ins Lager.

*Unten:* In der amerikanischen Zone des aufgeteilten Deutschlands wurden Tausende von Frauen ohne Anklage in Barackenlagern eingesperrt.

Baldur von Schirach meldet Hitler auf dem Reichsparteitag die angetretene Hitler-Jugend.

Vor dem Internationalen Gerichtshof in Nürnberg macht Schirach seine Aussage. Er wird zu 20 Jahren Haft verurteilt.

Nach Entlassung aus dem Spandauer Gefängnis wird Schirach von einem englischen Korrespondenten interviewt. Im Hintergrund seine Kinder.

heute noch glaube ich, daß Eva hinter diesem Telegramm steckte, die ein Faible für Clark Gable hatte und ihn als Rhett Butler sehen wollte.
Nun saßen wir ein letztesmal zusammen auf der chintzbezogenen langen Bank. An den Wänden des Zimmers zogen sich Bücherregale entlang, die bis zur Decke reichten. Bei jedem nachbarlichen Bombeneinschlag stürzten die Bücher zu Boden. So war alles ein bißchen in Unordnung geraten, die großen Bände mit den gebundenen Jahrgängen vom »Simplizissimus«, der »Jugend« und des »Pan« waren freundlich gemischt. Wir tranken Tee aus den dünnen weißen Augarten-Tassen. Auf den Kannen leuchteten noch unzerstört die Chinesenköpfchen aus weißem Porzellan. Rosa hatte die kleinen flachen Anisplätzchen gebacken, die kein Fett brauchten und das ganze Haus mit Weihnachtsduft erfüllten. Günter Deiss wollte mir eine Freude machen, er hatte das Italienische Capriccio besorgt und eine ganz große mächtige Kerze, ein ungeheurer Luxus, der eigentlich in eine Kirche gehörte. Er hatte sich einen Trick ausgedacht, um diese riesige Wachskerze zu bekommen, er war in den Laden gegangen und hatte gesagt, er brauche die Kerze für das katholische Seemannsheim. Er bekam sie. Ich weiß heute noch nicht, ob es in Wien ein katholisches Seemannsheim gibt. Ich schenkte die Kerze zu Weihnachten meinen Freunden Ross, und in der Nacht, als sie sich erschossen, brannte sie, sie brannte, als Colins Blut sich mit dem seiner Frau vermischte – aber das wußte ich noch nicht an meinem letzten Nachmittag in Wien.
Neben mir saß Herbert, der einfallsreichste von Baldurs Mitarbeitern, Herbert, der immer geholfen hat, wenn es galt, einem jüdischen Bekannten, der als »U-Boot« in Wien lebte, einen falschen Paß auszustellen, oder irgend etwas Verbotenes zu irgend jemandes Glück zu tun, Herbert, der so gern nach Lainz fuhr, um eine Trappe oder ein Wildschwein zu jagen, Herbert, der »kein richtiger Nazi«, aber ein richtiger Mensch war, unsportlich, kurzsichtig und der feinste Kerl, den man sich denken kann. Herbert, der als erster aus dem verbliebenen Kreis ausbrach.
Ungewollt, er hatte eine hübsche Frau und drei kleine Söhne. Als

im Februar das Parlament, an dessen Eckseite sich Baldurs Büro befand, getroffen wurde, rannte Herbert, da er das Telefon klingeln hörte, die Treppe hinauf, die nächste Bombe riß ihn mit dem Trakt in die Tiefe ...

Ich wußte sehr wohl, daß ich nie mehr in dieses Haus zurückkehren würde, vielleicht wußten wir es alle, aber wir sprachen es nicht aus, ja, wir waren von außerordentlicher Feigheit, wohl um uns zu schonen und uns einen törichten Traum noch ein wenig zu erhalten. Wir spielten das Stück zu Ende, dessen Rollen wir so leichtfertig und unbesorgt übernommen hatten.

Ich bat Baldur, einige Sachen mitnehmen zu dürfen. »Unmöglich, die Wiener würden denken, wir fliehen, es würde sie unruhig machen, außerdem wäre es ausgesprochen unanständig, unsere Sachen zu retten, bloß weil wir die Möglichkeit dazu haben.«

»Kann ich nicht meine Kleider mitnehmen?«

»Warum, wozu? Geht alles kaputt, brauchst du keine Abendkleider. – Niemand mehr in Deutschland wird Abendkleider brauchen, wenn uns die Russen überrennen. Können wir Wien halten, dann findest du deine Sachen wieder.

Alles bleibt hier«, fügte er nach einer Pause hinzu, »die Bilder, der gotischen Engel, alles, was uns gehört, du kannst nicht mehr mitnehmen, als in einem kleinen Koffer Platz hat.«

So kann nur ein Mann sprechen, jede Frau weiß, daß sie seinen Wünschen zuwiderhandeln wird. Ich sah mich in meinem Zimmer um: Den Druck von Shakespeares Porträt konnte ich nicht mitschleppen, auch nicht die beiden kleinen Rodinplastiken, ihr Verschwinden hätte er sofort bemerkt; sie waren nur handgroß, stellten nackte, zusammengekauerte Mädchen dar und waren während langer Telefongespräche oder Besprechungen tröstlich schön anzufassen.

Ich nahm aber doch ein Abendkleid mit, eines der schönsten, die Stucki je eingefallen sind, schulterfrei, schwarz, mit einem teuflischen Rot und einem langen Cape aus schwarzem Samt. Jahre später, als wir alles, was wir besaßen, zu Geld machen mußten, um leben zu können, erwies es sich als eine ausgezeichnete Kapitalsanlage. Ich verkaufte es an einen amerikanischen Offizier. Es ist kein gutes Gefühl, wenn man seine Kleider verkaufen muß. Und wieder mußte ich lügen, ich sagte, es sei ein Abendkleid von Eva Braun, obwohl Eva viel kleiner war als ich und ein so wildes Rot nie gewählt hätte. Der Name trieb den Preis mächtig in die Höhe, mein Käufer war entzückt, eine so interessante Beute mit in die Staaten nehmen zu können. Er bezahlte in Zigaretten. Zwei Stangen Camel. Jeder, der die ersten Nachkriegsjahre in Deutschland erlebte, weiß, was man sich alles dafür einhandeln konnte. Dann packte ich unseren kleinen gotischen Christus ein, einen lächelnden Christkönig, dunkel vor Patina, so daß er durch seine Unscheinbarkeit den Diebereien bei den vielen Haussuchungen entging, sodann eine wissenschaftliche Abhandlung über die Bienenkönigin, die ein Vorfahr der Schirachs, die alle Pastoren und Bienenzüchter gewesen waren, geschrieben hatte. Dazu einen hölzernen buntbemalten Türken, den man in der Taille aufschrauben konnte, worauf eine Menge lustiger kleiner Haremsdamen herausfielen. Dann einen riesigen, aus Zukkerschaum gebackenen Nikolaus von Konditor Demel. (Die Modelle dazu waren in der Zeit des Velasquez nach Wien gekommen, als die Verwandten aus Spanien den Habsburger Kaiserkindern »Christkindl« schickten.) Einen Gedichtband von Weinheber (ich hatte Weinheber ein paar Flaschen Gumpoldskirchner besorgt, er verschönte sich seinen freiwilligen Tod damit; als die Russen kamen, fanden sie den toten Dichter und die leeren Flaschen) und schließlich ein weißes golddurchwirktes Tuch, das mir der Großmufti geschenkt hatte.

Das war mein Fluchtgepäck, Spielzeug, dumme kleine Sachen – und ein großer Strauß Orchideen. Orchideen? Nun, unser Garten, also der Garten des Dienstgebäudes der Oberbürgermeister von Wien, schloß sich direkt an den herrlichen Park der Rothschilds an. Dort gab es alle Wunder an Bäumen, Büschen und Pflanzen. Feigenstämme, Vanillestauden, Flieder von nie gesehener Schönheit, Hemlocktannen und alle Arten von Orchideen, kleine bienenförmige und große, wilde rosaschimmernde. Da der Park der Stadt unterstand, gehörten auch die Orchideen der Stadt. Ich bat sie mir für die Lazarette aus. Viele Soldaten sah ich mit Orchideenblüten in den Händen sterben. Da in jenen Jahren Kruzifixe nicht genehm waren, gab ich den Sterbenden Orchideen, was mir doch wie eine kleine Verbindung zu Gott erschien.

Zum Abschied brachte mir der alte taube Gärtner Suchy einen Strauß für mich selbst. Der kleine blaue Volkswagen stand vor der Tür. Frühe Dämmerung und Flockenfall. Baldur versuchte sehr vergnügt und zuversichtlich auszusehen und sagte, woran er wohl selbst nicht glaubte: »Wenn alles vorbei ist, kommst du wieder!«

Ich fuhr die Währingerstraße hinunter.

Irgendwo hielt ich an, um noch einmal zurückzuschauen, wie Lots Weib. Aber was ich sah, waren ausgebrannte Häuser und elende Straßenzüge, auf die der Schnee in großen und kleinen Flocken fiel . . .

Seither sind zehn Jahre vergangen, und nun soll ich Wien wiedersehen. 1955. An einem warmen Oktobertag fahren wir los. Immer noch fehlt die Autobahn nach Wien, immer noch fährt man die alte Nibelungenstraße mit den vielen Kurven. Österreich ist wieder Österreich und nicht mehr die Ostmark. In der russischen Zone sind die Wege noch mit kyrillischen Buchstaben markiert . . .

Ich lese die Ortsaufschrift Tulln und schäme mich. Denn eines Tages erhielt ich in Wien ein Telegramm meiner Freunde Ross: In Tulln stünde ein Transport Juden, ich solle doch hinfahren, helfen. Ich telefonierte, man wußte von keinem Transport, ich fragte, man wich aus; ich versuchte einen Wagen zu bekommen, es schien unmöglich. Und ich gab mich damit zufrieden. Ausgerechnet ich, die ich doch damals zaubern konnte und imstande war, die unmöglichsten Dinge möglich zu machen. Ich fuhr nicht nach Tulln. Ich war zu bequem, ich beruhigte mein Gewissen, indem ich nachsagte, was man mir vorsagte: Es steht kein Transport in Tulln.

Sicher stand ein Transport Menschen in Tulln. Sicher hätte ich einen Wagen bekommen.

Aber ebenso sicher hatte ich Angst, in ihre Gesichter zu schauen, ebenso sicher war ich feige. Keine Spruchkammer hat mir das vorgeworfen, kein Mensch. Nur mein eigenes Gewissen. Immer wieder.

Nachts fahren wir in Wien ein. Schloß Schönbrunn liegt im Mondlicht da, theresianisch gelb, selber eine Dame im Reifrock, mit schmaler Taille und graziös, und wie sein Echo die Gloriette.
Die Stadt, für mich ins Unwirkliche versunken, ersteht nun neu, lebendiger und schöner, als sie war, denn »zu unserer Zeit« war die Lust des Lebens laut Berliner Befehl verboten, alles, was nicht kriegswichtig war, sogar Maniküre und Dauerwellen! Und nun zeigt sich die Kärntnerstraße als eine der schönsten Bummelstraßen der Welt (in Wien heißt das Bummeln »Flanieren«), und fast alle Läden sind wieder am alten Platz. Lobmeyer macht die böhmischen Glaslüster, und in Adlmüllers Fenster liegen neue Pullis und dünne lange Schirme, in den Konditoreien alles, was es zu unserer Zeit nur in der Erinnerung gab, »Grillage Schifferl«, Dobos und Sachertorten. Die Blätterteigschweinsohren heißen hier elegant »Palmé«. Ja, wir sind in Wien, wo das Leben um eine Nuance süßer, raffinierter und sinnlicher ist. Ah, und hier die Oper, wie abgebürstet, weiß steht sie da. Ich will fotografieren und bin einem Arbeiter im Weg; er schreit mich nicht an, sagt nur: »Gehn's zu, Fräulein, stören's net den Wiederaufbau.«
Hier, im Imperial, wohnte Knut Hamsun, ich hatte ihm damals einen Korb Erdbeeren geschickt, er erwiderte diese Geste mit einem süßen, winzigen Dankesbrief. Als er das Hotel verließ, um zum Bahnhof zu fahren, lief ein junges Mädchen dem Wagen nach und legte einen riesigen Rosenstrauß hinein: »Dank für Viktoria!« Das hat mich mehr gefreut als der Nobelpreis, sagte er später.
Auch hier möchte ich eine Aufnahme machen, wenigstens den kleinen russischen Wachtposten knipsen, der mit seinem Gewehr in einer Ecke lehnt. Er scheint nicht aufzupassen und blinzelt in die Sonne; er hat ein Kindergesicht, rund und erstaunt, aber als er meine Kamera sieht, wird er ganz wach, nimmt das Gewehr vor seine Brust, kommt auf mich zu und sagt: »Du verboten!« und klopft auf die Kamera.
Weiter oben, am Schwarzenbergplatz, steht das Denkmal des sowjetischen Soldaten, in einsamer Höhe auf einer Säule ein Soldat mit Fahne und Schild. Der Mann dort oben ist so todeseinsam wie jeder

Soldat zu irgendeiner Stunde. Das Denkmal hat nichts mit Wien zu tun, es ist der Triumph des Todes, des einsamen Sterbens, der Männerwelt. – Als wir in Wien Wohnung suchten, 1940, schickte Hitler ein Fernschreiben; er wünschte, daß wir im Schwarzenbergpalais wohnten. Es läge im Innern der Stadt, sei repräsentativ und für Empfänge geeignet. Nun könnte man jedoch ebensogut im Kunsthistorischen Museum wohnen wie im Schwarzenberg. Prächtige bemalte Säle, goldweiße Prachttüren, aber niemand scheint an Küche oder Badezimmer gedacht zu haben. Es war schwierig, Hitler von dem Schwarzenbergplan abzubringen.

Die Kärntnerstraße liegt im Sonnenglanz, die Pestsäule ist Mittelpunkt, ich weiß noch genau, wie man sie mit einem Zementmantel verschloß, verschiedene Gutachten waren eingeholt worden, ob sie es auch überstehen würde. Nun, sie hat es überstanden, und eben ist man dabei, sie neu zu vergolden. Im Schaufenster der Buchhandlung Krey liegen Churchills Kriegsmemoiren. Sobald Hitler auf eines seiner Lieblingsthemen – »Mein Leben nach dem Kriege« – zu sprechen kam, meinte er: Alle feindlichen (und selbstverständlich besiegten) Staatsoberhäupter werden eingesperrt, außer Churchill. Der Brite war ihm sympathisch, weil er Aquarelle malte, wie er selbst es in früheren Jahren getan hatte. »Churchill«, prophezeite Hitler, »wird nach dem Krieg bequem auf einer Festung leben, ich werde es ihm ermöglichen, dort seine Erinnerungen zu schreiben und zu malen.« Nun hat Churchill sein Buch geschrieben, aber es gibt keinen Hitler, der es lesen könnte.

Im goldenen Schränkchen des Juweliers Paltscho, auf dem noch immer ein Schildchen »Kopieren ist Diebstahl« warnt, hängen prächtige Ohrringe aus Rubin und Smaragd von orientalischer Eleganz. Wiens weltberühmtes Café Demel ist ganz wienerisch geblieben, keine Spur von Espressos. Die gleichen Stühle, die Kasse, das Büfett mit den gebratenen Tauben, die Ecke mit den Sachertorten, den winzigen und den großen, die gleichen Zuckerln, und die gleiche Frau Anna Demel. Die Gäste sind junge Wienerinnen mit süßem Lachen und alte Exzellenzen, die in wunderbarer Grandezza ihre Jahre bestanden haben. An der Kasse Frau von Berczevigzy in ihrer dunklen Schönheit, der ich zu meinem und ihrem Kummer damals nicht helfen konnte. Damals. Und da ist Paula, die immer noch unveränderte Paula, eine Primadonna von hoher Verführungskunst, wenn es um das Bestellen von Pasteten geht, auch ist sie auf geradezu unwiderstehliche Art höflich.

Ich kann verstehen, daß ein Amerikaner das ganze Café Demel kaufen und über den Ozean transportieren wollte, mit der Ladenpudel und mit Tante Anna, mit Türkischem, Einspänner und »Kapuziner Melange«!

Vom Michaelertrakt führt eine Straße direkt zum Ballhausplatz. Das große Loch, das die Bomben in die Seitenfront gerissen hatten, ist zugemauert, im kleinen Hof stehen die Autos wie zu unserer Zeit, und die Fahrer werden es genauso schwer haben, die großen Wagen herauszumanövrieren. Hinter den verschlossenen Fenstern liegt der Saal mit den fünf Türen, die eigens zum Wiener Kongreß eingebaut wurden, um keine der damaligen fünf Großmächte zu verletzen. Oben hatte sich Metternich eine Kaffeeküche eingerichtet. »Heiß wie die Liebe, süß wie die Sünde, schwarz wie die Hölle« lautet sein berühmtes Rezept. DerReichsstatthalter hatte sich in eine der kleinen Vorkammern eine moderne Anlage zum Händewaschen installieren lassen, sehr zum Ärger der alten Hofbeamten. Wer immer hier regiert, wird an dem breiten Schreibtisch Metternichs mit den vielen bronzebeschlagenen Schubladen sitzen.

Auf dem Dach des Bundeskanzleramtes weht die alte Standarte Österreichs mit dem Adler, es ist die einzige dieser Art, die ich finde, aber vom Heldenplatz aus sind die Fahnen der vier Besatzungsmächte zu sehen und an einer der Hofburgwände, riesengroß, im Sowjetstern Stalins Bild.

Und hier auf dem Heldenplatz stehen die zwei schönen Reiterstandbilder. Jahrelang waren sie in Zementblöcken verschlossen, so daß ich sie nur als Betonsärge in Erinnerung habe. Ja, und hier stehen die Fliederbüsche – Rasen und Fliederbüsche des Heldenplatzes haben wir mit List und Lüge gerettet. Hitler wollte den Heldenplatz gepflastert sehen, mit großen quadratischen Platten, denn er wollte (und was sollte er sonst wollen?) auf eben diesem Platz Paraden abhalten oder vom Balkon herunter zu den Wienern sprechen. Regnete es, stand die Menge im Matsch, was ihr Vergnügen minderte, und der Rasen sah nach solchen Veranstaltungen grau und zerstampft aus. Also gab er den betreffenden Befehl. Baldur beschloß sofort, diesen Auftrag sorgfältig zu boykottieren, denn er liebte die Fliederbüsche und wußte, daß er den Wienern die Umwandlung in einen Exerzierplatz nicht zumuten konnte. Als sich Hitler ein halbes Jahr später danach erkundigte, konnte man sich auf die kriegswichtigen Aufträge berufen. Aber Hitler blieb beharrlich. Immer wieder mußten Baldur neue Ausreden einfallen, bis schließlich alles andere wichtiger war als Paraden auf dem Wiener Heldenplatz. Die Fliederbüsche hatten gesiegt.

Jetzt werden auch die Kunstschätze wieder in die Stadt zurückgekehrt sein, die zu unserer Zeit in Rothschilds Jagdschloß geborgen waren. An einem Pfingsttag fuhren wir mit dem Bewachungsbeamten nach Steinbach, einem Schloß inmitten einer Narzissenwiese. Altmodische englische Eleganz, Rothschilds goldenes Wappen überall, sogar im Pot de Chambre.

Hier werden die Bilder aus den Wiener Museen, in Leinentücher eingeschlagen, aufbewahrt. Sorgfältig hebt der Beamte die Schutzhüllen, da lächeln Rubens' Söhne und die spanischen Prinzessinnen von Velasquez. Nun wickelt er etwas Rundes, Goldenes aus den Tüchern: den Reichsapfel Karls des Großen und, klar und schön, sein Szepter, und für einen kleinen Augenblick darf ich den goldenen Apfel in der Hand halten.

Heute wird in der Hofburg gefilmt. Die breite weiße Treppe liegt voller Kabel und Scheinwerfer. Die ausgestopften Lieblingspferde des Kaisers stehen immer noch da, wie schon zu unserer Zeit, auch die wackligen Stühlchen erkenne ich, sie werden für festliche Gelegenheiten ausgeliehen, auch die weißen Barocknotenpulte mit den Kerzenhaltern, die immer umfallen, erkenne ich wieder, und hier an der großen weißen Tür standen wir als Gastgeber, und ich versuche mir vorzustellen, ob wir komisch ausgesehen haben, den Gästen – einmal waren es nicht weniger als 560 – unermüdlich die Hand schüttelnd. Ja, wie war das damals?

Der Empfang in der Hofburg ist vorüber. Die Gäste sind nach Hause gefahren, die Militär-Attachés, die Regierungsbeamten, die Professoren mit ihren Gattinnen, auch das »konsularische Corps«, das mit seinen ausländischen Mitgliedern immer ein wenig Schwung in die Prominenz bringt. Baldur sieht sich mit Fritz noch den Arbeitsplan für den nächsten Tag an.
Wir warten in der Antekammer. »Wir« – das sind Ma, Maria und ich, in Glanz und Untergang beisammen. »Antekammer« stammt aus dem spanischen Hofzeremoniell der Habsburger. Es sind die kleinen Zimmer vor den großen Sälen, die Wände mit rotem Damast bespannt. In den großen Barocksesseln haben wir es uns bequem gemacht, es ist nach Mitternacht. Wir haben die Schuhe ausgezogen, und unsere Beine hängen über die Lehnen. Hübsche Schuhe, schwarze von Ferragamo, silberne und goldene. Unsere Kleider sind von Stucki, Höchsmann und Adlmüller. Die Piefkes wissen, was sie der Hofburg schuldig sind. Leo hat uns frisiert.
Die hohen weißgoldenen Türen zum Saal stehen offen. Drinnen brennen noch einige der böhmischen Glaslüster, und wir können sehen, wie die Diener im Halbdunkel aufräumen, es sind die einzigen, denen es gelang, die Monarchie, die Republik und die Nazis zu überstehen, und inzwischen sind sie auch mit der Besatzung fertig geworden. Sie löschen die Kerzen und stellen die Stühle zusammen.
»Schade, daß wir hier nie getanzt haben«, sagt Maria. Sie schlüpft in ihre Schuhe und versucht allein einen Walzer. »Wir werden auch hier nie tanzen«, sagt Ma. »Trotz dem Parkett.«
»Unsinn, Ma!«
Ma ist hübsch, mit kleinen schönen Barockohren und einer Stupsnase. »Leider kein Unsinn«, sagt sie. »Ich habe heute die Akten im Safe eingeschlossen. Hier ist der Schlüssel« – sie hatte ihn an einer dünnen Kette um den Hals und holte ihn nun aus ihrem Dekolleté hervor –, »aber vorher habe ich sie gelesen, und deshalb sage ich euch, daß wir nie hier tanzen werden . . .«
Nach zehn Jahren sehe ich auch unser Wiener Haus wieder. Nein, es war nicht »unser Haus«, es war die Dienstwohnung, die dem

Oberbürgermeister zugeteilt war, ein mächtiger Steinkasten, der mir gar nicht gefallen wollte, als ich ihn zum erstenmal sah. Nur ein herrlicher Garten versöhnte mit seinen Nachteilen.
Die große Kastanie, in der die Kinder so bequem klettern konnten, ist fort, auch die Blutbuche ist ausgebrannt. Ich suche den Gingkobaum mit den Elefantenohrblättern und finde ihn nicht, man hat den Garten geteilt. Die beiden Hundegräber sind zugewachsen. Kein Rittersporn von Gletscherwasserfarbe mehr, den Karl Foerster hier ansiedelte. Blütenlos reckt sich das Unkraut. Hinter der kleinen grünen Mauer liegt die Anhöhe, auf der »unser Haus« stehen sollte – ein langgezogenes gelbes Gebäude, im Cottagestil, so gelegen, daß man Leopoldsberg und Kahlenberg vor Augen hat, das wir bauen wollten, »wenn alles vorbei« war.
Ich kann durch die großen Scheiben sogar einen Blick ins Haus werfen. Der neue Bewohner hat seinen Tisch an der gleichen Stelle, auch seine Stühle sind grün bezogen. Die Küche war ein lustiger, klappernder Mittelpunkt. Einmal brieten wir hier ein Straußenei – es ergab eine große Schüssel voll und schmeckte wie Hühnerei –, ein andermal versuchten wir ein Maskenschwein, das uns Hagenbeck schenkte. Es war dressiert und durfte »markenfrei« abgegeben werden. Hier zeigte mir der japanische Botschafter Oshima, wie man Fisch roh anrichtet, er hatte Farnspitzen zu einem Salat mitgebracht, band sich eine Schürze um und fing an zu hantieren.
Für die prominenten Gäste schickte Horcher Köche, Töpfe und Pfannen, denn Ciano, General Wlassow, Antonescu oder den Großmufti von Jerusalem Hey Amin el Huseini (der sommers in einem weißen Turban und winters in einem schwarzen Persianerkäppchen kam) zufriedenzustellen traute man Rosa nicht zu. Und auch weil ich weder Rosa noch Dita noch Beidau sehen werde, verzichtete ich darauf, durchs Küchenfenster zu schaun.
Ein Hausmeister im blauen Overall ist hier beschäftigt. Er hat keine Ahnung von mir, deshalb kann ich ihn fragen, was die Russen hier gemacht haben.
»Alles abmontiert«, sagte er, »jeden Lichtschalter, jedes Fetzchen Tapete.«

»Was haben sie denn mit den Bildern gemacht?«
»Im Garten aufgestellt und darauf geschossen wie auf Schießscheiben.«
Ich finde es recht originell, auf eine holländische Landschaft zu schießen. Der Mann im Overall wird gesprächig. »Das ganze Haus haben sie mit kyrillischen Buchstaben bemalt, von oben bis unten, ich mußte mit einer Bürste alles wegreiben, sehen Sie«, er zeigt auf ein paar verbliebene Zeichen, »ich wüßte gern, was sie bedeuten.«
Nun frage ich ihn nach dem Löwen von Fritz Behn.
»Der Löwe? Der große Bronzelöwe mit den Goldaugen? Der ist weggebracht worden.«
Ich hatte auch nicht erwartet, ihn noch anzutreffen. Irgendwo wird er wohl noch immer seine Pranke heben.
Da hat es auch keinen Sinn, nach dem Eugen-Bänkchen zu fahnden, obwohl ich mich dafür verantwortlich fühle.
Der Oberbürgermeister Wiens hatte die Möglichkeit, seine Dienstwohnung mit Möbeln aus dem »Depot« zu möblieren. Dieses Lager ist eine Anhäufung von Möbelgespenstern aus Schlössern und Palästen. Prunkbetten aus der Jahrhundertwende und phantastische Scheußlichkeiten aus der Makartzeit, und dazwischen zeigt der Beamte ganz rührende Gegenstände: das Bett Maria Theresias, die Kinderwiege der Habsburger, aus dunklem Holz und überreich beschnitzt. Kronprinz Rudolf, der sich in Mayerling erschoß, war das letzte Baby, das darin gelegen hat. Der Beamte schaukelt die Wiege hin und her, der Spitzenvorhang, der den kaiserlichen Kindern die Welt durch ein Gewirr venezianischer Spitze gezeigt hat, ist grau und zerrissen. Doch wie eine echte Rose zwischen künstlichen Blumen steht da eine kleine Bank, gemacht, zu zweit darauf zu sitzen und den »Mokka einzunehmen«, aus der Hinterlassenschaft des Prinzen Eugen, klein und grazil, wie er selbst. Mit orientalisch bestickten Kissen. Das Bänkchen ist das einzige Möbel, das ich aussuche.
Noch etwas entzückt mich, aber leider kann ich es nicht in der Dienstwohnung verwenden: eine Badewanne, klein, oval, mit Melusinen und Wassergöttern bemalt, Gold auf Weiß, mit ver-

goldeten Handgriffen, um sie ins Gemach luxuriöser Prinzessinnen zu tragen.

Noch einmal muß ich den Stephansdom besuchen, nur durch ein Foto kannte ich das ausgebrannte Kirchenschiff, die zerstörten Altäre. Muß ich es sagen, wie ich mich schäme, daß wir Wien nur Chaos brachten, daß wir nur, wenn auch ganz ungewollt, die Zerstörung eingeleitet haben, und daß das, was wir in Wien bauen wollten, höchstens in kleinen Modellen auf einem Schreibtisch stand und mit einer Handbewegung weggewischt wurde. Daß wir die Stadt in Brand und Elend verließen, statt mit ihr zu fallen?

Doch nichts mehr in der Kathedrale erinnert an die Zerstörung, die Messinglüster blitzen, und als sich der goldrote samtene Klingelbeutel nähert, soll er alles haben, die Mark- und Schillingstücke mischen sich klirrend. Der alte Mann, der ein bißchen wie Petrus aussieht, wird freundlich und sagt mir, was ich wissen will.

Die kostbaren gotischen Fenster, die dunkelbunten, sind in der Hitze des Brandes zersprungen. Man hat sie durch neue ersetzt. Die Fenster hinter dem Hauptaltar jedoch leuchten noch in unzerstörtem gotischem Glanz.

Nun zeigt mir der Mesner das Grab des Prinzen Eugen. Der Sarg des schmächtigen, tapferen Ritters liegt unter dem Marmorboden. Baldur wollte ihn »nach dem Krieg« aus dem Unterirdischen in einem Sarkophag auf einen Sockel heben; aber da es nicht dazu kommen sollte, schläft der Edle Ritter weiter unter dem Gitter, an dem das Lämmchen des Goldenen Vlieses blitzt.

Nach dem Waffenstillstand mit Frankreich im Sommer 1940 brauchte Hitler diesem Lande gegenüber eine freundliche Geste. So erreichte uns ein nächtlicher Anruf: Der Sarg des jungen Königs von Rom, der in Schönbrunn gestorben war, sollte auf dem schnellsten Weg nach Paris gebracht werden, um dort neben dem Sarge seines Vaters Napoleon im Invalidendom zu stehen.

Es geschah sofort, der schmale Bronzesarg wurde abtransportiert. Aber in der Eile vergaß man etwas: das Herz.

Das junge Herz von Napoleons Sohn stand hier in einer gläsernen Amphore tief in den Katakomben von St. Stephan, und niemand dachte daran, es mitzuschicken, so blieb es in Wien, wie so viele Herzen.

Maria Theresias großer Barocksarg steht in der Kapuzinergruft, auf dem sie in Bronze mit ihrem Franz dem Jüngsten Tag entgegenwartet. Baldur hätte den Sarg öffnen dürfen, irgendeine Frist war um. Es gab, wenn ich mich nicht irre, sogar einen Schlüssel dazu. Er überlegte schon, welche bedeutenden Schriftsteller er einladen wollte, diesen einzigartigen Augenblick zu schildern.

Aber plötzlich sagte er nein. »Nein, der Sarg bleibt zu. Ich möchte nicht, daß ausgerechnet lauter neugierige Preußen auf Maria Theresia starren. Sie soll ihre Ruhe haben; das ist die einzige Höflichkeit, die ich ihr erweisen kann.«

Ich lehne mich ans Kirchentor und lasse die Sonne auf mein Gesicht scheinen. Als ich Wien vor zehn Jahren verließ, fiel Schnee auf eine unglückliche Stadt, Tausende von Opfern warteten noch darauf, ihren Leidensweg anzutreten. Österreich war von der Landkarte weggewischt.

Hier stehe ich wieder, und St. Stephan hat ein neues Dach, gelb, grün und weiß funkelt es in der Sonne. Ein Zeitungshändler geht vorbei. Er ruft die Nachrichten aus – neue Saarverhandlungen, Audrey Hepburn heiratet, Neurath wird aus Spandau entlassen!

Ein paar Tauben tuckern um mich herum, die neugierigste will in die Kirche hineinschauen, da braust hupend der alliierte Wagen vorbei, die Tauben flattern erschreckt hoch. Eine streift mit dem grauweißen Flügel mein Gesicht. Es ist wie ein Streicheln. Ich erinnere mich nicht, daß mich je etwas so zärtlich gestreichelt hat wie dieser Taubenflügelschlag.

Was für Umwege waren nötig, St. Stephan zu einem neuen Dach zu verhelfen! Welche Erfahrungen mußte ich machen, ehe ich diese Minute erleben durfte, und da fällt mir Einsteins Wort ein: »Gott ist raffiniert, aber nicht bösartig.« Er ließ mich die kompliziertesten Umwege gehen, bis ich endlich wieder vor St. Stephans Riesentor stand.

## XIII

## AM FLUSS OHNE WIEDERKEHR

In den Jahren nach dem Zusammenbruch wurde ich immer wieder gefragt und verhört: Ob ich mich mit alten Nazis treffe? Ob ich etwas mit Neonazismus zu tun hätte?

Hier meine Begegnungen:

Im Jahre 1948 sehe ich Christa wieder, Christa, unsere Kusine aus Pommern; ich kenne sie nur lachend. Auch jetzt, als sie den Turban abnimmt, versucht sie zu lächeln. Christas Haar ist abgeschoren worden und wächst nun in kleinen Büscheln nach.

»Zwei Jahre Rußland«, sagt sie.

Christas Gut lag in der Nähe von Soltau.

»Das Herrenhaus haben sie vollständig niedergebrannt, und mich haben sie mitgenommen, mit vielen andern Frauen aus unserer Gegend mußte ich Eisenbahnschienen abmontieren.«

»Und Max?«

Max ist tot

»Wo ist Hans?«

Hans ist tot.

»Und Lilo?«

Doch nun kann Christa nicht mehr sprechen. Sie kann nur noch ihre Arme um meinen Hals legen.

Oder: Winter 1955. Friedland. Die Bilder der Spätheimkehrer geistern über den Fernsehschirm. Einen von ihnen erkenne ich: Flugkapitän Hans Baur. Hitlers Pilot. Ich bin mehrmals mit ihm in der großen Ju 52 geflogen. Heute stützt er sich auf zwei Männer, rechts und links, denn sein Bein ist ohne Prothese. Er hat einen komischen Hut auf dem Kopf, den man ihm wohl eben geschenkt hat, und als

er nun begrüßt wird, versucht er sein kleines zuversichtliches Lächeln, das ihn so sympathisch macht und mit dem er die gefährlichsten Situationen verscheuchen konnte.
Nach zehn Jahren sitzt er meinem Vater gegenüber, weit mehr als eine Million Flugkilometer hat Baur hinter sich, hunderttausend Flugkilometer sind sie zusammen geflogen. Baur schildert das Ende im Bunker. Auch das Schicksal des kleinen ovalen Ölporträts Friedrichs des Großen, das Hitler als einziges Bild mit in den Bunker nahm, kommt zur Sprache.
Es war nicht, wie »Life« berichtete, von Lenbach gemalt, sondern von einem Maler der Zeit – Anton Graff. Eindringlich und voll Entsetzen mag der pflichtbewußte Preußenkönig Hitler, der ihn als Talisman in die Bunkerunterwelt geschleppt hatte, beobachtet haben. Hitler identifizierte sich mit ihm, verglich seine Niederlagen mit dem Umglück des Siebenjährigen Krieges, seine Einsamkeit mit der Verbitterung des Königs, seine Schäferhündin Blondi mit dessen Windspiel Biche.
Und in seiner letzten Verzweiflung schrie er das Bild an, beschwor er den König, ihm zu helfen. Als er kurz vor seinem Tode alle Dinge, die an ihn hätten erinnern können, verbrennen ließ, wollte er eines nicht vernichtet wissen: das Bild des Großen Königs. Baur sollte es mit sich nehmen. So packte der Flugkapitän das Porträt in seinen Rucksack, aber auf irgendeiner Straße wurde er verwundet, schleppte sich in einen Hauseingang, und dabei verschwanden Rucksack und Bild.
Gefühle verändern sich.
Trauermärsche rühren mich nicht mehr.
Manchmal sehe ich wirklich einen von früher, den alten »Träger der Blutfahne« oder den blinden Rudi, wenn er mit seinem Führungshund die Straße überquert, oder den »alten Osaf« Pfeffer von Salomon. Hans treffe ich bei einem Faschings-Turnerball wieder. Er trägt die Turnerkleidung von 1860 mit Zwicker und Backenbart, schiebt einen Barren in den Saal und hat kaum Zeit, mich zu begrüßen, denn das Vorturnen einer Damenriege in Pumphosen steht bevor. Zufällige Begegnungen ... Nur einen suchte ich aus eigenem

Entschluß auf. In der Liste der Spätheimkehrer hatte ich Karls Namen entdeckt. Er wohnte in einem Häuschen zwischen Schrebergärten. Und er war, trotz der zehn Jahre Gefangenschaft, am wenigsten verändert. Die Schmalheit machte ihn jung. Er kam aus dem Uranbergwerk.

»Warum kamen gerade Sie nach Joachimsthal?«

»Ich ließ mich ausliefern aus dem Lager Dachau, ich wollte nach Budweis. Ich wußte nichts von meiner Frau und den drei Kindern, die ich dort zurückgelassen hatte. Ich dachte, ich könnte ihnen helfen. Als ich dort war, gaben sie mir den Polizeibericht zu lesen. Meine Frau und die Kinder wurden schon 1945 erschlagen. Das Baby war elf Monate alt. Der große Junge lebte noch sechsundzwanzig Stunden, man hat alles genau aufgezeichnet, auch, daß sie mit dem Gewehrkolben erschlagen wurden.«

Er schob mir eine Fotografie zu: drei lachende Kinder in Ringelpullovern. Er nannte ihre Namen. »So groß wären sie jetzt –«, er stand auf und markierte ihre vermutliche Größe in der Luft mit der Hand.

»Und dann haben sie mich nach Joachimsthal geschickt. Unter Tage. Dort arbeitete ich nun sieben Jahre.«

Er erzählt das apathisch, um ihn herum stehen Blumenkörbe und Geschenke. In Gedanken sehe ich ihn vor mir, so wie ich ihn immer in Erinnerung hatte – als er meinen Bruder zum »Dienst« abholte und sich in seiner neuen Uniform vorstellte, blankes Koppelschloß, die Uniformbluse neu und steif von Appretur.

Auch einen ehemaligen Gauleiter sah ich wieder. Er stand wartend an einer Trambahnhaltestelle und starrte mit dem bekannten weltbeherrschenden Erobererblick in die Richtung, aus der die Linie 6 erwartet wurde. Sie blieb ungewöhnlich lang aus.

Und am Marktplatz in Verona, zwischen Taubengeschwirr und Marktfrauengezwitscher, sagt plötzlich ganz münchnerisch neben mir jemand: »Hallo! Kennst du mich noch?«

Es ist Gretel, Eva Brauns jüngere Schwester.

»Dort drüben ist Eva«, sagt sie und zeigt auf den Platz mit dem steinernen Ritter.

Sie ruft, und etwas Hellblaues kommt angehüpft und schwenkt eine Kamera.
Aber die kleine Eva ist beschäftigt. »Mami – ich muß noch Julias Grab fotografieren!« und fort ist sie.
»Weißt du noch«, sagt ihre Mutter, »sie wurde im Trubel des Zusammenbruchs geboren.«
Ja, ich weiß, Hitler ließ den Vater erschießen, als er aus dem Todesbunker ausbrechen wollte, um zu seiner Familie nach Bayern zu gelangen.
Und manchmal sehe ich Edda, zart und sehr hübsch, scheu und blond, mit einer riesigen Schulmappe unterm Arm – Edda Göring.
Die wichtigste Begegnung jedoch findet nur auf dem Papier statt ...
Ich war längst geschieden, die Entrüstung darüber war abgeebbt, man fragte mich nicht mehr, weshalb und warum. Da holte ich die Briefe ans Licht, einen Koffer voller Begegnungen, angefüllt mit verblaßten Fotos, Briefen und auf Zetteln hingekritzelten Gedichten ... Ich war mit Richard ins Rißtal gefahren. Wir saßen am Ufer des hellgrünen, reißenden Flusses. Weiß und steil steigt die Lalidererwand auf. Tote Ahornbäume von ungewohnter Größe stehen fremd davor. Lauter als alles rauschen die Wasser.
Der Fluß ohne Wiederkehr!
Richard stieg darin herum und fand ein verrostetes Maschinengewehr, sicher hatte es ein deutscher Soldat beim Rückzug 1945, froh, die Last los zu sein, in das seichte Wasser geworfen.
Ich hatte den kleinen Medikamentenkoffer bei mir, Erste Hilfe für Autoreisen, eines der Geschenke, die Baldur einmal bekommen hatte. Das rautenförmige HJ-Zeichen ist in das Leder geprägt. Die Innenfächer sind bei einer Durchsuchung herausgerissen worden – doch es waren nur verschüttete Aspirintabletten zum Vorschein gekommen.
Nun enthält der kleine Koffer unsere Gefängniskorrespondenz.
Es sind einige hundert Briefe. Hellgrüne, einseitig beschriebene Bogen, das Papier von unterschiedlicher Qualität. Gebrauchsanweisungen in vier verschiedenen Sprachen und in chinesischen Schriftzeichen kennzeichnen sie als Briefpapier für Kriegsgefangene. Sie

sind vollbeschrieben, vorschriftsgemäß in Antiquaschrift, und mit Zensurstempeln reich versehen.
Liest man sie, ohne zu wissen, worum es sich handelt, erfährt man lauter fröhliche Dinge aus dem Leben einer glücklichen Familie, die nur durch widrige Umstände getrennt ist. Und doch sind sie alle während des Nürnberger Prozesses in der Zelle geschrieben oder später in Spandau.
Es wird von einer freundlichen Maus berichtet, die nachts auf den Tisch gehopst kommt und so laut knabbert, daß der Schreiber erwacht. Und bald darauf heißt es, Herr von Neurath habe die Maus mit einem Füllfederhalter erlegt, und nun bleibe sie leider aus. Kaum etwas von dem, was die Öffentlichkeit erregt, spiegelt sich in den Briefen. Das Leben läuft in zwei Versionen ab.
Die eine heißt Nürnberger Prozeß. Die Wochenschau fixiert die Gesichter der Angeklagten, die Journalisten berichten auf das genaueste über ihre Gesichtsfarbe und ihr Mienenspiel, Wetten werden abgeschlossen; wer von den einundzwanzig Angeklagten wird gehenkt? Auf wen wartet die lebenslange Haft?
Man diskutiert auch, ob man sie öffentlich hängen wird oder nicht und ob man Jodl und Keitel erschießen werde, wie es die Soldatentradition verlangt?
Aber in unseren Briefen herrscht Mister Pickwick, denn wir lesen Dickens. Im Gerichtssaal wird die Anklage verlesen, die Ungeheuerlichkeiten sind nun in präzisen Zahlen ausgedrückt, das Protokoll umfaßt 10000 Seiten. Der Krieg wird bis in die Uranfänge seiner Planung zurückverfolgt. Wie durch das Röntgengerät wird das Dritte Reich betrachtet, sein Skelett ist hochinteressant, wenn man studieren will, wie einstmals die einzelnen Glieder funktioniert haben.
In den Zellen spürt man keine Jahreszeit, aber bei uns in der Jachenau ist Frühling und in den Briefen also auch. Deshalb muß der Zensor übersetzen, daß man Salat aus Löwenzahn und Spinat aus Brennesseln macht, daß es am Karfreitag in den Gasthöfen gebratene Froschschenkel gibt, und daß uns die Frösche leid tun.
Unser Jachenauer Pfarrer nimmt einen großen Platz in der Korre-

spondenz ein. Er ist eine Mischung von Don Camillo und Pater Brown. Liest Kriminalromane, am liebsten Agatha Christie, repariert Brillengestelle, Füllfedern, Radioapparate, baut Antennen, geht aber auch stundenweit durch den Schnee, sooft man ihn braucht.

Als ich einmal nach Hamburg fahren mußte, bat er mich, vorher ins Pfarrhaus zu kommen. Auf dem blankgewetzten Ledersofa sitzen drei Dackel, Hochwürden aber auf einem harten Sessel. Er schiebt seine Brille hoch und äußert seinen Wunsch. Während des Krieges hat seine Gemeinde die große Kirchenglocke für die Altmetallsammlung abgeben müssen. Aber nicht alle Glocken hat man eingeschmolzen, nun soll ich die Jachenauer Glocke suchen. An der Alster prüfe ich zwar Hunderte von Glocken, große und kleine, mit Psalmen und Propheten geschmückt, doch unsere Jachenauer ist nicht darunter . . .

Baldur sitzt in der zweiten Reihe der Angeklagten, hinter Göring, mit dem er sich heftig entzweit hat, seit er Hitler einen millionenfachen Mörder genannt hat. Göring wollte, daß die Angeklagten der Welt als »verschworene Gemeinschaft« gegenübertreten sollten. Nun war Baldur ausgebrochen, indem er sein Bekenntnis abgab. Aber auch das findet in den Briefen keinen Niederschlag. Aus dem Entsetzen der Wirklichkeit flüchten wir uns auf das hübsche Briefpapier im biedermeierlichen Hellgrün. Leberecht Hühnchen wird öfter erwähnt als Dr. Sauter, der Verteidiger. Es geht zu wie in »Ariadne auf Naxos«, das aus artistischer Laune heraus – gemischt aus Harlekinade und Tragödie, aus Commedia dell'arte und heroischer Handlung – ein seltsamer Zwitter ist.

Als Baldur beschreibt, wie die Angeklagten rasiert werden – da man befürchtet, daß sie dem Barbier das Messer entreißen könnten, geschieht es mit einem Giletteapparat –, wird das als besonderer Spaß geschildert, und der Ton ändert sich auch nicht, als er beschreibt, wie die Überlebenden nach der Hinrichtung der anderen, gefesselt, kahlgeschoren, nackt ausgezogen und mit einer Nummer versehen, in der Zelle stehen . . .

Nur eines erfahre ich später – und nicht durch ihn. Schirach und

Speer müssen den Turnsaal reinigen, in dem die Hinrichtungen stattfanden – den Anblick des Galgens und der viel zu kleinen blutbeschmierten Öffnung, durch die die Gehenkten fielen, behält er für sich.
Auch ich berichte nicht von meinen Sorgen. Was für einen Sinn hätte es, über Geld zu schreiben. Warum berichten, daß die Internate es ebenso höflich wie bestimmt ablehnen, Kinder von Kriegsverbrechern aufzunehmen. Ich verschweige es oder erfinde andere Gründe, um die Heiterkeit unserer Briefe nicht zu stören. Doch für mich, die ich nicht hinter dem tragischen Schutz von Mauern lebte, sondern in der rauhen Luft der deutschen Wirklichkeit, war es eine Selbsttäuschung, und als ich einmal die Welt unserer Briefe verlassen hatte, fand ich nie mehr zurück . . . Unwirklich wie die Briefe sind auch die Besuche im Gefängnis. In Nürnberg konnte Richard von einem Gefängnispfarrer unter dessen Soldatenmantel mit in die Zelle geschmuggelt werden. Viele Jahre später erst sah er den Vater wieder.

## XIV

### »... DANN WAR ALLES UMSONST«

Ich wollte Baldur von unseren Sorgen verschonen und habe ihm damals in seine Zelle die wenigsten unserer abenteuerlichen Existenzversuche berichtet.

Geldverdienen ist viel schwieriger als Kinderkriegen. Ich hatte ja nicht unbedingt geglaubt, daß Geld auf Bäumen wachse – aber etwas leichter hatte ich es mir doch vorgestellt.

Bis zur Währungsreform war es kein Problem, man konnte Wäsche oder Schlittschuhe, oder was immer man nicht unbedingt brauchte, in den Bauernhöfen gegen Eßbares eintauschen.

Die Beutezüge unternahm ich meist in Begleitung von Robs, er war zäh, dabei sah er so ausgehungert aus und verfolgte mit größtem Interesse, wenn Babywäsche gegen ein Suppenhuhn vertauscht wurde. Aber einmal, als wir von einem erfolglosen Gang naß und müde heimkehrten, meinte er: »Eigentlich sind wir so arm wie die alte Batulek!«

Die alte Batulek war mit einem Transport Ausgewiesener aus der Tschechei gekommen und bettelte sich von Haus zu Haus durch. Es mußte also Robs erklärt werden, daß wir immerhin mit Tauschgütern kamen, dem großen Astor vergleichbar, der mit den Indianern seinen Handel trieb.

Aber eigentlich hatte Robs recht.

Nach der Währungsreform, als wir den ersten rosaroten Hunderter mit der enthüllten Dame darauf ganz schnell aufgegessen hatten, wurde es ernst.

Damals lernte ich Sigrun kennen.

Sigrun, nach Bayern verschlagen, besaß außer ihrem Berliner Un-

ternehmungsgeist einen Diesel und ein Zimmer, das gleichzeitig Lagerraum für Schiwachs in kleinen Blöcken war und deshalb die Vision von Hütte und Ferien vorzauberte. Sie war allen Vorschlägen zugetan, die Geld versprachen, und zur Zeit unseres Kennenlernens im Pfefferhandel tätig. Auf Grund eigener Marktforschung nahm sie an, daß die Menschen, die jahrelang Gewürze hatten entbehren müssen, sich nun mit dem größten Vergnügen auf Pfeffer stürzen würden. Tagelang habe ich, umgeben vom Duft des Schiwachses, Pfeffer abgewogen und in kleine Tüten gefüllt. (Binde dir ein Tuch um Nase und Mund, sonst fliegt der ganze Pfefferhandel in die Luft!) Gemessen an meinen Erfahrungen, würde ich jedermann vom Kleinhandel mit Pfeffer abraten.
Gut, meinte Sigrun, wenn es mit dem Pfeffer nichts ist, versuchen wir es mit festeren Dingen. Schlössern zum Beispiel. Vorhängeschlösser mit zwei kleinen Schlüsseln. Seit Jahren gab es keine Schlösser mehr zu kaufen, die Leute müssen ihre Kaninchen- und Hühnerställe verschließen – man braucht Schlösser! Wir kauften Hunderte dieser schwarzglänzenden Dinger in einer Großhandlung, fuhren damit von Ort zu Ort und verkauften sie. Kein schlechtes Geschäft. Doch was uns fehlte, das Geschäft richtig in Schwung zu bringen, war Kapital, wir mußten unsere Einkäufe im voraus und bar bezahlen können.
Damals besaß ich noch einen Clip, ein goldenes Gewirr, in dessen Mitte ein Brillant saß und das seiner Form wegen bei uns »Goldene Spaghetti« hieß. Dieser Schmuck also sollte geopfert werden.
Wo verkauft man so etwas am besten? Wer hat Bargeld?
Sicher die Displaced Persons, auf nach Wolfratshausen!
Links und rechts vom Lagertor wehten die Fahnen mit dem blauen Davidstern. Der Kontrolle am Tor zeigten wir die goldenen Spaghetti wie eine Sheriffmarke vor und durften passieren, der Diesel machte leise tack tack, wenn man langsam fuhr. Wir landeten bei einer Gruppe Männer, die sofort kapierten, was wir wollten. Sie redeten in einem Kauderwelsch verschiedener Sprachen auf uns ein, und auf einmal war der Clip weg.
Sigrun blickte mich verzweifelt an, sie sah das ganze großartige Ge-

schäft davonschwimmen. Wir standen eingekeilt inmitten sonderbarer Männer, die uns neugierig anstarrten.
»Weißt du noch, welcher damit verschwunden ist?« fragte sie. »Ein besonders netter alter Mann«, sagte ich mit einem Rest von Optimismus. Sie schüttelte den Kopf. »Schau sie dir an, wie willst du einen ›netten alten Mann‹ aus den Tausenden herausfinden?«
Wir standen verzweifelt und unschlüssig da.
Doch da kam ein Trupp angerannt, vorneweg der Alte, den Clip in der einen, den Stein in der andren Hand, sie hatten ihn aus der Fassung genommen. Dann holte unser Brillantenhändler einen Brillantenmesser und eine Lupe heraus, legte den Stein in eine der verschieden großen Öffnungen des fächerförmigen Instrumentes und zeigte auf die eingravierte Karatzahl. Er holte eine Liste hervor, auf der die genauen Preise für jede Größe verzeichnet standen. Wir nickten und waren mit dem Handel einverstanden. Auch das Gold wurde gewogen, und schließlich wurde alles bezahlt. Wir stopften die Scheine in ein Riesenportemonnaie, wie es Kellnerinnen für Wechselgeld benutzen.
Es war wirklich ein netter alter Mann, er verschwand nochmals und kam mit zwei Tüten Vanilleeis wieder, die Tüten aus Oblaten, das Eis aus amerikanischem Eispulver. Sigrun beschloß sofort, es in ihren Handel miteinzubeziehen.
Diesmal kauften wir Kartoffelpressen, es war ein außergewöhnlich günstiges Angebot. Das ganze Auto war angefüllt mit Kartoffelpressen, ich war völlig eingebaut und konnte erst aussteigen, als schon zwanzig Stück verkauft waren und ein Weg frei wurde.
Aber auch jetzt ging einfach nicht genug Geld ein, es waren zu viele, die davon leben mußten. »Der Diesel muß auch nachts laufen«, beschlossen wir: Also wurde aus dem Auto ein Nachttaxi für amerikanische Soldaten.
Sigrun war bald dafür bekannt, daß sie den betrunkenen GIs nicht die Brieftasche klaute, sondern die Fahrgäste komplett mit Mütze in der Kaserne ablieferte. So wurde sie die beliebteste Nachtfahrerin. Ich wechselte mit ihr ab. Meist gingen die Fahrten von der Kaserne zum Night Club, von dort zurück oder zu einigen bekannten

»Fräulein«. Die Heimfahrt brachte ihre Schwierigkeiten mit sich; waren unsere Fahrgäste sehr blau, legten wir sie einfach in den hinteren Teil des Wagens, klappten schnell die Beine hinein und dann die Türe zu. Beim Aussteigen brauchte man dann nur die Tür zu öffnen, und schon fielen die Beine voran, dann konnte man den Fahrgast mit geringer Mühe herauszerren. Wurde das Fahrzeug beschmutzt, bezahlten die Amis ohne Murren einen Dollar für die Reinigung. Eine hübsche feste Dollarnote mit Washingtons Porträt.

Wir fuhren – ein paar Jahre später auf Urlaubsreise – von Monte Carlo nach Cannes. Das Meer entlang durch Alleen blühenden weißen und roten Oleanders, in einer lauen Augustnacht. Der Mond malte eine unordentliche Kritzelbahn aufs Mittelmeer.
Traf sich das Blinklicht des Leuchtturms mit der Mondbahn, so gab es für einen Augenblick einen funkelnden Stern. Große Agaven warfen Picassoschatten über den Weg. Wir wollten nach Vence, die Dominikanerkapelle von Matisse sehen, nach Grasse, wo man Parfüm macht, und vielleicht hinunter nach St. Raphael, dorthin, wo die Amerikaner gelandet waren, als die Invasion begann.
In Monte Carlo sind sogar die Taxis Rolls-Royce. Wir hatten die komische Grimaldiburg besichtigt, die weißen langen Lagerhäuser Onassis', hatten die echten Millionäre gelangweilt durch die Palmenallee fahren sehen. Jede ihrer Frauen war ein Vogue-Titelblatt mit Schmuck von Cartier und Tiffany, hier regierte Dior, assistiert von starken Parfüms.
In der Hotelhalle, aber ein wenig demütig, abseits, stand eine Zigeunerin, um auf Wink herbeizueilen und das Schicksal aus der Hand zu lesen. Natürlich war das keine nach Heu und Zimt riechende dicke Originalzigeunerin wie die aus meiner Kufsteiner Gefängniszelle, eher eine Attrappe, kostümiert mit rotem Kopftuch und falschem Zopf, vor ein paar Tagen hatte sie Gina Lollobrigida aus der Hand gelesen, und nun saß sie da wie ein zerknitterter alter Papagei – Prachtrequisit der Jahrhundertwende. Wir hatten auch die antiquierten Spielsäle gesehen, aus denen man längst die Schil-

der: »Der Eintritt ist nur Herren in selbständiger Stellung und in Frack oder Smoking gestattet« entfernt hat. Touristen in Shorts setzten mit Grandezza ihre 200-Franc-Jetons auf das grüne Filztuch.

Das Meer war müde und klickerte ans Ufer.

In gehörigen Abständen lehnten Liebespaare unter Palmen. Sie küßten sich in stummer Verzückung.

In Antibes war jedes Hotel besetzt. Soraya war da, die Kaiserin von Persien machte Ferien und lief Wasserski, jetzt am Abend war das Hotel Eden Roc, das sie bewohnte, hell erleuchtet.

Wir fuhren weiter, doch glaube ich, daß uns etwas magisch anzog. »Wo sind wir eigentlich?« Das Mondlicht fiel auf die Karte. »In Juan Les Pins.«

Der Wagen glitt um die Ecke.

Da stieg die kleine beleuchtete Stadt aus der Dunkelheit. Plötzlich waren wir inmitten einer lachenden Menschenmenge. Der Wagen kam nur schrittweise vorwärts, man machte ohne das geringste Murren Platz. Es schien, als feiere man ein Fest, alles war auf Scherz und Fröhlichkeit gestellt, selbst die Lichtreklamen machten heiter mit. Vor den Snak Bars und Espressos saßen in breiten Reihen, bis zur Fahrstraße, die Menschen auf kleinen Hockern an winzigen Tischen. Aus den Klubs drang Musik, Jazz aus der Pam-Pam-Bar vermischte sich mit den Geigen aus dem Maxim zu einem unbeschreiblich reizenden Lärm.

Mich aber entzückte die Schönheit der Menschen, die hier die Nächte von Juan Les Pins genossen, alle waren sie schön, und auch die Millionaires looked like millionaires. Gleichgültig, ob die Frauen die französischen gestreiften Shorts mit der Aufschlagkante trugen, die kleinen Pullover, die – hingetupft wie Farbflecken – nichts von den braunen Schultern und Armen bedeckten, oder die weiten afrikanischen Röcke, das Licht der Côte d'Azur verschönte alle.

Auch die Männer glichen sich an, sie trugen lange blaue oder orange Hemden, kleine weiße Halstücher und zeigten in Ledersandalen Füße wie Götterstatuen. Weiß Gott, wo immer sie zu Hause waren, niemand sah ihnen eine Nationalität an, sie hatten sie abgelegt wie etwas Unnötiges, und nichts wäre lächerlicher gewesen, als danach zu fragen.

Niemand schimpfte und keiner schrie, als sich ein schwedischer Wagen mit dem Kotflügel in die Stoßstange eines Cadillacs aus Kuba verklemmte. Ein paar hoben an, und weiter ging's, es war nur eine kleine Belustigung. Auch Schießbuden gab es, doch ohne Knallerei, denn man schoß mit elektrischem Strom, und wenn der kleine Bär nicht getroffen war, schüttelte er den Kopf und trabte weiter. Köche buken Omeletten auf Elektroplatten, große Waffeln in Waffeleisen, ein kleines Mädchen streute Puderzucker darauf. Alle Läden hatten bis Mitternacht geöffnet, man konnte komplette Taucherausrüstungen kaufen, Unterwasserkameras oder riesige Gummi-Goldfische, um sich im Wasser damit zu vergnügen. Kein Regisseur, kein Kostümberater hätte raffiniertere Anweisungen geben können für das große Rendezvous der Welt in diesem Paradies heiterster Phantasie.

Obwohl es unmöglich war, von der Süße der Gegenwart nicht berührt zu sein, zwangen sich mir schreckliche Bilder auf: Die Männer, die hier lachend in bunten Hemden sitzen, tragen Uniform, und jetzt weiß man genau, welcher Nationalität sie angehören, man ist dabei, ihnen einen neuen Sport beizubringen: das Töten. Sie schießen nicht mehr auf einen künstlichen kleinen Bären, sondern auf die andern jungen Männer, die eben noch neben ihnen saßen, ja, man hat sie abgerichtet, genau das Herz zu treffen. Sind sie besonders tüchtige Schützen, bekommen sie zierliche, glitzernde Orden. Und auch die Frauen und Mädchen sind nicht mehr die unbeschwerten, braungebrannten Schönheiten. Sie sind allein. Sie kennen Angst, Abschied, und die Tränen brennen in ihren Augen schärfer als das Salzwasser des Mittelmeers.

Ja, würden sie nicht ihre Heiterkeit verteidigen, würden sie nicht das Leben mehr lieben als den Tod, so würden sie verbluten wie unsere Generation, hastig und sinnlos, wie eine Säure würde der Haß wieder die Welt durchdringen.

Wir landeten in einem Lokal im Picassostil, es gab Fische und

Boullabaisse; man konnte sich auch seinen Teller nach eigenem Geschmack an einem Büfett füllen. Eine Herde lachender Amerikanerinnen drängte sich eben mit den Tellern heran. Ich schob mich dazwischen. Wir häuften Paprikaschoten, schwarze und grüne Oliven auf die Teller; ein Kellner im weißen Jackett stand direkt vor mir, und ich sah ihm ins Gesicht. Ich erkannte ihn sofort. Ich starrte ihn an, und beinahe hätte ich gesagt: »Sind Sie denn nicht tot?« Er war eines unserer »Asse« gewesen, HJ-Führer, mit dem Ritterkreuz ausgezeichnet. Dann kam seine Todesnachricht, und eine Trauerfeier wurde für ihn veranstaltet. Auf einer Tafel stand sein Name, ein Stahlhelm lag zwischen den Rosen, und das Schluchzen mischte sich in Hölderlins Verse von den gern hinsterbenden Jünglingen.
Auch er erkannte mich. Er, um den wir geweint hatten, machte einen höchst lebendigen Eindruck.
Der Krieg hatte ihn nicht gewollt.
»Wie schön, daß Sie leben.«
»Ja, ich freue mich jeden Tag. Ich weiß, daß man mich für tot gehalten hat; ich war nicht ganz tot, nur beinahe, zwei Jahre gelähmt.«
Er zeigte auf die Narbe an seiner Stirn, unter der dünnen Haut pochte das Blut. Obwohl doch mehr als zehn Jahre vergangen waren, seit ich ihn zuletzt, als er wieder einrückte, gesehen hatte (»wenn der Krieg zu Ende ist, möcht' ich in der Hofburg Walzer tanzen«), erschien er mir keinen Tag älter als damals, ja, eher jünger.
»Als ich mich hätte melden können, gab es keine Stelle mehr, die sich dafür interessiert hätte. Und zu Hause, Sie wissen doch, wo ich zu Hause bin.«
Ja, ich wußte es, Gumbinnen in Ostpreußen. Wir waren 1937 dort gewesen. Ostpreußen mit dem hohen Himmel und den Trakehner Pferden.
Wir waren in Pillkoppen bei einem Fischerfest gewesen, ich erinnerte ihn daran. »Wissen Sie noch, wie wir bei Morgengrauen in Rudjanny ankamen, grade, als die Elche badeten, und wie ihre Köpfe mit dem breiten Geweih aus dem Wasser schauten? Und als die tausend Jungen nachts auf der Wiese um das große Feuer saßen

und sangen: O König Heinrich/O Anna Boleyn . . ., das komische Lied, das uns so gut gefiel?«
»Ja, und wie plötzlich die Nachtigall mitsang.«
In Danzig hatten wir in einem Antiquitätenladen eine große Messingkanne und ein Kupfertablett gekauft, und während der Besichtigung der Stadt schleppten wir diese Dinge mit, und zwischendurch hatten wir uns an Aal und Bärenfang gestärkt.
»Ja, wissen Sie noch, Agnes Miegel, Königsberger Marzipan und die Vereidigung der Pimpfe in der Marienburg?« Oh, ich wußte es genau. Die Jungen in ihren schwarzen Hemden, die Fahnen, und mitten in unsere Erinnerungen über Königsberg rief eine Stimme: »Massimo!«
Massimo, der früher nicht Massimo hieß, verschwand und kam mit einer frischen Platte kleiner gebratener Fische wieder. Es waren kleine Ungeheuer mit einem bösartigen Gesichtsausdruck und scharfen Rückenflossen, er füllte eine der leeren Schüsseln damit.
»Ich bin verheiratet«, sagte er dabei. »Eine Französin.« Mit dem Stolz der Väter in aller Welt holte er Fotos aus der Tasche. Zwei kleine Mädchen saßen auf einem Gummikrokodil, sie hatten kleine Baströcke an und lachten.
»Meine Töchter.« Eine schwarz und eine blond. Frankreich und Deutschland.
»Meine Frau ist Malerin, oben, in Vallauris, gleich gegenüber von Picassos Haus malt sie Pansfiguren und Ziegenköpfe auf Teller, aber nächstes Jahr haben wir selbst eine kleine Bar – sie kocht gut –, ›Chez Massimo‹. Ohne sie hätte ich nicht wieder zu leben begonnen.« Während er sprach, behielt er das kalte Büfett im Auge.
»Wissen Sie noch«, sagte er, »die Sache in Königsdorf?«
Das war damals kurz vor Kriegsausbruch. Bei Tölz war ein Zeltlager für viele hundert Jungen errichtet. Zelte im Wald, Morgenlauf, Erbsensuppe. Lieder am Lagerfeuer. Baldur wurde zur Besichtigung erwartet. Er brachte ausländische Reporter mit. Ich wurde zur Vorbesichtigung vorausgeschickt. Der Eingang zum Lager war ein Tor aus Fichtenzweigen, darüber flatterte ein Spruchband, und was stand darauf? ›Wir sind zum Sterben für Deutschland geboren.‹ Na,

ich bekam einen Schreck. Was für ein Unsinn, da war wohl einer verrückt geworden. Warum sollten denn die Jungen zum Sterben geboren sein? In aller Eile ließ ich ein Wort malen: ›Leben‹, wir schnitten das ›Sterben‹ heraus und nähten das ›Leben‹ hinein. Keiner hat was gemerkt, erst später hab ich es Baldur erzählt.« Massimo nahm einen Teller, der ihm gereicht wurde, und packte Scampi darauf, dazu lächelte er wie ein guter Ober, nun war er wieder ganz Massimo.

»Waren wir nicht Narren?« sagte ich, und er, während er schwarze Oliven um die Scampi gruppierte:

»Die größten Narren der Welt.«

Wenige Tage später waren wir auf der Heimreise: Über Italien.

Man kann in Brixen nichts Besseres tun, als im »Elefanten« zu übernachten. Die habsburgischen Familienporträts grüßten von den Wänden. Es gab »Gemischtes Gekochtes« mit einer scharfen grünen Soße.

Ich bummelte durch Brixens reizende Straßen, in denen man sich sofort zu Hause fühlt.

Von den letzten schmutzigen Lirescheinen kauften wir Chianti, Weißbrot, Salami und frische Feigen. Blaugrün mit einem Hauch von Nochnichtberührt.

Dann ging's nordwärts.

In Bozen stürzten wir uns auf die ersten deutschen Zeitungen. Traubenpyramiden standen zum Verkauf. Der September stand vor der Tür. Schulbeginn und neue Arbeit. Über den Brenner kam der Herbst herauf. Ins Grün mischte sich das Gelb. Ein Schwarm Zugvögel flog über uns hinweg.

In Innsbruck hatte es geregnet.

Die Maria-Theresia-Straße glitzerte von Regentropfen, auf die die Sonne fiel, doch fuhren wir nicht den Zirler Berg hinauf, sondern den Inn entlang, den gleichen Weg, auf dem ich vor zehn Jahren in Mister Hansens Jeep Amerika entdeckt hatte.

Kufstein kam in Sicht. Die Feste stand im Abendlicht wie ein deutsches Märchen. Kufsteins geduldige Straßen, auf denen die Jeeps der

Sieger dahingedonnert waren und auf denen unsere Soldaten in die Gefangenschaft marschierten, waren nun voller Touristen und Familien, die ihre Ferien beendet hatten. An der gleichen Stelle, an der im Mai 1945 Eisenhowers gelbes Plakat die Befreiung vom Militarismus versprochen hatte, hing eine Preisliste für »Hasenknopfs Eisspezialitäten«.

Aus reinem Spaß fuhr ich ums Gefängnis herum. Meine Zigeunerin fiel mir ein, Johnson und die Bilder von Mauthausen, die Treppe mit den vielen Stufen.

Auch unsere frühen Touren im Kaisergebirge. Baldur in Lederhosen mit der kurzen Dunhillpfeife, die Picknicks irgendwo bei Hinterbärenbad und später die Zeit, als die Stadt voller Fahnen hing und die Hitlerjugend auf dem kleinen Marktplatz angetreten war, und dann das Ende, das Ende des verlorenen Krieges und die Flucht mit den falschen Papieren im Viehwagen.

Aber ich wußte nicht, warum es eigentlich geschehen war, wenn es niemandem nützte.

Wir waren nun geheilt.

Da aber der Vorrat an jugendlichen Narren unerschöpflich ist, wachsen neue heran. Wenn ihnen unsere Narben, Tränen und Gräber nicht genügen, war alles umsonst.

Sinnlos, daß man Henker beschäftigte, sinnlos das Fegfeuer, durch das wir gegangen waren, sinnlos die Jahre, die die Männer in ihren scheußlichen kleinen Zellen in Spandau vegetieren mußten.

Das Karussell der menschlichen Dummheit läßt sich so leicht in Betrieb setzen. Ein Pfiff auf dem Trillerpfeifchen, und der Mechanismus der Macht setzt sich in Bewegung.

Die Figuren des Karussells sind verlockend. Farbig, täuschend harmlos. Doch hat man erst Platz genommen, nimmt das Tempo in erschreckender Weise zu. Es ist unmöglich, abzuspringen ...

Zwischen Hechtsee und Wildem Kaiser stand ein Regenbogen.

Das Inntal schimmerte wie neu erschaffen.

Es war das gleiche Deutschland, und doch ein anderes, so wie wir andere Menschen geworden waren. Nur die Welt ist unverändert schön. So schön, daß man sie lieben muß.

Schloß Tratzbergs Fenster blitzten auf. Das Zollamt kam in Sicht. Der Grenzer zwinkerte, als er die Chiantiflasche auf dem Rücksitz liegen sah. Aber er war guter Laune, und alles ging schnell. Die rotweiße Zollschranke ging hoch, dabei zögerte sie ein bißchen. Mit einer Handbewegung gab er den Weg frei. Der Wagen fuhr an.
Nun rauschte der Inn bayrisch.
Wir fuhren gerade auf den Regenbogen zu.

# INHALTSVERZEICHNIS